PAUL-LOUIS COURIER

LETTRES ÉCRITES
DE FRANCE ET D'ITALIE

Bibliothèque Larousse

Prix : **4** FR. **50**

L. L.

PAUL-LOUIS COURIER

LETTRES ÉCRITES
DE FRANCE ET D'ITALIE

PAUL-LOUIS COURIER

PAR VIGNERON

PAUL-LOUIS COURIER

LETTRES ÉCRITES DE FRANCE ET D'ITALIE

Notices et Annotations
par Louis COQUELIN

QUATRE GRAVURES

HORS TEXTE

Bibliothèque Larousse

13-17, rue Montparnasse — PARIS

LETTRES ÉCRITES
DE FRANCE & D'ITALIE

PAUL-LOUIS COURIER (1772-1825)

Paul-Louis Courier, destiné à toujours vivre en dehors des disciplines sociales, commence par venir au monde hors mariage : c'est un enfant naturel. Né à Paris, le samedi 4 janvier 1772, baptisé le même jour à l'église Saint-Eustache sous le nom de Paul-Louis, il avait pour mère Louise-Elisabeth Laborde, pour père Jean-Paul Courier, qui, ayant acheté en 1768 la terre noble de Méré, était en droit de s'appeler Courier de Méré. M. Jean-Paul Courier se décida en 1777 à régulariser sa situation et à reconnaître légalement son fils. Il pourvut du reste avec soin à son éducation. Dans son domaine de la Véronique, qu'il avait acquis en Touraine en 1776 et où il s'installa avec les siens dès 1778, il surveilla la croissance d'un enfant de santé délicate, qui se trouva bien de vagabonder sur les belles rives de la Loire. M. Courier père était un homme aisé, entendu aux affaires, attaché à ses intérêts, et même processif. Il haïssait la noblesse pour des motifs très personnels. On racontait qu'il avait jadis séduit la femme d'un très grand seigneur, qui lui devait de l'argent, et que ce mari offensé avait tenté de le faire assassiner par ses gens au sortir de l'Opéra. Cette aventure avait obligé

Jean-Paul à quitter Paris. *Inde iræ*. Paul-Louis aura de qui tenir sa malveillance envers les courtisans. M. Courier était aussi un homme instruit. Il apprit à son fils à vénérer les belles-lettres, qu'il aimait et cultivait lui-même. Jamais Paul-Louis n'oublia une certaine traduction en vers que son père avait faite du psaume *Super flumina Babylonis*:

> Au sein de cette ville insolente et perfide
> Qu'habitent nos vainqueurs,
> Où règne un roi cruel, et qu'un fleuve rapide
> Traverse entre les fleurs...

Si l'on en croit un critique qui a fait de Courier une étude diligente[1], le rythme même de ces vers s'est retrouvé fréquemment dans la prose artistement coupée de l'auteur des *Pamphlets*. M. Courier père entendait pourtant diriger son fils d'un autre côté que vers le Parnasse : il le souhaitait officier de génie. C'est ainsi que Paul-Louis, quand ses parents vinrent avec lui, et pour lui, habiter Paris, en 1784, put à la fois recevoir des leçons de grec de J.-F. Vauvilliers, membre de l'Académie des inscriptions et belles-lettres, et des leçons de mathématiques de Callet, puis de Labbey. Les Courier ne perdaient point pour cela contact avec leur Touraine ; fréquemment Paul-Louis avait l'occasion de reprendre ses promenades à travers la campagne et ses conversations avec les paysans ; car il devait toujours être un bucolique. M. Courier père, qui se sentait assez anobli pour jouir de certains droits féodaux, était resté bourgeois dans sa haine des grands ; il détestait leurs privilèges, surtout les privilèges de chasse, si intolérables aux ruraux. Il transmit ses inimitiés à son fils. Le père vit arriver avec plaisir la Révolution, et le 14 juillet 1789 le fils entra aux Invalides avec la foule : il en rapporta un pistolet.

Labbey, qui enseignait les mathématiques à Paul-Louis, fut nommé professeur à l'Ecole d'artillerie de Châlons. Le jeune homme obtint de son père de suivre son professeur

---

1. Rob. Gaschet, *la Jeunesse de P.-L. Courier*.

dans cette ville : et c'est ainsi qu'il fut tout naturellement amené à devenir, au lieu de l'officier de génie que M. Courier avait rêvé, un officier d'artillerie; un officier original, comme nous le verrons. Reçu à l'école de Châlons, comme élève sous-lieutenant, vingt et unième sur trente-cinq (1er septembre 1792), il fut nommé second lieutenant dans l'armée de la Moselle, à Thionville, au 7e régiment d'artillerie à pied (le 1er juin 1793). Epoque singulièrement intéressante pour un officier de vingt ans qui eût été ambitieux ! Mais à vingt ans, Courier n'était déjà qu'un épicurien : en l'année 1793, il s'enferme pour faire du grec. Au printemps de 1794, il est au camp de Blies-Castel en qualité de premier lieutenant. On le voit installé dans un monastère, où il s'occupe d'organiser un atelier pour la réparation des armes. Capitaine en juin 1795, il est devant Mayence, lorsqu'il lui vient brusquement à l'esprit de quitter son régiment, sans prévenir personne, pour aller faire un petit tour à la Véronique. Il s'avise pourtant, en route, que cette fugue pourrait lui coûter cher, et, en passant à Paris, il fait agir ses protecteurs, qui lui épargnent une punition bien méritée. Plus tard, en commentant sa *Correspondance*, Courier s'est efforcé de justifier cette désertion véritable en alléguant la mort de son père. La vérité est que M. Courier mourut à une date postérieure[1]. Pendant que Courier jouissait encore, à la Véronique, de la compagnie de ses parents, il se fit nommer inspecteur des forges de l'Ariège et du Tarn (c'est à Albi qu'il apprit vraiment la mort de son père). On le trouve ensuite à Toulouse, où, sans négliger le grec, il apprend à danser, mène une vie de plaisirs, comme toute la France de ces années-là, et entretient une liaison avec la danseuse Simonette. Un jour, il se conduit d'une façon tellement inconsidérée avec une jeune fille de la ville qu'il est obligé de quitter Toulouse. Après un congé de deux mois, passé à la Véronique et à Paris, il rejoint à Rennes, en 1798, les troupes qui se rassemblaient sous le nom d'armée d'Angleterre. Enfin il est envoyé à Rome (fin de 1798) et c'est une date

---

[1] Cf. Gaschet, *loc. cit.*

importante de sa vie. Il trouvera en Italie la nature et les souvenirs, sinon les hommes, les mieux faits pour charmer son cœur.

Vainqueur des troupes napolitaines à Civita-Castellana (4 décembre), Championnet était rentré à Rome, qu'il avait abandonnée le 29 novembre. C'est à ce moment que Paul-Louis y arrive, appelé à diriger la fabrication des boulets sous les ordres du général Eblé. Les lettres qu'il écrit d'abord ne montrent aucunement l'indulgence qu'un Stendhal devait entretenir à l'égard de la société romaine. Il parle avec le plus grand mépris des Romains qui se sont ralliés à la domination française. Il gémit sur le délabrement où est tombée la ville éternelle. Mais, l'esprit national lui faisant un peu défaut, il n'est pas moins sévère pour les conquérants. Quant à lui, il se console, selon son goût, en explorant les bibliothèques et les collections de manuscrits.

Il est brave, sans nul doute; pourtant il est fâcheux que, quand il est appelé à jouer un rôle militaire actif, ce rôle ne lui soit guère favorable. Il fait partie de l'expédition du général Merlin à Civita-Vecchia (février 1799). Chargé d'aller, en qualité de parlementaire, sommer la ville assiégée de se rendre, il se trouve, par un curieux ensemble de coïncidences, qu'il est obligé de descendre de cheval pour ramasser un rouleau de louis tombé de sa sacoche, et qu'au même moment l'officier qui l'accompagnait et qui continuait sa route est tué par une décharge partie de la ville. Courier revient philosophiquement sur ses pas. La ville ne s'en rendit pas moins le 10 mars; et Courier reprit ses travaux. Il étudie l'épigraphie sous la direction de l'abbé Marini. Il fait de longues stations à la Vaticane ou à la bibliothèque du palais Chiaramonte. Il lit Cicéron, Hérodote, Isocrate. Il écrit de Buffon un éloge quelque peu déclamatoire. Il paraît oublier complètement ce qui se passe autour de lui. Cette distraction un peu forte faillit même lui être funeste.

Le 30 septembre 1799, Courier travaillait paisiblement à la bibliothèque Vaticane lorsque l'armée napolitaine entra dans Rome. La position des Français était alors des plus périlleuses. Macdonald était en pleine retraite, et le général Garnier dut signer une capitulation aux termes de laquelle la garnison, retirée au château Saint-Ange, serait transportée en France. De nouveau déserteur par insouciance, Courier pensa se faire tuer par la populace, qui criait au *Giacobino*. Mais son ami Chiaramonte le conduisit dans sa propre voiture au château Saint-Ange, où Courier retrouva ses compagnons. Le 6 octobre, il fut embarqué avec eux à Civita-Vecchia et débarqué à Marseille le 27 octobre 1799. Il rentrait en France assez mal en point, pris de ces crachements de sang dont il devait, à des intervalles plus ou moins longs, souffrir jusqu'à la fin de sa vie. Pour comble d'infortune, tandis qu'il se rendait de Marseille à Paris, il fut arrêté en route par des brigands et dévalisé.

Après un congé de convalescence, qui dura quatre mois, il fut employé à la direction de l'artillerie, à Paris. Il s'empressa de reprendre le cours de ses études. Il traduisit les *Philippiques* de Cicéron. Il fréquentait des savants tels que Boissonade ou G. de Sainte-Croix. Son médecin, le Dr Bosquillon (celui qu'il lui fallait : c'était un helléniste), lui fit connaître Clavier, excellent homme dont il devait, pour son malheur, devenir le gendre. Un nouveau congé, la mort de sa mère qu'il aimait beaucoup et qu'il perdit avec une sincère douleur, l'amenèrent quelque temps à la Véronique. Ce n'est qu'en novembre 1801, après deux années de repos, qu'il rejoint son corps à Strasbourg. En esprit, il est toujours en Grèce, car il trouve en Alsace le savant Schweighæuser, et consacre à son édition d'Athénée, dans le *Magasin encyclopédique* de Millin, une étude détaillée, motivée, érudite, qui montre ce que pouvait Courier dans la critique des textes. Un nouveau congé le ramène à Paris. Il fait alors la connaissance de Constance Pipelet de Leury, la « Muse de la Raison », plus tard princesse de Salm-Dyck ; il entreprend de composer pour elle un essai sur Hélène et Ménélas (*Récit du voyage entrepris par Ménélas pour aller à Troie redemander Hélène*). S'il ne persévère point, il se remet du moins à la traduction de l'*Éloge d'Hélène*, par Isocrate, qu'il avait commencée en 1798 : c'est un travail d'un genre assez incertain, tantôt traduction, tantôt adaptation, ou plutôt broderie sur le texte original (ce travail devait être publié en mars 1803). A la fin de 1802, Courier est à la Véronique, qu'il va bientôt vendre (en 1803) pour se fixer à la Filonnière. Il revoit sa compagnie à Douai, où il reste deux mois. Là, il a le plaisir de fréquenter chez sa parente, Mme Pigalle, avec qui il est habitué à plaisanter librement et pour qui il demeurera toujours le « cousin gai » : pour elle, en effet, plus que pour toute autre, il se mettra, dans ses lettres, en frais et d'esprit et de grâces.

Courier est un singulier homme. En même temps qu'il écrit une sorte de pamphlet — *Conseils à un colonel* — qui est comme le manifeste de son profond dédain pour le gouvernement militaire de Bonaparte et surtout pour les hommes que Bonaparte fait avancer, il n'est pas exempt d'un certain désir d'avancer lui-même. Il met en œuvre la protection de Marmont et de Duroc et, le 27 octobre 1803, il est nommé chef d'escadron.

De 1804 à 1809 s'étend la période sinon la plus heureuse, du moins la plus remplie et la plus aventureuse de sa vie militaire. C'est le temps de son deuxième séjour en Italie.

Le nouveau commandant est envoyé en garnison à Plaisance, où il arrive le 21 février 1804. Il a pour supérieur le colonel d'Anthouard, et pour camarade le major Griois. Ce dernier, dans ses *Mémoires*, nous a laissé de l'officier Courier un portrait qui n'est pas très flatté : « C'est un pauvre homme, dit-il : ses idées sont au-dessous de sa fortune. » A dire vrai, Courier, mal équipé par avarice (on ne put le décider à acheter un cheval), fort négligé, par nature ou par genre, dans ses ajustements et dans sa tenue, indiscipliné, hostile au principe de l'artillerie montée dans laquelle il servait, mais fort partisan de l'équitation telle qu'elle se pratiquait au temps de Xénophon, n'avait rien d'un officier modèle.

En mai, l'Empire remplaça la République : une lettre célèbre de Courier (p. 79) témoigne de son indifférence.

Du moins il n'avait pas fait d'opposition; peu après Jourdan lui remit la croix. Courier fut désigné pour rejoindre à Barletta, avec deux compagnies, le corps de Gouvion-Saint-Cyr. Cette fois il se met en frais et achète trois chevaux. Le trajet qu'il avait à faire s'accomplit d'une façon fort agréable. A Parme il déchiffre des manuscrits de Xénophon; mais, conquérant et érudit, il dispose avec une liberté excessive des livres rares de la bibliothèque de l'Académie. A Reggio d'Emilie, il retrouve son ami le poète Lamberti. Il admire à Bologne la commodité des galeries couvertes. A Naples, il constate que toute la canaille est du parti du roi Ferdinand. Enfin, le 5 novembre 1805, à Barletta, il arrive au quartier général, où il est nommé chef d'état-major de l'artillerie. Il peut alors consacrer quelque temps à l'archéologie. Ensuite les hasards de la campagne le conduisent à Pescara, de nouveau à Bologne. Il assista le 24 au combat de Castel-Franco. Attaché au corps du général Reynier, il le rejoint à Spolète le 15 janvier 1806; puis on le voit à Rome, à Capoue, à Naples (le 14 février). C'est alors que, par une inspiration assez rare chez lui et qui devait du reste n'avoir que des suites fâcheuses pour son avancement, il désira faire partie de l'expédition de Reynier en Calabre. Il y remplit les fonctions d'officier d'état-major. Courier ne tarda pas, suivant sa coutume, à perdre toutes les illusions qu'il avait pu se faire sur l'issue de la campagne. La défaite des Napolitains à Campo-Tenese (9 mars), le pillage de Morano, l'occupation de Cosenza (13 mars), l'entrée à Reggio de Calabre (29 mars) : telles en sont les premières étapes. Dans cette dernière ville, Courier vit bientôt arriver Joseph Bonaparte, récemment proclamé roi des Deux-Siciles. Dans ses lettres, il nous trace un tableau peu élogieux de l'expédition : absence de précautions et de prévoyance chez les chefs, esprit d'intrigue et de courtisanerie chez les subordonnés, voilà ce qu'il trouve surtout à signaler. Il est las de son rôle d'aide de camp.

Mais voici qu'on le charge d'une mission qui va lui permettre sans doute de se distinguer : il a l'ordre d'aller chercher l'artillerie qui est à Tarente. Il part le 21 avril avec le capitaine Monval et quatre hommes, et de Crotone à Gallipoli il traverse à peu près sans encombre un pays infesté d'ennemis. A Tarente, il retrouve le roi Joseph et sa cour ; il se serait bien passé de cet honneur ; ses réquisitions, qui déjà n'avançaient pas, en sont encore retardées. Un aide de camp zélé lui reproche ses lenteurs ; et Courier, qui n'est pas patient, envoie promener l'aide de camp Jamin. Enfin il s'embarque sur une polaque avec douze canons, mais, poursuivi par les Anglais, il abandonne son bateau avec la cargaison sans avoir le temps, ou la prévoyance, de le faire couler, et les Anglais s'en emparent ; sa chaloupe débarque le 12 juin près de l'embouchure du Crati. Il s'en revient donc par terre, non sans danger. Aux environs de Corigliano, il est pris par les Calabrais : le syndic (maire) l'arrache de leurs mains à grand'peine sous prétexte de le faire exécuter solennellement, puis il le fait conduire à Cosenza. A Nicastro, il doit se défendre contre une attaque des brigands. Enfin il arrive le 21 à Monte-Leone, où le général Reynier le reçoit fort mal : « Ah ! c'est donc vous, lui dit-il, qui faites prendre nos canons ! » Courier se justifie avec violence : il attribue aux indiscrétions de la cour du roi Joseph l'attaque dont il a été la victime : la cour retarde tout et raconte tout ; les espions ont eu beau jeu pour prévenir les Anglais. Bref il se fait tant bien que mal excuser, et on le renvoie à Tarente chercher d'autres canons. Il se remet en route le 24. Mais pendant ce temps le général Reynier est battu à Santa-Eufemia par les Anglais (4 juillet) et doit abandonner la Calabre. Courier, dont la mission était désormais sans objet, rejoignit à Matera la brigade du général Verdier, et avec lui (le 7 août) le corps du général Reynier, à Cassano. Le 10 août, tous se trouvaient réunis sous les ordres de Masséna. Courier fut détaché dans diverses expéditions : à Cosenza, à Scigliano, à Ajello, où il perdit son ordonnance et son portemanteau : il regretta surtout son Homère. A partir du 7 septembre il demeura deux mois au quartier général de Reynier, à Mileto. Courier était de nouveau en bons termes avec son chef, dont l'échec, selon lui, avait un peu rabattu la fierté. Il occupait ses loisirs à ciseler de jolies lettres; mais l'expédition de Calabre n'avait plus à ses yeux aucun charme. Il se plaignait d'une guerre où il fallait sans cesse répondre par le massacre au brigandage. Il demanda, mais vainement, à passer dans la Grande Armée. En novembre 1806, il quitte la division Reynier; il arrive le 14 à Naples, où, pendant quelque temps, la bibliothèque du marquis Tacconi lui est un abri salutaire; mais il doit s'en arracher pour aller à Foggia faire une levée de mulets, et souffrir de la fièvre (janvier 1807); il s'attarde d'ailleurs, à son ordinaire, à contempler la nature et les antiquités, et il est tout surpris, à son retour à Naples, en juin, d'être réprimandé et mis aux arrêts par le général Dedon. Courier, sans plus, écrit à son général une lettre injurieuse, dont il fait distribuer vingt copies à l'armée; il lui disait: « Je saurai rendre la lâcheté de votre conduite aussi publique dans cette affaire qu'elle l'a déjà été ailleurs. » Mais il lui faut consentir à un arrangement, et finalement Courier écrit de nouveau au général Dedon, pour lui demander son transfert à la Grande Armée, que du reste il n'obtient pas. Il se console en traduisant avec une exactitude toute technique, en helléniste qui est en même temps officier, les traités de Xénophon *sur la Cavalerie* (publiés seulement en 1809). Envoyé à Vérone, il ne se montre pas plus pressé de rejoindre son poste, s'arrête deux mois à Resina, près du Vésuve, d'où il écrit à Mme Pigalle sa lettre fameuse : « Un jour je voyageais en Calabre... » Il visite ses amis de Rome et arrive à Florence vers le 15 décembre, pour y rester jusqu'en janvier 1808 : c'est pendant ce séjour qu'il se lie avec l'érudit suédois Akerblad, qui deviendra un de ses principaux correspondants, et avec le préfet de la bibliothèque de San Lorenzo, Francesco del Furia, avec lequel il échange force compliments en attendant que tous deux échangent force injures. C'est en effet dans ce même séjour que Courier découvre pour la première fois, en visitant la bibliothèque de la Badia (l'abbaye des bénédictins), le manuscrit de Longus, datant du XIIIe siècle, qui soulèvera, comme nous le verrons, une querelle retentissante. Courier s'aperçut, dès lors, que ce manuscrit complet comblait la lacune qui existait jusque-là dans toutes les éditions de *Daphnis et Chloé*; mais il jugea utile, pour le moment, de garder au dedans de lui le secret de sa découverte. Après Florence, Milan, Brescia le retiennent un peu, et il arrive enfin, après cinq mois de pérégrinations, à la fin de janvier 1808, à Vérone, où il est mis aux arrêts. Après un court séjour à Florence, il est envoyé à Livourne (6 mars) comme sous-directeur de l'artillerie; il demande un congé qui lui est encore refusé. Cependant le souvenir des manuscrits de Florence ne le quittait pas. Il avait appris que la junte de Toscane avait décidé la suppression du couvent de la Badia. Inquiet sur le sort des manuscrits, que les moines commençaient à faire disparaître, il écrivit au commissaire du gouvernement Chaban pour attirer son attention sur le danger pressant. Le résultat de ces négociations fut que les bibliothécaires de la Laurentienne eurent l'ordre de transporter les manuscrits de la Badia dans la bibliothèque dont ils étaient les gardiens. Vingt-six manuscrits, paraît-il, s'égarèrent ; mais Courier devait retrouver celui qui l'intéressait. Il était d'ailleurs fort peu fixé dans ses projets, car il demandait, sans succès, à passer en Espagne. Nommé en novembre à Milan, il fait en passant un nouveau séjour à Florence, et, arrivé à destination, il demande encore un congé. Nouveau refus. Courier, cette fois, donne sa démission, qui est acceptée (15 mars 1809).

Enfin le voilà libre, ce dilettante d'érudition, cet amateur indépendant, entré dans l'armée par une erreur de vocation qui ne fut heureuse ni pour lui ni pour l'armée. Il se donne le plaisir de rester quelque temps à Milan, en rentier, et fréquente chez son ami Lamberti. Puis il se rend à Paris (14 avril 1809) ; l'empereur vient de partir en campagne (guerre de la cinquième coalition); rapidement on apprend ses victoires : Thann, Abensberg, Landshut, Eckmühl, Ratisbonne. Les imaginations s'enflamment, même celle de Courier. Il regrette sa démission. Par l'intermédiaire de Lariboisière, qui le protège, il demande à reprendre du service. En attendant la décision de l'empereur, il est autorisé à se rendre à l'armée d'Allemagne ; le 15 juin il arrive à Vienne. Depuis la bataille d'Essling (21-22 mai) l'armée française était campée dans l'île Lobau. Une action était imminente : il se trouva par malheur que le zèle de Courier était déjà passablement ralenti. Il avait eu la déception d'être séparé de Lariboisière pour être placé dans le 4e corps. A Wagram il n'avait pas de cheval, et il avait la fièvre : un accès de paludisme. Le 4 et le 5, il assista à la canonnade et au passage des troupes ; le 6, le jour de la bataille, il fut placé parmi les malades évacués sur Vienne. Résultat assez piteux d'un enthousiasme trop passager ! Cette fois, tout de bon, c'en était fait des velléités guerrières de Courier. Comme il n'avait pas été officiellement réintégré, il crut pouvoir s'en aller. Il était à Strasbourg le 15 juillet ; il entreprit un voyage en Suisse.

Le pays lui plut. Par Bâle, Zurich, Lucerne, il arrive sur le lac des Quatre-Cantons, dont il est charmé ; il passe l'été sur ses rives, qu'il parcourt et décrit avec complaisance. Il y a quelques jolies aventures, qu'il conte dans ses lettres à M. et Mme Thomassin avec une grâce singulière ; et cependant il achève la traduction de la *Vie de Périclès* par Plutarque. Mais enfin il ressent la nostalgie de cette Italie où il désire retourner en homme dégagé de tout lien. Il quitte Lucerne le 27 septembre 1809.

Par le Saint-Gothard et le lac de Lugano, il gagne Milan, puis Florence, où il est le 4 novembre. C'est maintenant qu'il nous faut aborder cette histoire mémorable, l'affaire de la tache d'encre. L'année d'avant, Courier, nous l'avons vu, avait découvert, à la Badia des bénédictins, un manuscrit du XIIIe siècle contenant *Daphnis et Chloé* de Longus, sans la fameuse lacune qui jusque-là mutilait ce charmant récit. Ce manuscrit avait été depuis transporté à la Laurentienne, et le bibliothécaire Francesco del Furia, l'ami et le complaisant correspondant de Courier, s'y était immédiatement intéressé, non pas à cause de *Daphnis et Chloé*, mais pour les fables d'Esope qui s'y trouvaient aussi. Ignorant vraisemblablement la question des éditions de Longus, l'excellent fonctionnaire ne soupçonnait pas quel trésor, aux yeux d'un helléniste, et quel magnifique inédit il détenait entre ses mains. Mais voici que Paul-

Louis arrive à Florence, accompagné du libraire parisien Renouard, qu'il a rencontré à Bologne. Son premier soin est de se rendre avec ce témoin lettré à la Laurentienne et de lui montrer le passage inédit de Longus qu'il a découvert. Pour le déchiffrer et le recopier, il se fait aider des bibliothécaires F. del Furia et Bencini, assez versés dans les secrets de la paléographie. Le libraire Renouard, fort enthousiasmé de la découverte, s'en fait réserver la publication par Courier, ou du moins le croit ; et le 11 novembre 1809, un article de la *Gazetta Universale* de Florence, inspiré par lui, annonce la publication prochaine du fragment nouveau de *Daphnis et Chloé*, texte et traduction.

Mais la veille s'était produit un affreux coup de théâtre. En ouvrant le manuscrit, le signor del Furia découvrait, au beau milieu du passage inédit, une vaste tache d'encre à laquelle adhérait une feuille de papier. Courier ne fit pas de difficultés pour confesser qu'il était le coupable : il avait voulu, disait-il, marquer la page avec une feuille de papier blanc, sans s'apercevoir que cette feuille s'était, en dessous, barbouillée de noir sur les barbes d'une plume avec laquelle il avait remué son encre trop épaissie. Pour dégager la responsabilité du bibliothécaire, il signa une déclaration, datée de ce même jour, par laquelle il se reconnaissait l'auteur de la tache. Il offrit aussi une copie du passage, que F. del Furia eut le grand tort de ne pas accepter tout de suite. Sur ces entrefaites, Renouard, revenu à Florence le 12, après une très courte absence, est mis au courant de l'accident. Il décolle doucement la feuille et la tache apparaît dans toute son horreur. Le libraire s'efforce d'atténuer la portée du dommage et l'aigreur du conflit. Maintenant F. del Furia réclame une copie du passage à Courier, qui promet de la donner. Mais après le départ de Renouard, rappelé à Paris, la conduite de Courier prend un aspect assez fâcheux. Il refuse dorénavant de remettre à del Furia la copie du passage détruit : il objecte sans vraisemblance une défense de Renouard absent. Il expliqua dans la suite que, plein de méfiance à l'égard de F. del Furia, il tenait à conserver la copie faite en commun, seul témoignage

FAC-SIMILÉ DE LA TACHE D'ENCRE
FAITE PAR COURIER DANS LE MANUSCRIT DE LONGUS

valable désormais de l'authenticité du fragment qu'il allait publier. Le bibliothécaire, éperdu, rapporte toute l'affaire à son supérieur, le chambellan T. Puccini. Invoqué, un chimiste peu habile, Gazzeri, ne réussit qu'à faire passer la tache du noir au jaune. Cependant l'affaire s'ébruite : on raconte[1] que la tache a été faite volontairement. Mais c'est d'abord Renouard qu'on accuse. Courier, qui ne s'inquiète ni de la réputation de Renouard, ni des promesses qu'il lui a faites, publie à Florence, chez Piatti (1810), la traduction du fameux passage. Au début de mars, il en envoie des exemplaires à ses connaissances, à Renouard lui-même, à Clavier son futur beau-père, auquel il écrit : « C'est un livre à mettre entre les mains de mesdemoiselles vos filles. » Plaisanterie d'assez mauvais goût, si l'on songe au caractère un peu libre du livre ; et de mauvais présage quand on la rapproche de la future conduite de Mme Courier, née Clavier. Puis (le 24 mars) Courier quitta Florence pour Rome et Tivoli ; c'est à Rome, chez Contadini (ou Contedini), qu'il publie à 60 exemplaires le texte grec du fragment (qu'allait bientôt suivre chez le même éditeur la publication du texte grec complet de *Daphnis et Chloé*).

A Florence, F. del Furia faisait paraître sa *Lettera della scoperta*, où il désignait Courier comme le coupable : factum extraordinairement emphatique et déclamatoire, où le bibliothécaire, en passant, s'attribuait une part fort exagérée dans la découverte du manuscrit. A Paris, Renouard, curieux de se justifier, adressait le 11 mai 1810 un placet au comte Portalis, directeur de la librairie, qui ordonnait une enquête. En principe l'autorité n'était pas des plus favorables à Courier ; car, quelque temps auparavant, Courier, invité à dédier à Elisa Bonaparte, grande-duchesse de Toscane, sa traduction du fragment, avait feint de ne pas comprendre ; maintenant il risquait de payer le prix de son indépendance. Le conseiller Cercignani rapporta l'affaire. La police saisit chez Piatti les exemplaires restants de la traduction. Courier fut mandé chez le préfet de Rome.

---

1. Voir dans les *Lettres*, p. 214, un extrait du *Courrier milanais*.

M. de Tournon, pour lui donner des explications. Courier commençait à s'émouvoir.

Renouard avait fait répandre dans le public une *Notice* où il blâmait Courier de refuser au bibliothécaire la copie du passage détruit. Courier répondit par sa fameuse *Lettre à Renouard*, le premier de ses pamphlets, qu'il ne put faire imprimer qu'en trompant le typographe italien sur la nature de l'écrit. Se bornant, en ce qui concernait Renouard, à quelques paroles ironiques, il prenait allègrement l'offensive contre F. del Furia et consorts, et ne se gênait pas, à l'exemple de son adversaire, pour présenter les faits à sa manière. A l'en croire, del Furia ne lui pardonnait pas une découverte que, lui-même, il n'avait pas su faire. Il se moquait surtout, et il avait beau jeu, de la « prose poétique » et du langage ridiculement dramatique du signor del Furia, qui, en voyant la tache, « était demeuré stupide », la seule allégation qui, selon Courier, fût véritable dans le factum du bibliothécaire. Il insinuait que le signor Francesco avait peut-être augmenté la tache. Enfin, pour être désagréable au gouvernement, il présentait l'attaque de del Furia et de ses pareils comme une manifestation particulière de la haine que les Italiens entretenaient contre leurs dominateurs français. Le préfet de Rome, homme spirituel et modéré, conclut un arrangement. Courier dut remettre la première copie du passage, et un exemplaire imprimé. Ainsi se termina la querelle. Le grand public donna raison à Courier : le talent et l'esprit l'emportent toujours. Le monde des savants se partagea. Courier trouva de chauds défenseurs comme Petit-Radel, Boissonade ou Millin. D'autres (S. de Sacy, Letronne) blâmèrent le ton injurieux de son pamphlet. Avait-il fait volontairement la tache d'encre pour se réserver le secret de sa découverte, tout au moins jusqu'à l'impression ? C'est ce qu'on ne pouvait démontrer par des preuves absolues ; mais il n'était pas interdit de le croire, car sa conduite, dans toute cette affaire, n'avait pas été complètement franche.

Vers la même époque, Courier apprit que l'autorité militaire le faisait chercher et le considérait — encore —

comme déserteur. Il dut écrire au général Gassendi, chef de la division d'artillerie, pour lui raconter les conditions très particulières dans lesquelles, après Wagram, il avait quitté le service.

De toute cette aventure, il ne pouvait conserver qu'un souvenir fort amer. Il prenait tout à fait en haine l'administration de l'Empire, ses officiers, ses savants et surtout sa cour. Anarchiste né, il s'aigrissait chaque jour davantage. Il proclamait qu'au temps où il vivait, on ne pouvait plus écrire. Il songeait à partir pour la Grèce, que, depuis longtemps, il rêvait de voir. Mais la paresse et les paysages italiens le retenaient. Il se plaît à Rome, où il joue au volant, et où il possède, en commun avec le général Miollis, une très jolie maîtresse ; à Tivoli, à Albano, à Frascati, à Naples, où il fréquente chez la comtesse d'Albany, la veuve du dernier des Stuarts... et d'Alfieri, et l'amie du peintre Fabre (de Montpellier). Des entretiens assurément intéressants qui s'engagèrent entre ces interlocuteurs de choix, Courier nous a laissé un souvenir écrit. C'est un dialogue qui a pour objet une comparaison entre le siècle de Louis XIV et l'époque contemporaine, au point de vue des arts, des lettres et particulièrement de l'art de la guerre. Fabre, qui représente en l'espèce les idées, ou plutôt les rancunes de Courier, y expose, entre autres théories, que l'homme de guerre est bien inférieur à l'artiste, et que Napoléon n'a jamais rencontré que des adversaires qui ne savaient pas se battre. On ne reprochera jamais au commandant Courier d'avoir poussé à l'excès l'esprit de corps.

Enfin il se décide à dire adieu à la belle Italie, où il a, malgré quelques traverses, passé bien des heures agréables. Il est à Florence le 15 juin, à Paris le 3 juillet 1812.

Désormais il va partager son temps entre Paris, où il compte de nombreux amis, — il loge d'ordinaire chez ses cousins Marchand, bien qu'il n'aime guère, en général, sa parenté, parmi laquelle il soupçonne des candidats trop intéressés à son héritage, — et la Touraine, où il vient administrer ses biens. C'est en se rendant à Luynes, en octobre 1812, au moment même où éclate la conspiration du général

Malet, qu'il se fait arrêter à Blois (le 26) parce qu'il est sans passeport. Il reste quatre jours en prison jusqu'à ce que ses amis obtiennent son élargissement du préfet de police Réal. Il passe à Paris l'hiver et le printemps de 1813, tout à l'étude et au jeu de paume ; puis il s'en va l'été résider à Saint-Prix, près de Montmorency, pour y mettre la dernière main à une nouvelle édition de sa *Chloé*, qui parut chez Didot. La lecture de l'*Astrée* ne suffisait pas à contenter son âme inquiète, qui rêvait encore de la Grèce. Sa santé restait précaire. De retour à Paris, il pensait bientôt à quitter une ville qu'envahissait l'étranger : le 31 mars 1814, l'empereur de Russie et le roi de Prusse entraient dans Paris avec leurs armées. C'était pour un ex-officier de l'Empire, même aussi peu convaincu que l'avait été Courier, le temps de fuir un spectacle odieux. Mais le commandant en retraite Paul-Louis Courier, âgé de quarante-deux ans, était amoureux d'une jeune fille de dix-huit ans. Il resta.

Depuis douze ans, Courier comptait parmi ses meilleurs amis l'helléniste Etienne Clavier, professeur au Collège de France, membre de l'Institut, non moins considéré pour l'indépendance de son caractère[1] que pour son érudition. Courier était reçu familièrement chez lui : il fit plus d'une partie de volant avec les deux filles du savant: Minette et Zaza. L'aînée, Herminie (née le 30 juillet 1795), était une jeune fille sinon belle, du moins fort gracieuse, intelligente et cultivée. Courier s'éprit d'elle, et les choses allèrent de telle sorte que le mariage fut décidé. Mais brusquement tout se trouva rompu, du fait du fiancé. Ses cousins, intéressés du reste à le voir demeurer célibataire, avaient insisté auprès de lui sur les différences de goût et d'âge, rien de moins que vingt-quatre années, qui le séparaient de la jeune fille. Et son vieil amour pour le vagabondage et l'indépendance n'était pas mort. Pourtant

---

1. Juge au tribunal de la Seine lors du procès de Moreau, Clavier se prononça contre la condamnation. Comme on sollicitait de lui une sentence capitale, en l'assurant que le premier consul ferait grâce, il répondit aussitôt : « Et à nous, qui nous la fera ? »

l'autre amour l'emporta. Courier implora son pardon, l'obtint. Le contrat fut signé le 19 avril ; le mariage fut célébré le 12 mai 1814.

Trois mois après, le 30 juillet, Courier subitement quitte son foyer, s'en va en Touraine, passe de là, sans s'arrêter, en Normandie et songe même un moment à s'embarquer pour le Portugal. Suite singulière d'une lune de miel ! Quelle mésentente a décidé le mari à quitter sa compagne ? On l'ignore. Toujours est-il que les lettres de Courier à sa femme, à cette date, semblent trahir quelque secrète jalousie. En revanche celles de Mme Courier laissent voir au début de tendres efforts pour ramener son mari. Enfin Courier revient. Mais il va continuer à faire de fréquents séjours en Touraine en attendant qu'il vienne définitivement s'y fixer. Il y a des intérêts de plus en plus grands. C'est en 1815 qu'il achète, sur les bords du Cher, au prix de 115.000 francs, la forêt de Larçay, dont les coupes lui rapporteront, bon an mal an, 12.000 francs. Cependant Mme Courier reste à Paris ; et d'abord Courier ne semble guère songer à l'en arracher. Le 14 juin, il lui écrit de Luynes : « Je ne crois pas que tu puisses être ici plus d'une semaine sans mourir. » Du reste, en ce moment, la Touraine n'est pas tranquille ; la contrée ressent vivement le contre-coup des événements de cette année : les Cent Jours (20 mars-28 juin 1815), Waterloo (18 juin), entrée des alliés à Paris (6 juillet), ministère Richelieu (24 septembre). Les préfets et les maires de la seconde Restauration font sentir rudement et maladroitement leur pouvoir et leur désir de se signaler à l'avancement. Les cours prévôtales, par leurs condamnations disproportionnées, se rendent tristement fameuses. Paul-Louis observe et d'abord ne dit rien ; il n'est encore d'aucun parti. Il continue à traduire l'*Ane* de Lucius de Patras, qu'il fera imprimer en novembre 1816. Mais il ne saurait demeurer longtemps dans cette attitude. Voici que les mesures vexatoires se multiplient. Dans ses lettres à sa femme, Courier conte déjà les incidents qui seront l'objet de son premier pamphlet. C'est à Paris, en novembre 1816, qu'il écrit la *Pétition aux deux Chambres* : elle paraît le 10 décembre et sera distribuée aux députés le 24. Il y prend tout de suite ce ton de « soldat laboureur » qui dans ses pamphlets va désormais être le sien : « Je suis Tourangeau ; j'habite Luynes, sur la rive droite de la Loire, etc., » et il se met en devoir de narrer les persécutions qui, quelques mois auparavant, ont révolutionné son village : l'histoire de François Fouquet, arrêté le 5 janvier pour n'avoir pas salué le curé Lesourd et son mort ; de Georges Mauclair, arrêté pour avoir mal parlé du gouvernement ; des huit habitants arrêtés le 25 mars, la nuit, comme suspects de propos séditieux et de bonapartisme ; le feu mis le lendemain à la maison du maire ; les accusés conduits à Tours, puis, le tribunal de cette ville s'étant déclaré incompétent, le 10 mai, à Orléans, où ils furent jugés le 16 septembre, les uns condamnés, les autres acquittés, tous ruinés. La Touraine, jusque-là heureuse et calme, s'exaspère par l'injustice. La *Pétition* n'eut pas de grandes conséquences : elle ne parut que huit mois après les faits ! Le ton y était parfois d'un pathétique par trop monté ; l'auteur enflait un peu les faits : sur les six accusés retenus, il n'y eut que deux condamnations, une à la déportation, l'autre à l'emprisonnement. Mais il n'était pas moins vrai que les prisons s'étaient emplies de détenus, auxquels l'accusation élastique de « propos séditieux » avait fait parfois expier durement de simples plaisanteries. Ainsi Courier prenait position, et l'autorité ouvrait les yeux sur lui.

Sur ces entrefaites, il fut repris de crachements de sang qui le tinrent près d'un an malade, — de février 1817 à janvier 1818 : retour de cette affection, peut-être tuberculeuse, dont il souffrait depuis longtemps. Il perdit son beau-père Etienne Clavier, pour lequel il avait gardé une grande affection, et cette perte lui fut sensible (18 novembre 1817).

Une autre peine fut son échec à l'Institut. Trois places étaient vacantes en février 1818. Courier se présenta pour succéder à son beau-père : il ne fut pas élu et s'en montra extrêmement mortifié. Personne n'avait voté pour un homme suspect. Il digéra longuement sa rancune, comme nous l'allons voir. Enfin il allait être engagé dans toutes sortes de difficultés avec les paysans de Touraine, qui depuis longtemps le pillaient.

Il venait de prendre une grande décision : celle de se fixer complètement en Touraine. Le 21 avril, dans la commune de Véretz (Indre-et-Loire), il avait acquis, sur la rive gauche du Cher et à proximité de sa forêt de Larçay, le domaine de la Chavonnière. Il s'y installa et, ce qui était plus grave, il y emmena Mme Courier.

Cette jeune femme, habituée aux aises et aux distractions de la vie de Paris, vient s'enterrer dans une ferme, il est vrai assez bien située, mais isolée et dépourvue à l'intérieur de tout confortable. Au dehors, il n'y a point de ressources à espérer. M. Courier ne veut entendre parler de relation d'aucune sorte avec la *gentry* du pays. Ce mari saura-t-il au moins tenir lieu de toute une compagnie? Il est peu vraisemblable. Sensiblement plus âgé que sa femme, mais moins vieux par l'âge que par la maladie ou par l'humeur, il est bourru et ne veut pas cesser de l'être. Il entend ne faire aucune concession. « Ne forçons point notre talent, » dit-il avec le fabuliste. Il est égoïste et ami de la solitude. Enfermé dans son cabinet au milieu d'un beau désordre, — les sarments ou les sacs de grains voisinent avec les livres nombreux, souvent précieux, — plus que jamais négligé dans sa tenue, il traduit du grec, ciselle ses phrases, ou vérifie avec une âpre diligence (car il a des embarras d'argent) ses comptes de coupes ou de fermage; ou bien, un bâton à la main, vêtu d'une ample redingote, il passe ses journées en de longues promenades à travers sa forêt de Larçay.

Mme Courier fait d'abord de louables efforts pour s'acclimater. Elle lit, peint, monte à cheval, et, comme son mari lui abandonne entièrement l'administration de la ferme, elle s'occupe à diriger un assez nombreux personnel, auprès duquel elle est bientôt plus populaire que son mari, étant plus indulgente, plus familière et surtout moins intéressée que celui qu'on appelle déjà le « rogneur de portions ».

Si Courier, écrivain bucolique, amant des campagnes, a cru trouver enfin à Véretz le repos sans ennui qu'il a toujours souhaité, il s'est trompé singulièrement. Les paysans n'aiment point ce maître rigoureusement processif, avare, qui a révoqué une foule de licences ou d'abus si commodes et si profitables. On ne le paie point. On le vole. On lui coupe son bois. Il invoque l'autorité. Va-t-elle le défendre ?

En 1818, dans son *Mémoire à MM. les Juges du tribunal civil à Tours*, il se donne comme un homme dont on a l'habitude d'abuser. Il expose qu'il a vendu à Claude Bourgeau deux coupes 1816 de sa forêt de Larçay et que Bourgeau, outre les deux coupes auxquelles il avait droit, s'est emparé d'une demi-coupe 1817 d'une valeur triple et, de ce non content, lui réclame des dommages et intérêts. Courier perdit son procès (25 février 1819). Il en perdit un autre contre le sieur Izambert, qui lui avait vendu la Chavonnière, mais qui s'était réservé pendant dix ans la jouissance d'une partie des locaux. A la suite d'une discussion entre les deux ménages, Courier avait indûment interdit l'entrée de la Chavonnière à son prédécesseur, auquel il fut condamné à payer une forte indemnité.

L'affaire de son garde Pierre Clavier, dit Blondeau, est plus grave. Dans son *Placet au Ministre*, daté du 30 mars 1817, il rapporte qu'on venait couper les chênes dans sa forêt de Larçay, et que le maire, M. de Beaune, non seulement s'était refusé à venir constater le délit, mais encore faisait un procès au garde, qui s'était montré peut-être un peu vif en propos. M. de Beaune, paysan enrichi et qui s'était anobli, mais resté grossier et brutal, détestait Blondeau, son ancien subordonné. Le 5 mars 1819, Blondeau fut condamné à un mois de prison. Son maître voulut tenter les grands moyens. Il sut obtenir un moment l'appui des ministres. Il vit Guizot ; Decazes s'occupa de l'affaire. On jugea bon d'amadouer cet opposant encore à ses débuts, qui avait paru si faiblement attaché au précédent régime et qui avait conservé des relations de famille dans le monde royaliste ; on lui promit de destituer le maire de Véretz.

Malheureusement, le 20 mars, parut la *Lettre à MM. de l'Académie des inscriptions et belles-lettres*. Courier fut irrémédiablement classé parmi les mauvais esprits. Blondeau fut de nouveau condamné en appel, et Courier composa le plaidoyer de *Pierre Clavier, dit Blondeau, à MM. les juges de police correctionnelle à Blois*, où il développait le récit déjà fait dans le *Placet au Ministre*. Par ces mémoires judiciaires, où il ne faut sans doute pas s'attendre à trouver une véracité parfaite, Courier se faisait la main à la composition des pamphlets. Mais c'est dans la *Lettre à MM. de l'Académie des inscriptions* qu'il témoignait le mieux, en même temps qu'une rancune excessive et qu'il eût été plus digne de dissimuler, son aptitude à mordre, à piquer, à ridiculiser ses adversaires.

Son amertume, et cela dès l'exorde, est extrême. Tout le monde attrape, en passant, quelque coup de boutoir: d'abord, et bien qu'elle ne soit pas intéressée dans la question, l'Académie française, « où deux vers se comptent pour un ouvrage »; mais surtout les membres de l'Institut en général et particulièrement ceux des Inscriptions. « Les académiciens sont en possession de tout temps de remporter le prix de toutes sortes de bassesses. » L'Académie des inscriptions a nommé en remplacement de Clavier un gentilhomme de la Chambre, Le Prévost d'Iray, et, aux deux autres places vacantes, Jomard et Dureau de La Malle. Elle ne veut pas d'hellénistes : elle a refusé Coraï, Haase, Thurot, Courier. Elle a nommé naguère Gail; mais l'ignorance de Gail est proverbiale. Pour lui, Courier, il jure bien de ne se plus jamais proposer à ses suffrages. A l'occasion de cette élection, on a parlé de ses principes. Il juge bon de donner quelques explications là-dessus. Il croit que deux et deux font quatre. Il a les principes religieux de sa nourrice. Quant à ses principes politiques, le plus sûr, celui qui le caractérise le mieux, c'est qu'il ne veut pas être roi pas plus qu'académicien.

Du 18 juillet 1819 date la première de ses *Lettres au rédacteur du « Censeur »*. Le *Censeur* avait été fondé, le 12 juin 1814, par Charles Comte, après la promulgation de la Charte, pour « l'examen des actes et des ouvrages qui tendent à détruire ou à consolider les institutions de l'État » : ce périodique paraissait par petits cahiers mensuels, puis, pour éluder la censure rétablie contre les pamphlets, sous la forme d'un volume ; enfin, à partir de 1819, comme feuille quotidienne. L'esprit et la forme de ce journal d'opposition étaient tout à fait appropriés au talent de Courier. Dans les dix lettres qu'il composa pour le *Censeur*, du 18 juillet au 10 avril 1820 (la 8ᵉ et la 10ᵉ ne furent pas insérées dans le journal), Courier développe, entre autres lieux communs familiers à l'opposition, un certain nombre d'idées sur lesquelles il reviendra dans ses pamphlets postérieurs. Il se plaint de la facilité avec laquelle on emprisonne les citoyens. Il argumente en faveur de la liberté de la presse. Il célèbre avec enthousiasme le grand changement qui vient de morceler la grande propriété en une foule de petites, qui détruit les châteaux pour faire place aux maisons des paysans. Il ne faut demander à Courier aucun respect pour les monuments du passé. Pour lui, par une conception historique d'une très grande simplicité, trop simple peut-être pour être sincère, les châteaux ne rappellent que « honteuses débauches, assassinats, ignorance, hypocrisie ». M. Homais ne parlerait pas mieux. Aussi Courier défend-il avec beaucoup de conviction le travail de la « bande noire » qui découpe en parcelles les vastes domaines de l'aristocratie. Plus il y aura de propriétaires, plus il y aura d'honnêtes gens ; plus il y aura aussi de travail et plus de produits ; la terre s'améliore par la division. Paul-Louis chante le progrès : selon lui, on vit mieux qu'autrefois ; l'industrie et le commerce se développent ; le peuple paye, malheureusement c'est pour entretenir les courtisans, les soldats, les juges, les prêtres, toutes gens, suivant Courier, fort nuisibles. L'ancien officier de l'Empire parle sans sympathie du régime impérial, et sans respect du proscrit de Sainte-Hélène ; « depuis que ce grand homme est là où son rare génie l'a conduit, » trois millions de jeunes gens prospèrent. La noblesse impériale copie l'autre, qui ne vaut rien. Courier, qui devient très moral quand il écrit ses pamphlets, parle de la cour en véritable prédicateur, et en prédicateur qui ne ménagerait pas ses termes. La cour est donc un lieu fort bas, bien au-dessous du niveau de la nation, un lieu fangeux, où l'on récompense toutes sortes de corruptions. Enfin, et nous aurons ici un bon échantillon de ce qu'on pourrait appeler « l'anticléricalisme » de Courier, il serait heureux de voir disparaître avec les châteaux les « cloîtres gothiques », ces « lieux d'impureté ». On veut restaurer le culte ; mais Courier n'aperçoit partout qu'indifférence, même chez les défenseurs de la religion ; les prêtres, selon lui, ne s'inquiètent que du temporel ; et là-dessus il nous narre, dans la veine des vieux conteurs, l'histoire fort gaillarde du grand vicaire de S... Nous verrons qu'il reviendra volontiers à ce genre de plaisanterie.

Cependant de graves événements se succèdent : l'assassinat du duc de Berry (13 février 1820) ; le remplacement du ministère Decazes par le second ministère Richelieu (20 février), puis la naissance du duc de Bordeaux (20 septembre). La censure est rétablie (30 mars). Partout les agents du gouvernement redoublent de zèle; pourtant l'opposition ne perd rien de son audace.

Courier était propriétaire à Véretz ; mais on l'avait inscrit sur les listes électorales comme résidant hors du département, et il n'était jamais appelé à prendre part aux élections d'Indre-et-Loire. En 1820, il se met en tête de protester ; il écrit son mémoire : *A Messieurs du Conseil de préfecture de Tours pour réclamer le droit de vote*. Il revendique le droit de voter dans l'Indre-et-Loire, où, soit à Luynes, soit à Véretz, il a toujours eu son domicile. Le maire, M. de Beaune, et le préfet, M. de Waters, s'obstinent à soutenir qu'il a sa résidence à Paris. On lui demande de prouver que dans les quatre années passées il n'a séjourné nulle part ailleurs que dans l'Indre-et-Loire, c'est-à-dire dans aucun des quatre-vingt-quatre autres départements. Prétention, à son sens, absurde autant qu'illégale, mesure dirigée contre lui seul ! Il obtint gain de cause, et, le 25 octobre, le préfet l'informa que son nom était inscrit sur la liste des électeurs et éligibles.

Peu après, Courier publia deux *Lettres particulières* datées de Tours (18 octobre et 28 novembre 1820). Un passage de Benjamin Constant à Saumur avait provoqué une manifestation ; il y avait eu conflit entre les officiers nobles et les libéraux, soutenus par la garde nationale. Courier part de là pour supposer un dialogue entre un officier noble et un sergent-major, son frère de lait ; le lieutenant veut entraîner le sergent à assommer Benjamin, ce révolutionnaire ; mais Francisque a de la méfiance ; il ne se soucie pas de rétablir un régime où l'avancement était pour les officiers et les coups de bâton pour les soldats.

Dans la seconde lettre, Courier commente, non sans humour, les dernières élections, celles de novembre 1820, auxquelles il a pris part et où quatre voix se sont égarées sur son nom. Il suppose le cas de Cadet Roussel qui a profité de la Révolution, qui a eu son lot dans le partage des biens, qui ne veut rien restituer, et qui fraye prudemment avec la noblesse afin de ne pas être inquiété. En même temps, il répond aux attaques de la presse gouvernementale. On l'appelle le *loustic du parti national*. Soit : il accepte cet emploi, qui ne dépend pas des ministres. On le menace du sabre des soldats. Mais Paul-Louis connaît le soldat ; il sait parler avec lui, et le faire parler. La vérité est que le soldat regrette son village, il a le mal du pays ; il ne connaît pas ses officiers, qui ne viennent guère au régiment et qui n'ont jamais servi ; ce n'est pas lui qui sabrera le bonhomme Paul-Louis, qui est de son canton. Quels que fussent les abus dont Courier se plaignait, on est un peu inquiet de voir cet ancien officier prendre plaisir à mettre le soldat en opposition avec ses chefs. Nous le verrons aller dans cette voie plus loin encore.

La naissance de l'« enfant du miracle » avait provoqué un vif enthousiasme. Pour mieux manifester cette joie, le comte Adrien de Calonne, lieutenant-colonel, maréchal des logis du roi, eut l'idée d'acheter, au moyen d'une souscription publique, le château de Chambord et de l'offrir en apanage au duc de Bordeaux. Napoléon avait donné

Chambord à Berthier. Sous la Restauration, la princesse de Wagram, veuve du maréchal, avait obtenu de Louis XVIII l'autorisation d'aliéner un domaine dont l'entretien lui était devenu impossible depuis qu'on avait supprimé la dotation de 500.000 francs qui y était attachée. La souscription, proposée par le comte Siméon, ministre de l'Intérieur, d'abord fort peu favorable au projet, fut décidée. Elle fut attaquée par les libéraux, et Courier se fit leur porte-parole avec autant de talent que d'âpreté. C'est à la fin d'avril 1821 qu'il publia le *Simple Discours de Paul-Louis, vigneron de la Chavonnière, à l'occasion d'une souscription pour l'acquisition du domaine de Chambord*. Il le développe en trois points. L'achat de Chambord sera mauvais : 1° pour le petit prince ; 2° pour les Tourangeaux ; 3° pour la contrée elle-même. Pour le prince, car il y verra les chiffres des maîtresses royales et le souvenir des débauches de ses prédécesseurs. (Par parenthèse, Courier dramatise un peu pour les besoins de sa cause ; il semblerait, à l'en croire, qu'il s'est passé à Chambord beaucoup plus de choses qu'il ne s'en est en effet passé.) Pour les habitants, car ils pâtiront du voisinage de la cour et de la contagion de mauvaises mœurs. Pour la terre, enfin, car le don de Chambord empêchera que le domaine ne soit morcelé par la bande noire et partagé en un grand nombre de petites propriétés ; ce qui, nous l'avons vu, à propos des *Lettres au rédacteur du « Censeur »*, est, au jugement de Courier, la solution économiquement la plus souhaitable.

Le *Simple Discours* n'empêcha rien : quand il parut, le château était acquis déjà par le comte de Calonne depuis plus d'un mois (7 mars 1821) ; la souscription couvrit le prix payé : 1.542.008 francs. Chambord fut acheté pour le duc de Bordeaux. Le pamphlet n'en fit pas moins scandale. Courier devait s'y attendre. Quand il écrivait : « En France, il n'y a pas une seule famille noble qui ne doive sa fortune aux femmes, vous m'entendez, » ou bien : « Bref, comme il n'est, ne fut, ni ne sera jamais, pour nous autres vilains, qu'un moyen de fortune, c'est le travail ; pour la noblesse non plus, il n'y en a qu'un, et c'est... la prostitution, puisqu'il faut, mes amis, l'appeler par son nom… » Des allusions à la famille d'Orléans (Courier se réjouissait fort, dans un passage du *Simple Discours*, d'apprendre aux populations que le duc de Chartres était envoyé au lycée comme le fils d'un bourgeois) montraient de quel côté allaient les sympathies politiques de Courier; et cet aveu, qu'on se gardait du reste de rappeler, n'était pas pour plaire à la cour. Courier fut donc inculpé. La Chambre des mises en accusation écarta la prévention d'offense au roi et de provocation à l'offense au roi ; elle retint la prévention d'offense… à la morale publique, et les considérants seuls montraient qu'il s'agissait des attaques contre la noblesse. Les débats s'ouvrirent en cour d'assises le 28 août, par une chaleur torride. L'avocat général Jean de Broë requit avec quelque pompe. L'avocat de Courier, Me Berville, un des défenseurs des libéraux dans les grands procès de la Restauration, critiqua vivement l'accusation d'outrage à la morale publique. « Cette accusation, dit-il en substance, le ministère public ne l'a pas justifiée; car il n'a parlé que de politique. » L'avocat pose au contraire son client en défenseur de la morale. Sur la corruption des siècles passés, qu'a-t-il dit qui n'ait été déjà raconté par les mémorialistes ou flétri par les prédicateurs ? P.-L. Courier n'en fut pas moins condamné à deux mois de prison et à 200 francs d'amende.

Pendant son procès (il logeait alors chez Victor Cousin, rue d'Enfer), Courier écrivit son pamphlet, *Aux âmes dévotes de la paroisse de Véretz, département d'Indre-et-Loire*, sorte de pastiche en style juridique où il tournait en ridicule les accusations portées contre lui et où il accentuait encore ses diatribes contre la noblesse. Peu après, dans un mémoire qui est un nouveau pamphlet, et non des moins mordants, *le Procès de P.-L. Courier*, il met le public au courant du détail de toute l'affaire. Il se moque du réquisitoire de Me Jean de Broë, de son style monotone et de ses effets oratoires ; et un écrivain sobre et attique comme Courier a beau jeu à s'exercer sur cette éloquence ampoulée. Il reproduit le plaidoyer de Me Berville, et enfin un discours qu'il avait composé pour sa propre défense et que, sur les conseils de ses amis, il a, dit-il, renoncé à prononcer. Il aurait fait appel au sens moral des jurés ; le condamner, aurait-il dit, ce serait soutenir le vice, qu'il a attaqué ; ce serait le punir d'avoir jugé son temps supérieur à ceux qui ont précédé. Il se juge plus autorisé que le procureur du roi à parler de morale : théoriquement, par l'étude constante qu'il a faite des moralistes anciens ; pratiquement, par sa vie à la fois active et contemplative.

Il signa d'abord un pourvoi en cassation, puis se désista et purgea sa peine à Sainte-Pélagie, du 11 octobre au 9 décembre 1821. Il y trouva Béranger et Cauchois-Lemaire ; il y reçut la visite de Manuel, de Fabvier, des libéraux ; Stendhal fit hommage de l'*Histoire de la peinture en Italie* « au peintre de Jean de Broë ».

Cette année 1821, alternativement passée à Paris ou à la Chavonnière, est bien remplie. Outre ses écrits politiques, Courier travaille à une revision attentive de sa « Chloé » pour l'édition publiée chez Corréard, puis, pour la collection Merlin, il achève la traduction d'un fragment d'Hérodote. Enfin il prépare une édition des *Cent Nouvelles nouvelles*.

Ses lettres de cette année-là contrastent heureusement, par leur ton affectueux, avec ce qu'on sait de sa vie conjugale. Il parle avec tendresse de sa femme, de son enfant Paul-Étienne (né le 30 septembre 1820) ; il se plaint d'être éloigné d'eux. Maintenant les rôles sont renversés. C'est Mme Courier qui trouve que la vie qu'elle mène est insupportable, et qui se plaint de son isolement et de ses « talents perdus ». Une madame Bovary entre en scène.

En avril 1822, P.-L. Courier s'était laissé porter comme candidat indépendant dans le deuxième collège d'arrondissement du département d'Indre-et-Loire (Loches et Chinon)[1]. Il affecta de se tenir en dehors de toute brigue ; mais on sait ce que valent les déclarations de ce genre. A dire le vrai, sa candidature inquiéta quelque peu l'administration, qui de tout son pouvoir soutint celle de l'adversaire de Courier, le comte Armand Ruzé d'Effiat,

---

1. Les élections, en vertu de la loi du 17 avril 1820, se faisaient à deux degrés.

maire de Chinon, lequel présidait précisément le second collège d'arrondissement. L'élection eut lieu le 10 mai à Chinon. Le comte d'Effiat fut élu par 222 voix (sur 380), contre 122 accordées à Courier. Notre pamphlétaire ne fut donc pas député. A dire le vrai, il n'était guère fait pour la tribune.

Mais Courier, maintenant tout à fait célèbre et populaire en France, sinon prophète en son propre pays, est tout entier absorbé par son rôle de polémiste. Mis en goût par le succès du *Simple Discours*, il publie sa *Pétition à la Chambre des députés pour des villageois qu'on empêche de danser* (15 juillet 1822). A l'instigation du curé Bruneau, d'Azay-le-Rideau, le préfet avait interdit dans ce village la danse et les jeux du dimanche, qui troublaient, disait-on, les offices de vêpres. Mesure assez générale et qui causa chez les paysans un vif mécontentement ; elle les gênait non seulement dans leurs plaisirs, mais aussi dans leurs intérêts ; car ces fêtes étaient pour eux l'occasion de toutes sortes de marchés et transactions. Courier blâme ces jeunes curés trop zélés qui manquent de sagesse et de discrétion. Quel mal y avait-il à danser le dimanche sur la place au son du violon, devant l'église ? C'est là que les prétendus se montraient en public et partant avec innocence. Maintenant Azay est délaissé pour Véretz, où le bon vieux curé Marchandeau (un curé assermenté) assiste aux distractions saines de la jeunesse.

Cet opuscule, d'une forme plus prudente que le *Simple Discours*, valut pourtant à Courier un nouveau procès. Il comparut le 26 novembre à Paris devant le tribunal correctionnel, défendu par Me Berville. L'avocat du roi Billot requit contre lui une peine tout à fait exagérée : treize mois de prison et 3.000 francs d'amende. Le tribunal acquitta Courier. Mais les exemplaires du pamphlet avaient été saisis. Instruit par l'expérience, Courier cessa désormais d'envoyer ses opuscules chez son imprimeur, A. Bobée ; il les fit imprimer d'une façon clandestine, avec un mystère dont deux ou trois personnes connaissaient seules le secret : les uns portent cette adresse : « chez les Marchands de nou-

VUE DE LA CHAVONNIÈRE (COTÉ SUD-EST)

veautés »; les autres, l'indication de Bruxelles (chez Demat), comme lieu de publication

Cependant il se préoccupait d'expliquer certaines parties du *Simple Discours*, qui avaient également frappé adversaires et partisans. C'était le cas de son allusion aux princes d'Orléans. Dans sa première *Réponse aux anonymes* (1822), il déclare qu'il ne sait pas lui-même s'il est républicain ou partisan d'une monarchie libérale. Il n'a rien d'un opposant ; il aime tous les princes, particulièrement le duc d'Orléans, qui sait être de son temps, qui est sage, économe, qui n'est pas « clérical », qui a combattu pour son pays et non contre. Mais on ne peut pas dire qu'il soit un de ses partisans. Selon lui-même, il est un homme qui croit à la Charte. La Charte a dit: « Vous êtes libre. » Alors pourquoi fait-on des procès à Paul-Louis quand il défend la liberté de son village ?

Le fait est qu'il va bien plus loin. Au Congrès de Vérone (oct.-nov. 1822), les représentants de la France se sont engagés à rétablir en Espagne l'absolutisme de Ferdinand VII. On sait quels efforts furent tentés par l'opposition pour empêcher la guerre d'Espagne. Courier dit son mot là-dessus dans sa *Proclamation aux soldats*. On va vous employer, leur explique-t-il en substance, à rétablir l'ancien régime en Espagne. Il vous faudra ensuite aider à le rétablir en France; et l'ancien régime, c'est pour vous le régime du pain noir et des coups de bâton. On n'aime guère, surtout chez un ancien officier, cette méthode d'opposition qui consiste à provoquer les soldats à l'indiscipline. Cela au fond était infiniment plus grave que la *Pétition pour les villageois*. La principale circonstance atténuante est qu'il suivait l'opinion de toute l'opposition libérale.

A la même veine appartient la *Pièce diplomatique extraite des journaux anglais* (1823). Courier suppose une lettre confidentielle écrite par le roi de France « à son frère le roi d'Espagne ». Le Roi Très Chrétien y donne au Roi Très Catholique des avis fort cyniques sur l'art de se servir fructueusement du gouvernement représentatif. Une Chambre sert à voter des budgets tout à fait agréables, un milliard par exemple, et le roi est le maître de cette assemblée, puisque, avec l'aide de ses préfets, il fait élire les députés qu'il veut. Ce roi de fantaisie, un peu vulgaire, compare le gouvernement représentatif à une marmite qu'il faut savoir chauffer à point.

Dans la seconde *Réponse aux anonymes*, datée du 6 février 1823, et provoquée par le procès d'un prêtre assassin nommé Mingrat, Courier revient sur la question qui faisait le fond de la *Pétition* : sur le rôle des curés de campagne. Et là-dessus, il nous conte, dans une manière qui participe à la fois du fabliau et du fait divers, des histoires de certains prêtres qui, après avoir commencé par tonner contre les bals et les cabarets, ont fini par séduire des jeunes filles ou assassiner des femmes. Quelle conclusion tire-t-il de ces faits ? Que la confession expose à d'étranges tentations des prêtres jeunes et souvent engagés dans leur profession avant l'âge de raison. Courier ne cache point qu'il est partisan du système protestant du mariage des prêtres.

Dans cette année 1823, sa verve, toujours un peu maigre, se distribue en opuscules d'une extrême brièveté : le *Livret de Paul-Louis, vigneron, pendant son séjour à Paris, en mars 1823*, est un choix de courtes anecdotes contemporaines : sur une rixe entre les gardes du corps et le parterre au Gymnase dramatique ; une autre entre les Suisses et les bouchers ; les caricatures qui avilissent le peuple ; etc. On y remarque ce passage, qui fut un moment exploité après la mort de Courier : « Ce matin, me promenant dans le Palais-Royal, M...ll...rd passe, et me dit : « Prends garde, Paul-Louis, prends garde ; les cagots te feront assassiner. — Quelle garde veux-tu, lui dis-je, que je prenne ? Ils ont fait tuer des rois ; ils ont manqué frère Paul, l'autre Paul à Venise, Fra Paolo Sarpi. Mais il l'échappa belle. »

La *Gazette du village* (1823), présentée comme un journal rustique, est aussi le commentaire politique de petits faits, réels ou arrangés, survenus au village. Jean-Paul y raconte les vexations que l'autorité fait subir aux paysans. Servi par de nombreux espions, le maire y exerce une véritable tyrannie, battant l'un, obligeant l'autre à quitter le pays.

Ce sont des faits du même genre qu'il raconte dans les lettres ou dans les rapides articles qu'il adresse à divers journaux : au *Courrier français*, au *Constitutionnel*, au *Journal du Commerce*. Le 23 mai 1823, il narre dans quelles circonstances, aux élections de l'arrondissement de Chinon (en 1822), il a échoué contre la candidature officielle du comte d'Effiat. Le 1ᵉʳ novembre, il rend compte de son arrestation du 29 octobre, qui ne fut pas maintenue : on lui avait attribué des écrits dont on ne peut lui prouver qu'il était l'auteur. Le 4 mars 1824, il annonçait le *Pamphlet des pamphlets*, qui passe pour son chef-d'œuvre dans le genre, et qui est sa dernière œuvre. Elle parut le 28 mars.

C'est surtout la première partie qui se recommande par d'exceptionnels mérites d'ironie sobre et forte. Courier feint qu'à la dernière visite qu'il a faite, bien malgré lui, à la préfecture de police, à cause de certaine brochure dont il repoussait la paternité, un individu — un mouchard — lui dit qu'il *était un grand génie, qu'il était inimitable*, mais qu'on lui conseillait fort de ne plus écrire de pamphlets. Cela lui remet une fois de plus en mémoire son procès à l'occasion du *Simple Discours*, procès où l'avocat général Jean de Broë le traita de « vil pamphlétaire ». Il en prend occasion pour rapporter une conversation qu'il eut, au sortir de la cour d'assises, avec un des jurés qui l'avaient condamné, le libraire Artus Bertrand. Cette scène célèbre est toute pleine d'ironie socratique. L'honnête libraire est tout à la disposition de son interlocuteur « jusqu'à quatre heures et demie, qui, je crois, vont sonner ». Il méprise les pamphlets, qu'il ne lit point ; mais finalement il se dérobe par une prompte retraite à la difficulté de définir ce qu'il entend par pamphlet, et de justifier son admiration pour les *Provinciales*. Courier ne sait pas écrire de gros volumes ; il pense que, si poison il y a, ce poison se perd dans une cuve et dans une cuillerée tue. La seconde partie du pamphlet est inférieure. L'auteur suppose que son ami, l'Anglais sir John Bickerstaff, lui écrit de Rome pour l'engager à publier ses pamphlets. Pour l'encourager, il lui cite parmi ses prédécesseurs : Pascal, Cicéron, César, Démosthène, le bonhomme Franklin et jusqu'à saint Paul et saint Basile. Puis sir John fait l'éloge des Américains et de leurs mœurs politiques ; et c'est un développement qu'on retrouve souvent chez les publicistes français. Mais en vérité il semble que sir John aille un peu loin et que Paul-Louis ait bien de la patience ou bien peu d'amour-propre national de l'écouter. Quand l'Anglais dit aux Français qu'ils ne sont que des courtisans gouvernés par des favorites, et ajoute : « Vous êtes le plus valet de tous les peuples, » Courier ne relève pas autrement l'injure, et pour cause. Il se borne à déclarer qu'il ne veut plus essayer de convertir personne ni être la mouche du coche. Le coche est en marche, et rien ne peut plus l'arrêter.

Mais bientôt Courier ne sera plus là pour le voir passer. Des nuages inquiétants se préparent du côté de Véretz: des menaces qui ne viennent ni du gouvernement ni des jésuites. Notre helléniste ne voit pas, assis à son foyer, un Egisthe de village ; nous ne parlons pas d'une Clytemnestre.

Toujours un peu las des hommes et des choses, P.-L. Courier a été tenté, en novembre 1823, d'accompagner La Fayette aux Etats-Unis ; moins que jamais il se plaît à Paris, où il a été obligé de faire de fréquents séjours ; il rentre à la Chavonnière en mai 1824 avec le désir de se reposer et de continuer à traduire Hérodote. Mais il va trouver chez lui de graves sujets de préoccupation [1].

Décidément excédée de la vie qu'elle menait, apparemment mal satisfaite d'un mari trop peu empressé, Mme Courier avait pris un amant, et comme elle ne fréquentait à Véretz personne qui fût de son monde, elle l'avait choisi parmi ses domestiques. Pierre Dubois, engagé comme laboureur et charretier en 1823, marié à Esvres, était du reste un beau garçon de vingt-huit ans, de ces paysans à tête fine que Courier lui-même comparait à des Grecs. Dubois fut très vite dans les bonnes grâces de madame, qui ne fit rien pour cacher ses amours. Mme Courier était arrivée

---

[1]. Sur la fin de la vie de notre auteur, on consultera avec fruit le livre documenté de Louis André : *l'Assassinat de P.-L. Courier*.

à un tel point de trouble mental et sensuel, qu'elle perdait toute retenue. Non seulement elle affichait les faveurs qu'elle accordait à Pierre Dubois, mais bientôt elle les fit partager au frère de son amant, à Symphorien Dubois, engagé l'année suivante comme garçon de ferme. Le reste de la domesticité n'ignorait rien de ces pratiques. Un trou, ménagé dans les volets, permettait à qui voulait d'être témoin de scènes fort tendres. Courier ignora tout jusqu'au jour où, dans l'été de 1824, son attention de maître et de mari intéressé fut attirée sur les dépenses excessives de sa femme. Mme Courier faisait de nombreux cadeaux à Pierre Dubois. Elle lui avait donné un fusil. Courier fit comparaître son charretier et, après une scène assez violente, le chassa (18 juillet 1824). Mais il garda Symphorien à son service. Inutile de dire que les relations entre les deux époux étaient devenues fort difficiles ; et qu'entre eux éclataient de fréquentes querelles. Mme Courier s'enfuit quelques jours à Tours, mais son mari l'en ramena. Un séjour de Mme Clavier à la Chavonnière, la naissance d'un second fils, Esther-Louis (le 20 octobre), n'améliorèrent point la situation. Mme Courier restait en rapports, au moins épistolaires, avec Pierre Dubois.

Son mari la faisait espionner par son homme de confiance, qui était à la fois son jardinier et son garde particulier, Louis (dit Michel) Frémont ; c'était un être singulier, sournois, d'intelligence bornée, ivrogne, de volonté vacillante, qui travaillait à la fois pour les deux partis en présence. On suppose que c'est lui qui, le 2 janvier 1825, favorisa entre Mme Courier et Pierre Dubois, une entrevue nocturne dont Courier lui-même eut connaissance. Le 6, Mme Courier partit pour Paris avec le petit Paul et se logea chez sa mère. A son tour Courier se rendit à Paris et se fixa dans le pied-à-terre qu'il s'était ménagé, cul-de-sac de Sourdis, n° 3. Les deux époux eurent quelques entrevues. Découragé de tous côtés, Courier songeait à abandonner la campagne ; mais ses intérêts devaient l'y ramener bientôt. Après avoir assisté à Paris, le 16 février, à une soirée des rédacteurs du *Globe*, où Sainte-Beuve le vit, où il brilla par son esprit et sa causticité, il revint dès le lendemain à la

Chavonnière et s'occupa simultanément de ses affaires financières, littéraires (il revoyait le recueil de ses « cent » *Lettres écrites de France et d'Italie*), et enfin conjugales. Il avait chargé Frémont de lui procurer les lettres écrites par sa femme à Pierre Dubois. Il est constant que, vers cette époque, Frémont et P. Dubois se réunissent en de fréquents conciliabules. Le 9 avril Mme Courier écrit à Pierre Dubois, poste restante à Montbazon, une lettre qui ne fut jamais retrouvée.

Le dimanche de la Quasimodo, 10 avril 1825, Courier s'entretient dans la matinée avec ses gens, avec Symphorien, avec Frémont. Il donne à son garde rendez-vous, pour la fin de la journée, dans sa forêt de Larçay, au lieu dit la Fosse à Lalande. Devait-il être question de coupes de bois ou des lettres de Mme Courier ? On l'ignore. A 4 h. 1/2, on vit Courier quitter la Chavonnière et se diriger à grands pas vers la forêt. A quelque temps de là, « à une demi-heure de soleil », les gens de la région entendirent la détonation, qui parut très forte, d'un fusil de chasse.

A 9 heures, Frémont était de retour à la Chavonnière. Avec les autres domestiques, il s'étonnait que le maître ne fût pas rentré. On appela vainement M. Courier. Le garde, aidé de Symphorien, s'occupa à décharger et à nettoyer son fusil. Il soupa tranquillement. Le lendemain une battue fut organisée. Non loin de la Fosse à Lalande, le garde champêtre Moreau, accompagné de Frémont, retrouva le corps de P.-L. Courier, la face contre terre. L'autopsie montra qu'il avait le torse traversé de trois balles, mais bizarrement, de bas en haut. De la plaie, on retira une bourre faite d'un morceau du *Feuilleton littéraire*, journal que recevait Courier.

A Paris, cet assassinat causa une vive émotion. Les libéraux crièrent au crime politique. Le gouvernement était intéressé à éclaircir l'affaire. Mais l'instruction s'annonçait difficile. Chez les paysans, on se heurtait à l'obstination de ne rien dire, ou même à de faux témoignages. On avait d'abord arrêté les Dubois, en raison de la rupture violente de Pierre avec Courier. Mais bientôt l'instruction fut orientée vers une autre piste.

Prévenue de la mort de son mari, Mme Courier n'était arrivée que le 18 à Tours et que le 20 à la Chavonnière. Dès le lendemain, elle fit paraître des soupçons contre Frémont et parla du rendez-vous dans la forêt, sans du reste pouvoir expliquer comment elle en avait eu connaissance. Le 22, Frémont fut arrêté. Les Dubois invoquèrent des alibis, et, le 17 mai, furent mis hors de cause.

Le 31 août, le procès s'ouvrit devant la cour d'assises d'Indre-et-Loire. Cinquante-sept témoins furent entendus, et, parmi eux, Mme Courier, qui ne cessa de charger Frémont. Néanmoins, le 3 septembre, un verdict d'acquittement fut rendu en faveur du garde. A tous il avait paru qu'il manquait trop d'éléments nécessaires à la connaissance de la cause.

Mais les imaginations continuèrent à travailler. On fit, dans le pays, quelques observations. On remarqua que Mme Courier allait vivre à Paris chez sa mère, rue du Sentier, mais qu'elle continuait à protéger Pierre Dubois, qu'elle gardait Symphorien à son service, qu'elle employait les nommés Martin Boutet et François Arrault, dont on avait constaté récemment les fréquents rapports avec les frères Dubois. On apprit qu'un certain Joseph Barrier, témoin à charge, dans le procès, contre Frémont et les Dubois, mourut peu de temps après avoir pris part à un banquet à côté de Symphorien ; tout le monde crut à un empoisonnement. Le 19 août 1827, Symphorien fit une chute mortelle ; Mme Courier donna à son agonie les soins les plus tendres, et, quand il fut mort, elle lui passa au doigt un anneau.

En 1828, au lieu même du crime, elle fit élever un monument à la mémoire de son mari.

Tout semblait pourtant assoupi, lorsqu'en octobre 1829 une fille de ferme, Sylvine Grivault, simple d'esprit et de mœurs légères, faillit être renversée par le cheval qu'elle conduisait. Encore tout effrayée, elle ne put s'empêcher de s'écrier en rentrant, devant son maître, Pierre Girault : « Votre cheval a eu aussi grand'peur que moi quand on a tué défunt M. Courier. » On la questionna. Elle raconta que, le 10 avril 1825, elle se trouvait couchée sous la feuillée, non loin de la Fosse à Lalande, en compagnie d'un garçon nommé

Honoré Veillaut. Tous deux virent arriver M. Courier, qui se disputait violemment avec Frémont. Symphorien Dubois venait derrière. Tout à coup ce dernier saisit par la jambe M. Courier, qui s'écria : « Je suis un homme perdu, » et tomba sur le visage. Frémont alors lui déchargea son fusil dans le flanc. Puis, tandis qu'il le fouillait, arrivèrent Pierre Dubois, François Arrault, Martin Boutet, et un sixième personnage qu'on identifia plus tard avec le père Dubois.

Sylvine confirma et précisa ses dires devant les magistrats. Le 8 décembre, on arrêta Pierre Dubois, Arrault, Boutet. Symphorien était mort ; Frémont, couvert par la prescription, ne pouvait qu'être convoqué comme témoin. Pierre Dubois nia tout. Frémont avoua d'abord le rendez-vous ; puis reconnut qu'il avait tiré le coup de fusil, mais forcé par les menaces des frères Dubois. Il accusa « madame » d'être la cause première du meurtre. Mme Courier, d'abord convoquée comme témoin, fut arrêtée le 16. Elle se défendit avec une hauteur, une énergie, une souplesse qui découragèrent l'instruction. La chambre des mises en accusation de la cour royale d'Orléans la mit hors de cause, et retint l'accusation contre Pierre Dubois, Arrault, Boutet. Les assises s'ouvrirent le 23 juin 1830. Mme Courier était partie pour l'Italie ; elle ne figura pas au banc des témoins. Son absence priva les débats du personnage le plus intéressant. Les témoins et les accusés maintinrent leurs affirmations et leurs négations. Frémont, abattu, malade, rongé par le remords, avoua le dernier jour (le 14 juin) que Sylvine avait dit la vérité.

Les avocats s'étaient entendus pour ménager Mme Courier. Le procureur du roi lui-même parla d'elle le moins possible. La défense fit valoir les divers alibis invoqués par les accusés. Un verdict de non-culpabilité fut rendu à l'unanimité en faveur de Boutet et d'Arrault ; par six voix contre six, en faveur de Pierre Dubois. On comprend très bien que le jury, incertain sur le rôle de Mme Courier, et voyant que les deux principaux coupables, Frémont et Symphorien, avaient échappé au châtiment, n'ait pas cru devoir punir les autres.

MONUMENT ÉLEVÉ EN 1828 DANS LA FORÊT DE LARÇAY PAR Mme COURIER
EN MÉMOIRE DE SON MARI

Frémont mourut peu après (le 19 juin 1830) dans une demi-démence. Pierre Dubois au contraire atteignit l'âge respectable de 82 ans : il mourut le 16 février 1877. Mme Courier se remaria le 4 août 1834 avec un médecin genevois, régularisant ainsi une liaison ancienne de plusieurs années. Elle mourut âgée seulement de 47 ans (le 13 novembre 1842).

En somme, l'incertitude demeure sur son rôle exact dans le meurtre de son mari. A-t-elle dirigé, organisé tout le complot ; ou s'est-elle bornée, dans un jour de désespoir ou d'amour, à peindre sous des couleurs trop vives la liberté et la joie qui résulteraient pour elle, et pour ses amants, de la mort de son mari ? Trop de gens étaient intéressés à la comprendre à demi-mot. Courier mort, plus de maître avare et dur ; sous la direction bienveillante et même tendre de madame, la Chavonnière deviendrait un lieu de délices. Courier est mort parce qu'il était détesté.

De fait il n'était point aimable. C'était un homme né pour la solitude. A la fin, son égoïsme était devenu rébarbatif ; son épicurisme sans élégance ; son dilettantisme insociable. Il avait de l'indépendance un sentiment presque sauvage, avec la haine de toute servitude et de toute obligation. Il n'était heureux que dans un bois, avec un livre dans sa poche, ou dans une chambre où l'on pouvait en paix ciseler des phrases.

Ceci ne veut pas dire qu'il ne sût pas à l'occasion briller dans la conversation des hommes. Il avait de l'esprit et du meilleur. Jeune officier, il se plaisait aux libres propos. Erudit, il savait tenir tête à ses confrères. Il n'ignorait pas l'art d'amuser et de faire rire les jeunes femmes. Ne l'appelait-on pas, en son temps, « le cousin qui rit toujours » ? Mais cet enjouement était virtuosité d'esprit, non point amabilité de caractère. Toute sa grâce d'esprit passait dans ses ouvrages. C'est là qu'il nous faut le voir dans son beau. Là, il est un artiste.

Louis COQUELIN.

BIBLIOGRAPHIE

ŒUVRES DE P.-L. COURIER

*Etude sur l'*Athénée *de Schweighœuser, publiée dans le* Magasin encyclopédique *de* Millin, fructidor an X (1802). — *Eloge d'Hélène*, à Paris, chez Henrichs, in-8°, an XI (1803). — *Lettre à M. Renouard, libraire, sur une tache faite à un manuscrit de Florence*, Tivoli, 1810, in-8° (imprimée chez Lino Contedini, de Rome). — *Longi Pastoralium fragmentum hactenus ineditum*, Romæ, MDCCCX, apud Linum Contedinium, in-8°, 1810. — Λόγγου ποιμενικῶν λόγοι τέτταρες ἐν Ῥώμῃ παρὰ Λίνῳ τῷ Κοντεδινίῳ (52 exemplaires), 1810, in-8°. — *Daphnis et Chloé ; traduction complète d'après le manuscrit de l'Abbaye de Florence*. Imprimé à Florence chez Piatti, 1810 (soixante exemplaires numérotés). — *Les Pastorales de Longus, ou Daphnis et Chloé*, Paris, Firmin Didot, 1813, in-12. — *Du Commandement de la cavalerie et de l'équitation, deux livres de Xénophon, traduits par un officier d'artillerie à cheval*, à Paris, de l'imprimerie de J.-M. Eberhart, in-8°, sans date (1813). — *La Luciade ou l'Ane de Lucius de Patras*, texte grec, traduction en regard et notes, in-8° (1816). — *Pétition aux deux Chambres*, décembre 1816, Paris, chez Bobée, in-8°. — *P.-L. Courier, ancien chef d'escadron au 1er régiment d'artillerie à cheval, membre de la Légion d'honneur, à MM. les Juges du tribunal civil de Tours*, Paris, chez Bobée, 1818, in-8°. — *Lettres à MM. de l'Académie des inscriptions et belles-lettres*, mars 1819, Paris, chez Bobée, in-8°. — *Procès de Pierre Clavier, dit Blondeau, pour prétendus outrages faits à M. le Maire de Véretz, etc..., précédé d'un placet à Son Excellence le Ministre Decazes*, Paris, chez Bobée, 1819, in-8°. — *Lettre particulière*, Paris, impr. de Bobée, 1819-1820, in-8°. — *Seconde Lettre particulière*, Paris, les marchands de nouveautés, 1820. — *A MM. du Conseil de préfecture, P.-L. Courier, cultivateur*, Paris, Bobée, sans date (1820), in-8°. — *Lettres au rédacteur du « Censeur »*, Paris, A. Comte, 1820, in-8°. — *Simple discours de Paul-Louis, vigneron de la Chavonnière, aux membres du Conseil de la paroisse de Véretz, département d'Indre-et-Loire, à l'occasion d'une souscription proposée par son Excellence le Ministre de l'Intérieur, pour l'acquisition de Chambord*, en 1821, in-8° (2e édit. la même année). — *Aux âmes dévotes de la paroisse de Véretz, département d'Indre-et-Loire*, chez les marchands de nouveautés, 1821. — *Procès de Paul-Louis Courier, vigneron*, Paris, les marchands de nouveautés, 1826, in-8°. — *Les Pastorales, de Longus ou Daphnis et Chloé, traduction de messire Jacques Amyot, revue, corrigée, complétée, de nouveau refaite en partie par P.-L. Courier, vigneron*, 3e édition, Paris, Alexandre Corréard, 1821, in-8°. — *Pétition à la Chambre des Députés pour des villageois qu'on empêche de danser, par Paul-Louis Courier vigneron, sorti l'an passé des prisons de Sainte-Pélagie*, Paris, les marchands de nouveautés, 1822, in-8°. — *Réponse aux anonymes qui ont écrit des lettres à P.-L. Courier, vigneron*, Bruxelles, Demat (Paris), 1822, in-8°. — *Réponse aux anonymes, etc.*, n° 2, 8e édition (1re éd.) Bruxelles (Paris), in-8°. — *Prospectus d'une traduction nouvelle d'Hérodote, contenant un fragment du livre III et la préface du traducteur*, Paris, Bobée, 1822, in-8°. — *Livret de Paul-Louis, vigneron, pendant son séjour à Paris en mars 1823*, n° 3 ; 5e éd. (1re), Bruxelles (Paris), 1823, in-8°. — *Gazette de village, par Paul-Louis Courier*, n° 4, Bruxelles, Demat (Paris), 1823, in-8°. — *Pièce diplomatique* *extraite des journaux anglais*, n° 5, Bruxelles, Demat (Paris), 1823, in-8°. — *Les Pastorales de Longus, chez J.-G. Merlin*, 1823, dans la *Collection des romans grecs*, traduits en français avec des notes par MM. Courier, Larcher, etc..., tome VIII. — *Collection des lettres et articles publiés jusqu'à ce jour dans différents journaux par P.-L. Courier*, Paris, L'Huilier, 1824, 2 vol. in-8°. — *Pamphlets des pamphlets*, Paris, les marchands de nouveautés, mars 1824. — *Collection complète des Pamphlets politiques et Opuscules littéraires de P.-L. Courier, ancien canonnier à cheval*, Bruxelles, 1826, in-8° (2ᵉ éd. en 1827). — *Mémoires, correspondance et opuscules inédits de Paul-Louis Courier*, Paris, Sautelet et Mesnier, 1828, 2 vol. in-8°. — *Œuvres complètes de Paul-Louis Courier* (avec l'*Essai sur la vie et les écrits de P.-L. Courier*, par Armand Carrel, Paris, A. Sautelet, 1829-1830, 4 vol. in-8° (des passages sont supprimés et remplacés par des lignes pointillées dans les *Réponses aux anonymes*, la *Gazette du village*, le *Livret de Paul-Louis Courier*, la *Pièce diplomatique*). — *Œuvres de Paul-Louis Courier*, avec un *Essai sur sa vie et ses écrits* (1829), par Armand Carrel, Paris, Paulin et Perrotin, 1834, 4 vol. in-8°. — *Œuvres complètes*, 1837 (Paris, Didot frères), 1 vol. gr. in-8°. — *Œuvres* (choisies), *publiées et précédées d'une préface*, par F. Sarcey, 1877, Paris, Librairie des bibliophiles, 3 vol. in-16. — *Pamphlets et lettres politiques*, avec notices et notes par François de Caussade, 1910, Paris, Lemerre, in-12. — *Les Pastorales de Longus, traduction de P.-L. Courier, édition critique suivie d'une étude sur l'essai de style vieilli de Courier*, par Robert Gaschet, Paris, Larose, 1911, in-8°. — *Œuvres choisies de P.-L. Courier*, préface et notice par Jean Giraud, Paris, Delagrave (Collection Pallas), 1913, in-16.

ÉTUDES SUR P.-L. COURIER

Dalayrac, *un An de la vie de P.-L. Courier* (Séjour à Toulouse), 1796-1797) ; in-8°, s. d. — Armand Carrel : *Essai sur la vie et les œuvres de P.-L. Courier* (1829), en tête de ses éditions (1834, etc.). — Ch. Magnin, *Causeries et Méditations historiques et littéraires*, tome I, in-18, 1843. — Hip. Castille, *Portraits littéraires au XIXᵉ siècle* (1852-1859), 1ʳᵉ série, n° 32. Aug. — Vitu, *Ombres et vieux murs*, 1859, in-12, Paris. — Sainte-Beuve, *Causeries du Lundi*, tome VI, 1851-1862; *Nouveaux Lundis*, tomes III et IV, 1863-1870. — Fr. Sarcey, *P.-L. Courier écrivain* (1876) : en tête de l'édition Jouaust. — Desternes et Galland, *Trois procès*, « Nouvelle Revue », 1ᵉʳ février 1902 ; — *la Jeunesse de P.-L. Courier*, ibid., 15 décembre 1905. — Desternes et Galland, *P.-L. Courier électeur et candidat*, « Revue politique et parlementaire », 10 mars 1898 ; — *les Idées politiques de P.-L. Courier*, ibid., 10 juillet 1902. — Desternes et Galland, *la Réaction royaliste en Touraine*, 1816, *d'après P.-L. Courier*, « la Révolution française », 14 janvier 1903 ; — *la Réaction cléricale en Touraine*, 1814-1824, *d'après P.-L. Courier*, ibid., 14 avril 1903 ; — *la Souscription pour l'acquisition de Chambord*, ibid., 14 mars 1904. — Ch. Joret, *un Épisode inconnu de la vie de P.-L. Courier*, « Revue d'histoire littéraire de la France », 1906. — R. Schwab, *Vie politique de P.-L. Courier*, « Mercure de France », 1909. — R. Gaschet, *la Jeunesse de P.-L. Courier, étude sur sa vie et ses œuvres, de 1772 à 1812*, in-8°, 1911. — R. Gaschet, *de l'Authenticité des lettres de P.-L. Courier*, « Revue d'histoire littéraire de la France », 1912. — Louis André, *l'Assassinat de Paul-Louis Courier*, in-12, Paris, 1913. — R. Gaschet, *P.-L. Courier et la Restauration*, in-8°, Paris, 1913.

LETTRES
ÉCRITES DE FRANCE
ET D'ITALIE

NOTA

Nous donnons intégralement le recueil des « cent » Lettres écrites de France et d'Italie, 1804-1812, que Courier avait préparé lui-même en 1812 en vue de l'impression. Le Commentaire en petits caractères qui les relie et qui figure dès les premières éditions est vraisemblablement dû à Courier lui-même, ainsi que les courtes notes que nous avons marquées d'un astérisque.

Toutes les autres notes sont nouvelles et propres à la présente édition. Il en est de même de la traduction en français des lettres que P.-L. Courier avait écrites en italien.

NOTICE SUR LES LETTRES ÉCRITES DE FRANCE ET D'ITALIE

Les *Lettres écrites de France et d'Italie* demeurent, après l'épreuve du temps, l'œuvre la plus séduisante de Paul-Louis Courier. Il y a mis assurément ce qu'il y avait en lui de meilleur. Il y apporte un vif désir de plaire qu'il n'entretenait pas toujours dans la vie quotidienne. Il y est coquet, spirituel, fécond en compliments et, ce qui est plus important encore, ses confidences y ont un air de sincérité. Il est certain qu'au moment où il écrivait il était, dans ses amabilités, très sincère. Il s'y montrait gai, parce qu'il avait conscience d'exceller dans un genre qui convenait au caractère de son talent. Les grandes productions excédaient les limites de son imagination, qui n'était point vaste, et de son originalité, qui était sèche ; mais dans son style, formé par un long commerce avec les classiques, on trouve une perfection de goût, un charme pittoresque, un sentiment sobre de la beauté qui, se mêlant à l'esprit français et tourangeau, un peu gaulois souvent, formait le plus savoureux mélange. Courier parvient à donner l'impression du naturel, quoique, à dire le vrai, ses lettres soient principalement des chefs-d'œuvre de l'art. Il est permis de considérer bon nombre d'entre elles comme des exercices littéraires extrêmement soignés, composés, si l'on peut ainsi parler, pour l'amour de bien écrire. Nous savons que Courier tenait beaucoup à la collection de ses lettres, qu'il la portait toujours sur lui dans ses campagnes ; et que s'il perdit son Homère, son portemanteau et son ordonnance, il ne perdit point ses lettres. Nous savons aussi qu'en 1824, il fit une revision et un classement d'une centaine de ses lettres (exactement 109) et qu'elles parurent encadrées dans un commentaire biographique dont il semble bien que Courier lui-même soit l'auteur. Il est vraisemblable qu'il les avait écrites avec l'intention de les publier un jour ; il en avait gardé copie : et il en est plus d'une qu'il a dû refaire de souvenir. (On verra plus loin, p. 121, deux rédactions très différentes d'une même lettre.) Quelques dates sont inexactes. Il est même permis parfois de se demander si Courier ne suppose pas les faits pour le simple plaisir de les bien conter. C'est le cas de la narration fameuse : « Un jour, nous voyagions en Calabre, » dont le sujet se trouve déjà dans l'*Heptaméron* de la reine de Navarre (XXXIV) et dans l'*Élite des contes* du sieur d'Ouville. Mais il ne faut pas exagérer cette remarque au point de contester d'ensemble la véracité des lettres de P.-L. Courier. S'il les a quelque peu arrangées, c'est principalement pour des raisons d'art littéraire. Le fond partout subsiste. Son franc-parler en toute chose, sur toute personne, et sur lui-même (car il raconte volontiers ce qui n'est point à sa louange), fait assez voir qu'il n'a pas peur de la vérité, et ses lettres sont assez pleines de vie actuelle pour montrer que l'écrivain n'est pas un romancier. Du reste, il n'invente pas, au sens littéraire du mot, car s'il a l'imagination du détail et celle du style, il n'a nullement celle du fond. Tout le mérite de ses lettres est dans la façon. En quoi consiste cette façon ?

Une lecture attentive de ses lettres permet de comprendre aisément de quels éléments son talent s'est nourri et formé.

P.-L. Courier a peu lu, mais il a bien lu. Vers 1793 (il a vingt et un ans), il écrit : « Mes livres font ma joie... j'aime surtout à relire ceux que j'ai déjà lus nombre de fois, et *par là j'acquiers une érudition moins étendue, mais plus solide.* » Ce système restera le sien toute sa vie. A force de lire et de relire ses classiques, il les sait par cœur ; et, surtout dans ses lettres de jeunesse, il les cite à tout moment : sa lettre à Chlewaski du 4 décembre 1798, qui dénote un amour si sincère et si pénétrant des grâces de l'antiquité, est toute farcie d'allusions à des écrivains français ou latins. De bonne heure Courier a le goût restreint et pur : Corneille, **Racine**, Molière, La Fontaine, Boileau, Voltaire sont, avec

Horace et Virgile, les auteurs qu'il cite le plus fréquemment. Mais il aime aussi, pour leur naïveté, leur saveur archaïque, et aussi pour leur liberté de ton, qu'il reproduit souvent, les écrivains du XVIe siècle : les Rabelais, les Montaigne, les Amyot. Il goûte fort aussi les mémorialistes, les Montluc, comme les Saint-Simon, parce qu'ils ont le secret d'un français familier, vif et pittoresque. De ce long commerce avec les classiques, Courier garde un profond dédain pour la littérature de son temps. Il reproche à ses contemporains, hommes de lettres ou hommes privés, d'aimer les clichés, la plate élégance, la noblesse fausse et académique; d'ignorer la bonne langue qui vient du peuple (c'est l'opinion de Malherbe), enfin d'avoir tous les défauts qui forment le mauvais style. On connaît le passage célèbre de sa lettre à Boissonade : « Surtout, gardez-vous bien de croire que quelqu'un ait écrit en français depuis le règne de Louis XIV ! »

Mais un trait plus particulier détermine le goût de P.-L. Courier. C'est un attique. Courier se range parmi ces écrivains français, en somme peu nombreux (un Racine, un André Chénier), qui, possédant bien le grec, ont pu subir directement, et non par l'intermédiaire des Latins, l'influence de l'esprit hellénique, alors que déjà leur intelligence et leur sensibilité propres les disposaient à le comprendre et, le mot est à peine trop fort, à l'adorer. Courier ne voulait pas être appelé *helléniste* : car, disait-il, il ne vendait pas du grec; mais vraiment il était lui-même un hellène, un ionien, un attique. En grec, il a tout lu : mais il est facile de dire les écrivains qu'il préfère et pourquoi il les préfère : c'est Homère, où l'on voit dans sa fraîche enfance la langue la plus souple et la plus franche qu'il y ait jamais eu; c'est Hérodote, le prosateur encore tout plein, dans sa naïveté, de la poésie originaire; c'est Xénophon, et c'est Lysias, les maîtres de cette pureté élégante et fine qu'est l'atticisme; ce sont les bucoliques alexandrins, qui à force d'art ont donné en de petits tableaux l'image la plus simplement gracieuse qu'on pût imaginer de la vie rustique. C'est à cette lignée que P.-L. Courier prétend se rattacher; c'est chez ces maîtres qu'il apprit à ciseler de charmantes descriptions, à narrer avec une sobriété pleine et forte, à répandre sur ses petites œuvres cette fine fleur de bon goût qu'il faut admirer chez lui.

Français du XVIᵉ et du XVIIᵉ siècle, grec et attique, l'écrivain P.-L. Courier n'a pas inutilement vécu plusieurs années en Italie. Il est encore un genre de grâce sobre, un peu sèche, qu'il devait particulièrement comprendre et goûter : c'est la grâce du génie florentin. Mais à dire le vrai, il a aimé toute l'âme italienne, et la mollesse joyeuse de Naples, et jusqu'à l'âpre rusticité des Calabres, où il sait retrouver la Grande-Grèce. Cette influence italienne, il l'a subie doublement : par les écrivains et par les paysages. L'humaniste qu'était Courier apprit vite et facilement l'italien ; entre le grec et le toscan, il trouvait plus d'une ressemblance. Passant de Dante aux conteurs florentins et à l'Arioste, il rencontra les modèles d'une beauté fière, subtile ou finement enjouée.

Mais, durant ses divers séjours en Italie, cet officier amateur ne se borna pas à explorer les bibliothèques : il conduisit ses pérégrinations dans tous les sens, aussi bien dans l'Italie méridionale que dans les environs de Florence ou de Rome, à Tarente aussi bien qu'à Tivoli. En attendant qu'il lui fût donné d'aller en Grèce (c'est un souhait qu'il ne réalisa jamais), il put voir autour de lui une campagne faite pour enchanter ses instincts bucoliques, en même temps qu'elle donnait une forme précise à ses souvenirs d'humaniste. Dans l'âme érudite de Courier, il était demeuré un amour vif et presque idyllique de la campagne et des bois. Ce sentiment, déjà tout pénétré, il est vrai, de souvenirs poétiques, s'ennoblit au contact de la nature italienne ; de là ces jolies descriptions de la campagne des Calabres : de là ces charmants récits écrits en 1809 sur les rives du lac des Quatre-Cantons, l'épisode du bain ou l'épisode du baiser : ce sont, au sens grec, des *idylles*, de gracieux petits tableaux.

Enfin il est permis de considérer les *Lettres écrites de France et d'Italie* comme un tableau d'histoire. Certes, c'est ce que Courier n'a point cherché. Il n'aimait pas l'histoire ; ou plutôt il ne croyait pas à l'histoire. Il donne quelque part à Plutarque (lettre écrite de Lucerne, le 25 août 1809, à M. et Mme Thomassin) cette louange, heureusement imméritée : « Il se moque des faits et n'en prend « que ce qui lui plaît, n'ayant souci que de paraître habile « écrivain. Il ferait gagner à Pompée la bataille de Pharsale, si cela pouvait arrondir tant soit peu sa phrase. « Il a raison. Toutes ces sottises qu'on appelle histoire « ne peuvent valoir quelque chose qu'avec les ornements « du goût. » C'est du moins un jugement qui s'appliquerait assez bien à Courier lui-même. De même que, quand il lisait un ouvrage d'histoire (et il en lisait, et avec plaisir) il y goûtait les jolies anecdotes et les mérites du bien dire ; de même, quand il écrivait, il cherchait surtout à plaire par l'agrément du récit. Mais tout cela n'empêche pas les *Lettres écrites de France et d'Italie* d'être un document d'histoire des plus curieux, sinon des plus impartiaux, sur l'Italie au temps de la domination française. Courier y porte du reste ce défaut si répandu chez les écrivains français, surtout depuis le XVIIIe siècle : il éprouve comme une amère volupté à blâmer ce que font ses compatriotes. Il est donc fort sévère pour les conquérants français, pour les généraux comme pour les administrateurs. On pille, on saccage ; et Rome est dans la plus affreuse misère. Les généraux intriguent ou sont occupés de leurs maîtresses ; ils négligent de se garder, se font surprendre, et se vengent en fusillant, en violant, en pillant encore. On vole les antiques et parfois on les brise. Dans sa lettre à Chlewaski, Courier se lamente avec une gracieuse mélancolie, qui adoucit un peu ses tableaux poussés au noir, sur les destinées d'un petit Cupidon dont les fragments ont été dispersés : *Lugete Veneres Cupidinesque!*

Dans l'ensemble, son témoignage est que les Français sont détestés en Italie ; et, dans le dessein principal de déplaire à l'autorité, il se fera un malin plaisir de le dire dans sa lettre à Renouard et de présenter l'affaire de la tache d'encre comme une conséquence particulière de cet état d'esprit général.

Est-ce à dire que toutes les sympathies de l'écrivain

aillent au peuple conquis ? Loin de là. Nous avons vu qu'il n'y a rien chez lui de ce ravissement qui saisit Stendhal dès qu'il se trouve en contact avec la vie italienne. Courier en Italie aime le paysage et les antiques, mais point les hommes. Il méprise les Romains abâtardis qui flattent les dominateurs français ; mais il ne méprise pas moins, dans le pays de Naples, cette « clique » fidèlement attachée au régime ancien. Il ne fait exception que pour quelques érudits, quelques nobles collectionneurs, quelques femmes spirituelles qui méritent d'être fréquentés.

Mais, en somme, qu'il décrive, qu'il raconte, ou qu'il se moque, P.-L. Courier n'oublie jamais la littérature. C'est un éloge qu'on peut adresser à son art, qui est exquis, qui est un régal pour les lettrés. Cet homme, qui était si négligé dans sa mise, fait toujours à ses écrits une toilette minutieuse et recherchée. Mais cet éloge implique une critique. Cette savante coquetterie de Courier sent un peu l'effort et l'artifice. Ce qui lui manque, c'est le naturel jaillissement de la verve voltairienne ou la spontanéité vivante et imaginative d'une Mme de Sévigné. Mais, au-dessous de ces natures opulentes, vigoureuses et libres, il est permis d'estimer des talents qui, moins richement doués, tirent du moins le meilleur parti du travail, de l'art et du goût.

L. C.

LETTRES ÉCRITES DE FRANCE & D'ITALIE

A MONSIEUR JEAN COURIER
SON PÈRE.

Paris, le 28 avril 1787.

VIVAT ! mon cher papa, vivat ! Voilà des lettres comme je les demande ; voilà ce qui s'appelle écrire. En vérité, vous auriez eu une belle querelle si je n'eusse pas reçu de lettres de vous. Mais le succès a passé mes espérances, et je n'aurais jamais osé pousser mes vœux jusque-là. Une seule chose m'a mis en colère, c'est que vous ayez pu soupçonner que vos lettres m'ennuyassent, après tout ce que je vous ai dit... après... J'allais m'échauffer, mais quatre pages de mon papa suffisent pour me calmer.

Je suis tout consolé de la perte de mon serin, parce que je l'ai retrouvé. A la vérité, je ne me serais pas allé pendre, mais j'aurais volontiers consenti à une plus grande perte pour recevoir des consolations comme les vôtres. Je ressemble aux amoureux pleins de chaleur qui ne peuvent se consoler de leurs pertes que dans les bras de leurs maîtresses.

Nous n'avons pas plus eu de nouvelles de M. de La Frenaye que s'il n'eût jamais existé. M. Vetour a trouvé assez singulier qu'après l'avoir prié de lui garder une place, il n'ait pas reparu du tout. C'est une chose faite pour étonner que ces gens qui vous paraissent occupés d'une affaire à n'en jamais sortir, et qui, l'instant d'après, ne s'en souviennent plus du tout.

J'ai fait mardi dernier le voyage de Sceaux, où j'ai vu de beaux jets d'eau, de belles statues et de beaux arbres bien taillés. Je crois que tout cela est parfaitement inutile à celui qui le possède ; et s'il y avait du froment ou des pommiers, cela ne serait pas si beau, mais cela vaudrait mieux.

Le même jour, j'ai pris ma première leçon de mathématiques.

[Courier reçut ses premières leçons de M. Callet, mathématicien connu par plusieurs ouvrages ; mais ce savant le quitta dès l'année suivante pour aller occuper à Vannes la place de professeur des élèves de la marine.

Cependant il n'abandonnait pas l'étude du grec, et s'y livrait au contraire avec une passion marquée, sous la direction d'un professeur du collège royal nommé Vauvilliers. Il eut en même temps un maître de dessin et un maître de danse, mais ce dernier fut bientôt abandonné.

En 1789 Courier avait dix-sept ans. Sa santé était tout à fait affermie. Leste et infatigable, il s'adonnait avec ardeur aux exercices du corps, tels que la course ou la paume, et leur consacrait tout le temps qui n'était pas réclamé par les études.

Le 14 juillet, lors de l'enlèvement des armes aux Invalides, il se trouvait aux Champs-Elysées, jouant au ballon. La curiosité lui fit bientôt quitter sa partie, et, se mêlant aux flots du peuple, il pénétra dans l'hôtel, d'où il rapporta un pistolet.

Cependant son père, qui l'avait destiné à servir dans le corps du génie, lui faisait continuer l'étude des mathématiques ; à M. Callet avait succédé un autre savant nommé Labbey. Le jeune élève conçut pour son nouveau professeur un attachement très vif qui aida ses progrès ; car, malgré sa capacité pour ce genre d'étude, ce n'était jamais sans regret qu'il quittait les poètes et les philosophes grecs pour s'occuper d'algèbre ou de géométrie.]

A SON PÈRE
A Langeais, près Tours.

Paris, le 29 septembre 1791.

Hier mercredi, je me suis rendu, à mon ordinaire, chez M. Labbey. Il a reçu en ma présence une lettre du ministre par laquelle on lui annonce que le roi vient de le nommer à la place de professeur de mathématiques dans l'école d'artillerie qui s'établit maintenant à Châlons. Il a paru assez sensible aux regrets que j'ai témoignés fort expressivement et tout aussi sincèrement de me le voir enlever. Après quelques réflexions, qui n'ont duré qu'un instant, j'ai pris sur-le-champ mon parti, et en lui faisant entendre qu'il ne m'était pas possible de me séparer de lui, je lui ai déclaré, d'un air qui n'a pas dû lui déplaire, que, s'il le trouvait bon, je le suivrais partout où il irait. Il m'a répondu d'abord fort obligeamment, et m'a dit que, n'ayant ni amis ni connaissances en Champagne, il entrait dans son plan d'emmener avec lui quelqu'un de ses élèves. Nous nous sommes séparés là-dessus, et il m'a dit, en me conduisant, qu'on pourrait faire ses réflexions. Les miennes sont déjà faites, et l'ont été à l'instant même où j'ai su sa nomination. Rien ne serait, ce me semble, plus avantageux pour moi que de me trouver avec lui dans un pays où nous serions presque seuls, et où ses occupations lui laisseraient sans doute assez de temps pour me faire travailler utilement. Ainsi je ne pense pas que vous blâmiez mon projet. Il est encore à remarquer que là je me trouverais nécessairement plusieurs fois sous les yeux de mes examinateurs, au centre des mathématiques, perpétuellement environné des maîtres les plus habiles et d'élèves plus ardents au travail qu'aucun de ceux que je voyais autrefois. Peut-être même que s'il se rencontrait des obstacles imprévus dans la carrière du génie, si des circonstances qui pourraient alors naître m'offraient plus d'avantages ou plus de facilités en prenant parti ailleurs, peut-être dans ce cas pourrais-je tourner mes vues d'un autre côté, et faire servir ma science à demander quelque autre place militaire ; ce que je dis toutefois sans avoir changé de projet. En un mot, si vous pensez comme moi, il ne tient qu'à M. Labbey de m'emmener à Châlons.

Maintenant je sacrifie tout à mon dessein principal ; mais je ne renonce pas pour cela totalement aux poètes grecs et latins. C'est un effort dont ma vertu n'est pas capable. D'un autre côté, moins je me livre à cette étude, plus aussi je le fais avec plaisir toutes les fois qu'il m'est permis de quitter un instant les rochers d'Euclide *silvestribus horrida dumis* [1] pour me promener dans des plaines semées de fleurs et entrecoupées de ruisseaux.

[Le projet dont cette lettre rend compte fut exécuté, et Courier suivit son professeur à Châlons.]

A SA MÈRE

A Paris.

Châlons, le 30 mars 1793.

Vous n'avez pas d'autre parti à prendre que de vous rendre en Touraine ; votre vie y sera plus heureuse qu'à Paris. Elle serait certainement pour nous trois aussi heureuse qu'elle peut l'être si nous étions réunis ; mais il faut s'en interdire jusqu'à l'idée. Cependant, voici comment j'imagine que nous

---

[1]. Hérissés de buissons sauvages (Virg., *Enéide*, VIII, 348).

pourrons du moins nous voir pour quelque temps : l'examen sera indubitablement avancé, et peut-être plus qu'on ne croit : il est possible que tout soit terminé dans cinq ou six semaines ; alors il dépendra de moi d'aller à Paris ; j'irai vous trouver, je de anderai à être envoyé vers l'Espagne (je l'obtiendrai selon toute apparence), et, vos arrangements étant pris, nous partirons ensemble pour la Touraine, d'où je me rendrai, au temps prescrit, à mon régiment. Il se présente une autre manière de nous réunir, toujours dans la supposition que je serai employé sur la frontière d'Espagne : vous pouvez vous rendre la première en Touraine, et moi m'y rendre d'ici. De quelque manière que les choses tournent, il me devient nécessaire de vous embrasser l'un et l'autre avant la campagne, et j'espère que j'en viendrai à bout ; mais il faut bien vous garder de venir à Châlons, où je ne pourrais passer avec vous qu'une très petite partie de la journée, sans parler des autres inconvénients, qui sont sans nombre.

La tristesse de votre âme ne me surprend pas ; il n'est personne, je crois, qui pût supporter la solitude où vous vous trouvez, jointe à une mauvaise santé. Le séjour de Paris ne conviendrait guère plus à mon père qu'à vous. J'espère être dans peu à portée de raisonner avec vous deux de tout cela. Vous savez bien que ma plus grande joie est de rencontrer des occasions de pouvoir vous procurer quelque consolation, et de répandre quelque agrément sur votre vie.

[L'époque de l'examen approchant, Courier se mit au travail, mais le temps lui manqua. Lorsque M. Delaplace en vint aux questions d'hydrostatique, il lui répondit naïvement : « Monsieur, je ne sais rien sur cette matière, mais, si vous m'accordez quelques jours, je m'en informerai. » Ce peu de temps passé, il se présenta de nouveau, et donna à l'examinateur une si haute idée de son intelligence qu'il en obtint d'être classé avantageusement parmi les autres élèves. Nommé lieutenant à la date du 1er juin 1793, il vint d'abord pour embrasser ses parents, et se rendit ensuite à Thionville, où sa compagnie tenait garnison.

Au mois d'août 1792, M. Courier subit un premier examen, à la suite duquel il fut admis en qualité d'élève sous-lieutenant d'artillerie, à la date du 1er septembre.

Mais l'extrême agitation qui régnait alors à Châlons par l'effet de la présence de l'armée du roi de Prusse dans le voisinage avait interrompu le cours des études ; les élèves étaient employés à la garde des portes de la ville, où on avait placé quelques pièces de canon. Ce ne fut donc qu'au mois d'octobre et après la retraite des ennemis que l'école reprit son régime habituel.

M. Courier ne s'y distingua pas par son application : les auteurs grecs avaient repris sur lui tout leur empire, et les mathématiques étaient abandonnées ; la discipline de l'école paraissait, d'ailleurs, fort dure à un jeune homme vif et passionné, qui jusque-là avait joui d'une liberté presque entière et n'avait même jamais été renfermé dans un collège. Aussi lui arriva-t-il souvent d'oublier le soir l'heure à laquelle les portes de l'école se fermaient et d'y rentrer en grimpant par-dessus les murs.)

A SA MÈRE
A Paris.

Thionville, le 10 septembre 1793.

Toutes vos lettres me font plaisir et beaucoup, mais non pas toutes autant que la dernière, parce qu'elles ne sont pas toutes aussi longues, et parce que vous m'y racontez en détail votre vie et ce que vous faites. C'est une vraie pâture pour moi que ces petites narrations dans lesquelles il ne peut guère arriver que je n'entre pour beaucoup.

Il n'y a aucune apparence qu'on nous tire d'ici cette année ni peut-être la suivante, en sorte que je n'en partirai que quand je me trouverai lieutenant en premier; car il me faudra peut-être passer dans une autre compagnie. Ce qu'à Dieu ne plaise.

Mon camarade est employé à Metz aux ouvrages de l'arsenal. Il m'a quitté ce matin, et son absence, qui cependant ne saurait être longue, me donne tant de goût pour la solitude que je suis déjà tenté de me chercher un logement particulier. Mon travail souffre un peu de notre société, et c'est le seul motif qui puisse m'engager à la rompre ; car du reste je me suis fait une étude et un mérite de supporter en lui une humeur fort inégale, qui, avant moi, a lassé tous ses autres camarades. J'ai fait presque comme Socrate, qui avait pris une femme acariâtre pour s'exercer à la patience, pratique assurément fort salutaire, et dont j'avais moins besoin que bien des gens ne le croient, moins que je l'ai cru moi-même. Quoi qu'il en soit, je puis certifier à tout le monde que mon susdit compagnon a, dans un degré éminent, toutes les qualités requises pour faire faire de grands progrès dans cette vertu à ceux qui vivront avec lui.

Si vous n'avez pas encore fait partir mes livres qui sont achetés, joignez-y celui-ci, qui me sera fort utile, à ce que me disent les ingénieurs d'ici, *Œuvres diverses de Bélidor* sur le génie et l'artillerie. Ces ingénieurs sont de rudes gens : ils ont en manuscrit des ouvrages excellents sur leur métier ; je les ai priés de me les communiquer, ils m'ont refusé sous de mauvais prétextes ; ils craignent apparemment que quelqu'un n'en sache autant qu'eux.

Cherchez parmi mes livres deux volumes in-8°, c'est-à-dire du format de l'*Almanach royal*, brochés en carton vert ; l'un est tout plein de grec et l'autre de latin : c'est un Démosthène qu'il faut m'envoyer avec les autres livres. Ces deux volumes sont assez gros l'un et l'autre, et assez sales aussi.

Mes livres font ma joie, et presque ma seule société. Je ne m'ennuie que quand on me force à les quitter, et je les retrouve toujours avec plaisir. J'aime surtout à relire ceux que j'ai déjà lus nombre de fois, et par là j'acquiers une érudition moins étendue, mais plus solide. A la vérité, je n'aurai jamais une grande connaissance de l'histoire, qui exige bien plus de lectures ; mais je gagnerai autre chose qui vaut autant, selon moi, et que je n'ai guère l'envie de vous expliquer, car je ne finirais pas si je me laissais aller à je ne sais quelle pente qui me porte à parler de mes études. Je dois pourtant ajouter qu'il manque à tout cela une chose dont la privation suffit presque pour en ôter tout l'agrément à moi qui sais ce que c'est ; je veux parler de cette vie tranquille que je menais auprès de vous. Babil de femmes, folies de jeunesse, qu'êtes-vous en comparaison ! Je puis dire ce qui en est, moi qui, connaissant l'un et l'autre, n'ai jamais regretté, dans mes moments de tristesse, que le sourire de mes parents, pour me servir des expressions d'un poète.

A SA MÈRE
A Paris.

Thionville, le 6 octobre 1793.

Je viens de recevoir une lettre qui m'apprend que je vais être bientôt premier lieutenant. Je n'ai donc plus que six semaines ou deux mois à rester ici. La saison sera bien avancée alors, et, selon toute apparence, la compagnie où j'irai sera en quartier d'hiver, ce qui me console un peu de me voir arraché d'ici. Si la chose tournait autrement, et qu'il me fallût camper au milieu de l'hiver, comme cela est possible, ce serait pour moi un apprentissage un peu rude.

J'ai reçu, il y a quelques jours, la caisse que vos lettres me promettaient. Tout y est admirablement bien. Mon camarade, qui assistait à l'ouverture, fut d'abord, comme moi, surpris de la beauté des étoffes. A mesure que nous avancions, ses éloges augmentaient ; les livres en eurent leur part. C'était bien, quant à moi, ce que j'estimais le plus. Mais lorsque nous en vînmes aux rubans et autres petits paquets, dont il y avait un grand nombre, tous accompagnés de billets, et arrangés de manière qu'un aveugle y eût reconnu, je crois, la main maternelle, nos réflexions à tous les deux se portèrent en même temps sur vous, dont la tendresse paraissait moins par vos présents, quelque beaux qu'ils fussent, que par les attentions délicieuses dont ils étaient comme ornés. Un soupir lui échappa, et je vis bien alors que le pauvre garçon, qui est sans parents, m'enviait, non ce qu'il avait sous les yeux, mais ma mère.

J'ai été invité ces jours-ci à la noce d'un de mes sergents, et je m'y suis rendu, quoique j'eusse bien mal à la tête, comme cela m'arrive assez fréquemment depuis un certain temps. Je ne pouvais y être que triste, aussi l'ai-je été. Je n'ai presque ni bu ni mangé ; et quand on a parlé de danser, je me suis refusé à toutes leurs instances. J'en ai dit la vraie raison, mais cela ne les a pas contentés, et ils ont cru que je les dédaignais. Il est certain que rien ne m'a plus humilié et fait enrager depuis quelques années de n'avoir pas su danser, et cela par ma faute.

A SA MÈRE
A Paris.

Thionville, le 25 février 1794.

Avec tout autre que vous je pourrais être embarrassé à expliquer le silence dont vous vous plaignez ; mais je me tire d'affaire tout d'un coup en vous disant simplement la vérité, quelque peu favorable qu'elle me soit dans cette occasion. Sachez donc que ce qui, depuis assez longtemps, m'empêchait de vous écrire, ce n'était pas mes travaux, comme vous l'avez pu croire. Je ne saurais dire non plus que ce fussent mes plaisirs, car je n'en eus jamais moins qu'à présent. C'étaient véritablement les *coteries* auxquelles je me trouve aujourd'hui livré, sans savoir comment, beaucoup plus que je ne voudrais. Quoique je ne puisse pas dire m'y être amusé trois fois autant que je le fais quand je veux avec mes livres, cependant je vois chaque jour qu'il m'est impossible de manquer une seule de leurs assemblées. C'est une chose que je ne puis prendre sur moi, et qui pourtant devient de jour en jour plus nécessaire, car presque toutes mes soirées du mois dernier (mon temps le plus précieux) ont été employées de la sorte, et je ne saurais me dissimuler à moi-même que mon travail en a quelquefois souffert. Ce qui vous surprendra sans doute, c'est qu'au milieu de tout cela j'ai contracté je ne sais quelle tristesse habituelle que tout le monde remarque, et qu'il m'est aussi difficile de cacher que d'expliquer. Je vois qu'il faut enfin reprendre mon ancienne vie, qui est la seule qui me convienne. Mais, hélas ! en cela même il m'est impossible de suivre les goûts que la nature m'a donnés, et que les circonstances, l'étude et les conversations ont fortifiés pour mon malheur. Cependant j'espère avoir dans la suite plus de facilités pour m'y livrer, et je crois que l'hiver prochain sera tout entier à ma disposition. C'est alors que je me garderai bien de faire des connaissances d'aucune espèce, règle que je compte observer rigoureusement à l'avenir dans quelque pays que je me puisse trouver.

Mon père regarde comme mal employé le temps que je donne aux langues mortes, mais j'avoue que je ne pense pas de même. Quand je n'aurais eu en cela d'autre but que ma propre satisfaction, c'est une chose que je fais entrer pour beaucoup dans mes calculs, et je ne regarde comme perdu, dans ma vie, que le temps où je n'en puis jouir agréablement, sans jamais me repentir du passé ni craindre pour l'avenir. Si je puis me mettre à l'abri de la misère, c'est tout ce qu'il me faut ; le reste de mon temps sera employé à satisfaire un goût que personne ne peut blâmer, et qui m'offre des plaisirs toujours nouveaux. Je sais bien que le grand nombre des hommes ne pense pas de la sorte, mais il m'a paru que leur calcul était faux, car ils conviennent presque tous que leur vie n'est pas heureuse. Ma morale vous fera peut-être sourire, mais je suis persuadé que vous prendrez à la lettre tout ce que je viens d'écrire pour mes véritables sentiments, auxquels ma pratique sera conforme.

Vous ne sauriez imaginer ce qu'il m'en a coûté de peines et de mortifications pour n'avoir pas su danser, je n'en suis pas encore délivré. Combien on est sensible sur l'article de la vanité ! J'espère pourtant me mettre au-dessus de ces petites puérilités. A quoi donc m'auraient servi mes livres si mon cœur était encore sensible à ces atteintes, qui ne peuvent passer que pour de légères piqûres, en comparaison de ce qui m'attend par la suite ? J'ai pourtant pris un maître qui me trouve toutes les dispositions du monde, mais que j'abandonnerai sans doute comme j'ai déjà fait vingt fois.

[Au printemps de cette année 1794, Courier quitta la garnison de Thionville pour être employé à l'armée de la Moselle, qu'il joignit au camp de Blies-Castel. Ce fut alors que pour la première fois il vit la guerre et apprit à coucher au bivouac à côté de ses canons.

Après l'occupation de Trèves, qui eut lieu le 9 août, il fut appelé au grand parc de l'armée, et chargé d'organiser un atelier pour la réparation des armes. Il s'établit à cet effet dans un vaste monastère que les moines avaient abandonné, et prit pour lui le logement de l'abbé ; c'était un appartement magnifique, meublé de tout ce que le luxe et la commodité peuvent rassembler. Il usa de tout avec discrétion, et veilla à ce que ses soldats ne commissent aucun désordre. Il serait curieux de lire les lettres qu'il a pu écrire de ce lieu, mais on n'a pu en retrouver aucune.

A la fin de juin 1795, Courier, nommé capitaine, se trouvait au quartier général de l'armée campée devant Mayence, lorsqu'il reçut la nouvelle de la mort de son père. Cet événement inattendu fit sur lui une impression si vive qu'oubliant tout et ne pensant qu'à la douleur de sa mère, retirée à la Véronique, près de Luines, il résolut d'aller se réunir à elle, et partit aussitôt sans prévenir personne et sans attendre aucun congé. Chemin faisant, il visita son abbaye près de Trèves, et eut le déplaisir de la trouver complètement dépouillée par les soins des commissaires du gouvernement.

Arrivé à Paris, Courier eut besoin d'employer le crédit de ses amis pour faire oublier la manière brusque dont il avait quitté l'armée. Ils obtinrent qu'il serait envoyé dans le midi de la France, ce qui lui donnait le moyen de prolonger son séjour à la Véronique. Enfin au mois de septembre il arriva à Alby, où il passa quelques mois, chargé de recevoir des boulets fournis aux magasins de l'artillerie par les forges des environs. Il vint ensuite à Toulouse.

Cependant, dès son arrivée à Alby, il avait repris ses études favorites ; il s'y occupa spécialement de Cicéron, et traduisit la harangue *Pro Ligario*. A Toulouse, le hasard lui fit rencontrer chez un libraire M. Chlewaski, Polonais distingué par son érudition, et dont les goûts se trouvèrent parfaitement d'accord avec les siens, ce qui amena entre eux une liaison fort intime. Ils s'enfermaient ensemble pendant des journées entières ; après ces longues conférences, M. Courier faisait sa toilette et se rendait au bal. Il faut se rappeler ici les années 1796 et 1797, remarquables par le goût effréné de plaisir qui s'empara de toute la France, à la suite des jours sombres de la Révolution. Toulouse reçut la mode de Paris et s'y conforma. M. Courier sentit alors la nécessité de reprendre un maître de danse, et se livra avec tant d'ardeur à cet exercice qu'il fut bientôt en état d'en donner lui-même des leçons. Il eut des dames parmi ses élèves, et montra tant de zèle pour l'une d'elles qu'il lui fallut, un matin du mois de décembre, quitter précipitamment la ville, sans pouvoir dire adieu à son ami Chlewaski. Il se rendit d'abord à la Véronique, près de sa mère, puis à Paris, d'où, au printemps de 1798, on l'envoya joindre les troupes qui se rassemblaient en Bretagne sous le nom d'armée d'Angleterre. Après avoir parcouru les côtes du Nord à la suite d'un général d'artillerie, il vint séjourner à Rennes, où, profitant d'un moment de loisir, il rouvrit ses livres et fit la première ébauche de son *Eloge d'Hélène*.

Enfin de nouveaux ordres le dirigèrent sur le pays qu'il a depuis préféré à tous les autres ; il quitta Paris à la fin de novembre pour se rendre à Milan et de là à Rome.]

A M. CHLEWASKI
A Toulouse.

Lyon, 4 décembre 1798.

Si jamais lettre m'a fait plaisir, c'est celle que j'ai reçue de vous, Monsieur ; et si jamais j'ai maudit le vacarme de Paris, les affaires, les plaisirs, les voyages, c'est lorsqu'ils m'ont ôté le repos et la liberté d'esprit que j'ai toujours désirés pour m'entretenir avec vous. Votre aimable lettre me fut remise à Rennes peu de jours avant mon départ, et je l'emportai à Paris, où je comptais y répondre, croyant qu'il ne me faudrait pour cela que de l'encre et du papier. Ce fut le temps qui me manqua, chose rare en ce pays-là où l'on en perd plus qu'ailleurs.

De Paris je suis venu ici, où les premiers moments que je puis arracher à des affaires odieuses et à des conversations humiliantes pour un homme accoutumé à causer avec vous, je les emploie, non à vous répondre (c'est un plaisir que je me réserve de goûter à mon aise et sans distraction), mais à vous apprendre que je m'y prépare ; que bientôt je serai hors de l'enfer que je traverse, et qu'alors mes lettres, loin de se faire attendre, provoqueront les vôtres et vous importuneront peut-être. Si cette phrase est embrouillée, vous saurez bien certainement y démêler ma pensée, qui est : que rien au monde ne peut me faire plus de plaisir qu'une correspondance comme la vôtre, qui, en flattant mon amour-propre, εὐφραίνει ψυχήν [1] autant par la satisfaction que j'éprouve à recevoir de vos nouvelles que par le souvenir des heures agréables que j'ai passées dans votre entretien.

J'aime fort le récit que vous me faites de vos courses dans les Pyrénées ; mais pourquoi faut-il que l'idée de ce charmant voyage vous soit venue si tard ? Je ne vous cacherai pas que d'abord je vous en ai voulu un peu d'avoir attendu, pour aller à Bagnères, que j'en fusse revenu, et, qui pis est, hors d'état d'y retourner avec vous. Mais il m'en coûtait trop de me plaindre longtemps de vous, et je vous ai bientôt pardonné en faveur de votre lettre, de vos observations, et du plaisir que j'ai à me vanter que tout cela m'est adressé. Ainsi,

---

1. Me réjouit l'âme.

je m'en prends à mon étoile, et j'accuse les dieux, qui, pour quelques raisons que nous ignorons, ne veulent pas apparemment nous voir ensemble si près d'eux, non plus que Castor et Pollux.

C'est tout ce que je veux vous dire quant à présent sur cet article, me réservant à payer bientôt vos descriptions des Pyrénées d'une histoire de mes voyages, *accidents, fortunes diverses* depuis Rennes jusqu'à Rome, où je vais par ordre du ministre. Je pars demain en même temps que cette lettre, et peut-être quand vous la lirez, *sublimi feriam sidera vertice*[1], tandis que *Juppiter hibernas canā nive conspuet Alpes*[2], c'est-à-dire que je grimperai sur le mont Cenis.

Me pardonnerez-vous toutes ces citations, et suis-je excusable, en effet, de vous envoyer une misérable rapsodie brodée ou bordée de la pourpre d'Horace, au lieu d'une lettre décente que je vous devais et que j'avais dessein de vous écrire pour vous remercier de la vôtre, pour justifier mon silence et pour vous bien prier de ne pas me punir en m'imitant ? Mais sachez, Monsieur, que je vous écris *stans pede in imo*[3] dans une maudite auberge, entouré de bruit et d'importuns. Est-ce dans une pareille situation de corps et d'esprit qu'on peut causer avec vous ? Aussi serait-ce un pur hasard s'il se trouvait dans ce griffonnage quelque chose qui eût le sens commun, à moins que ce ne soit l'assurance de l'attachement que je vous ai voué.

Je compte (moi qui devrais avoir appris à ne compter sur rien) rester à Milan cinq ou six semaines. J'inonderai le premier papier qui me tombera sous la main d'un déluge d'observations dont je charge pour vous ma mémoire depuis que j'ai reçu votre lettre. Lectures, voyages, spectacles, bals, auteurs, femmes, Paris, Lyon, les Alpes, l'Italie, voilà l'Odyssée que je vous garde. Mes lettres vous pleuvront. Une page pour une ligne, et dans peu vous en aurez *haut comme cela*, c'est-à-dire par-dessus la tête. J'espère bien recevoir des vôtres à Milan, sans quoi je vous croirais fâché, et fâché injustement, car il est très vrai que depuis mon départ de la Bretagne je n'ai pu jusqu'à ce moment ni trouver ni même espérer un peu de repos pour vous écrire, et que je n'ai cessé d'y songer.

---

1. Hor., *Od.*, I, i, 36 : Je frapperai les astres de mon front altier. — 2. Furius Bibaculus dans Horace, *Sat.*, II, v, 41 : Jupiter crachera la blanche neige sur les Alpes hivernales. — 3. Me tenant sur la pointe du pied. Horace, *Sat.*, I, iv, 10, dit : *Stans pede in uno*, se tenant sur un seul pied.

A M. CHLEWASKI.

A Toulouse.

Rome, le 8 janvier 1799.

Monsieur, après vous avoir annoncé que je m'arrêterais à Milan, je vous écris de Rome, encore tout étourdi de me voir lancé si loin de l'heureux pays où vos lettres pouvaient me parvenir en huit jours. Je ne sais comment cela s'est fait, mais me voilà décidément redevenu soldat, par conséquent *sine sede*[1], vivant à la mode des Scythes, *quorum plaustra vaga rite trahunt domos*[2]. Et pour avoir de vos lettres, qui me sont devenues nécessaires depuis que vous m'en avez fait goûter d'une si bonne, je me trouve un peu embarrassé à vous donner mon adresse. Car, nous autres conquérants, emportés par la victoire, nous ne savons guère aujourd'hui où nous serons, ni si nous serons demain. En cherchant la gloire, nous trouvons la mort. Je m'arrête tout court sur cette phrase, car je sens qu'un pareil style m'emporterait haut et loin. N'allez pas conclure de tout ceci que ce n'est pas la peine d'écrire à des gens dont l'existence même est toujours douteuse, et, sans vous inquiéter si je suis des morts ou des vivants, adressez-moi bientôt une lettre dans ce monde-ci *au quartier général de l'armée de Rome,* et comptez que si on ne me donne point d'autre emploi que celui que j'exerce, elle me trouvera bien sain, et me fera bien aise.

Ce laurier qu'Horace appelle *morte venalem*[3] est ici à meilleur marché. Ceux dont se charge ma tête ne me coûtent guère, je vous assure. J'en prends maintenant à mon aise, et je laisse fuir les Napolitains, qui sont, à l'heure où je vous écris, de l'autre côté de Garigliano : je ne fais pas tant de chemin pour trouver des ennemis, et ceux-là ne valent pas la peine qu'on coure après eux. Vous aurez vu sans doute dans les papiers publics l'histoire de leur déconfiture.

Je m'en tais donc ici, de crainte de pis faire.

Ce que je pourrais vous en apprendre, bon à dire sous les peu-

---

1. Sans résidence. — 2. Hor., *Od.,* III, xxiv 10: Les Scythes, dont les chars errants transportent les demeures, suivant leur usage. — 3. Hor., *Od,* III, xiv, 2 : Qui s'achète par la mort.

pliers qui bordent votre canal, ne vaut rien à mettre dans une lettre.

Par une raison semblable, je ne vous dirai rien de Lyon, où j'ai passé deux semaines sans plaisirs et sans peines, bonnes par conséquent selon les stoïques, mauvaises au dire d'Épicure.

Milan est devenu réellement la capitale de l'Italie depuis que les Français y sont maîtres. C'est à présent, *delà les monts*, la seule ville où l'on trouve du pain cuit et des femmes françaises, c'est-à-dire nues. Car toutes les Italiennes sont vêtues, même l'hiver, mode contraire à celle de Paris. Quand nos troupes vinrent en Italie, ceux qui usèrent sans précaution des femmes et du pain du pays s'en trouvèrent très mal. Les uns crevaient d'indigestion, les autres coulaient des jours fort désagréables (expression que me fournit bien à propos le style moderne) :

Ils ne mouraient pas tous, mais tous étaient frappés,

comme les animaux de La Fontaine [1] : ce que voyant, la plupart des nôtres prirent le parti de s'accommoder aux usages du pays ; mais ceux qui n'ont pu s'y faire, et auxquels il faut encore de la croûte (vous me passez ces détails, puisque *charta non erubescit*[2], selon Cicéron, qui en écrivait de bonnes), ceux-là donc font venir de France des femmes et des boulangers. Voilà comment et pourquoi madame M... passa les Alpes. Sachez, Monsieur, que madame M... est la femme d'un commissaire envoyé par le gouvernement à Malte, où il n'a pu aller ; mais ce qu'il eût fait à Malte, il le fait ici, de même que sa femme, qui est sans contredit la plus jolie de toute l'armée. Tous deux écorchent l'italien, comme disait Mazarin, mais de différentes manières : *illa glubit magnanimos Remi nepotes*[3] ; le mari est agent des finances de l'armée française, charge de l'invention de Bonaparte, mais changée depuis *son règne*, en ce qu'elle dépend peu de ses successeurs, bien moins puissants que lui. La dame fut prise à Viterbe lors de la retraite des Français, et reprise avec la place. Il y a dans son histoire quelque chose de celle d'Hélène ; peut-être dans sa personne, mais plus sûrement dans le rôle que joue son

---

1. L. VII, f. 1, *les Animaux malades de la peste*. — 2. Le papier ne rougit point. — 3. Catulle, LVIII, 5 : Celle-là écorche les magnanimes descendants de Rémus.

mari, qui est un plaisant Ménélas, court, lourd et sourd, d'ailleurs ébloui, on peut même dire aveuglé par les charmes de la princesse. Puisque me voilà sur cet article, Mme Pepe est dans le petit nombre des femmes françaises qui voient un très petit nombre de maisons romaines : la seconde pour la beauté, la première à d'autres égards. Elle donne tout à fait dans le bel esprit, et veut passer pour connaisseuse en peinture et en musique. Vient ensuite Mme Bassal, femme d'un consul, non romain, mais français ; tout cela se rassemble avec beaucoup d'hommes chez les princesses Borghèse et Santa-Croce, et chez la duchesse de Lante. Joignez-y une marquise de Cera (maison piémontaise), figure très agréable, gâtée par des mines et des airs d'enfant qui ont pu plaire en elle à seize ans, et il y a seize ans.

Je voudrais, au reste, pouvoir vous donner une idée de ces cercles, ou être sûr que ce tableau vous intéresserait. Mais vous en parler sérieusement, cela vous ennuierait, et pour vous le peindre en ridicule, c'est trop dégoûtant. Quelques grands seigneurs d'Italie qui prêtent leurs maisons, et qui font, pour bien vivre avec les Français, des bassesses souvent inutiles, sont des gens ou mécontents des gouvernements que nous avons détruits, ou forcés par les circonstances à paraître aimer le chaos qui les remplace, ou assez ennemis de leur propre pays pour nous aider à le déchirer, et se jeter sur les lambeaux que nous leur abandonnons. Tels sont à Milan les Serbelloni, ici les Borghèse et les Santa-Croce. La princesse de ce nom, *formosissima mulier*[1], femme connue de tous ceux qui ont voulu la connaître, et beaucoup au-dessous de sa réputation, du moins quant à l'esprit, a lancé son fils dans les troupes françaises. Il s'est fait blesser, et le voilà digne d'être adjudant général. Les deux Borghèse, qui ont acheté moins cher des honneurs à peu près pareils, sont deux polissons incapables d'être jamais des laquais supportables, aussi maladroits que plats et grossiers dans les flatteries qu'ils prodiguent à des gens qui les méprisent.

Le reste ne vaut pas l'honneur d'être nommé[2].

J'ai pourtant trouvé ici une connaissance fort agréable, et cela sans recommandation, chose difficile pour un Français.

---

1. Une très belle femme. — 2. Corneille, *Cinna*, V, 1.

Un jour que j'étais allé voir seul ce qui reste du musée et de la bibliothèque du Vatican, j'y trouvai l'abbé Marini, autrefois archiviste ou garde des archives de la chambre apostolique, homme assez savant dans les langues anciennes, mais surtout fort versé dans la science des inscriptions, dont il a publié des ouvrages estimés. Son nom, que j'entendis prononcer, me faisant soupçonner ce qu'il pouvait être (car j'avais vu ses ouvrages cités dans je ne sais quelle préface latine d'un auteur allemand), je me décidai à l'aborder. Il se trouva heureusement qu'il parlait assez français. Il me répondit avec honnêteté ; et, après une conversation de quelques minutes, me conduisit chez lui, où je trouvai une bibliothèque excellente, dont je dispose à présent, un cabinet d'antiquités, force tableaux, dessins, estampes, cartes, etc. Je suis aujourd'hui de ses intimes, et comme dit Sénèque, *primæ admissionis*[1], ce qui contribue surtout à me rendre agréable le séjour de Rome.

Il m'a prêté, outre ses livres, je veux dire ceux qu'il a composés, auxquels je n'entends pas grand'chose, d'autres dont j'avais besoin pour me remettre un peu de la fatigue des *conversazioni* franco-italiennes, et m'a conté différentes choses assez curieuses de plusieurs personnages célèbres qu'il a vus de près. Car il a été fort considéré de plusieurs ministres, cardinaux et autres puissants d'alors, et même il passe pour avoir eu quelque crédit auprès des deux derniers papes. Je regrette de ne pouvoir ou de n'oser mettre ici tout ce qu'il m'a dit de l'abbé Maury, qu'il a bien connu et jugé. Mais *forsan et hæc olim meminisse juvabit*[2], si le ciel accorde à mes prières de vous revoir quelque jour.

En attendant, soyez témoin des premiers pas que je fais, guidé par lui dans les ténèbres des anciennes inscriptions, où, bien loin de porter la lumière, j'obscurcis ce qui paraissait clair, ou, pour mieux dire, je m'aperçois que ceux qui pensaient m'éclairer ne voient goutte eux-mêmes. Regardez, s'il vous plaît, l'inscription que j'encadre ici comme un véritable et studieux antiquaire que je suis.

> AP. CLAVDIVS. AP. F. AP. N. AP. PRN.
> PVLCHER. Q. QVAE PR.

---

[1]. De ceux qui ont les premières entrées. — [2]. Virg., *Énéide*, I, 203 : Peut-être un jour même ces souvenirs auront pour nous des charmes.

Elle se trouve à la villa Borghèse sur un beau vase d'albâtre. Les abréviations qu'elle renferme m'étant toutes connues, hors une, par les suscriptions en usage dans les lettres de Cicéron, je crus que celle que j'ignorais me serait facilement expliquée par mon oracle l'abbé Marini ; mais quand je la lui présentai, copiée bien exactement, *il demeura stupide* comme le Cinna de Corneille. Cependant, après quelques réflexions, il courut à ses livres, et me montra la même inscription écrite tout différemment dans Winckelmann et d'autres auteurs qui l'ont publiée. La différence consiste en ce que, après le mot *Pulcher*, ils écrivent en toutes lettres *quæsitor*, et expliquent ainsi le tout : *Appius Claudius, Appii filius, Appii Nepos, Appii Pronepos, Pulcher Quæstor, Quæsitor Prætor.* Voilà ce qu'ils ont imaginé pour se tirer, sans qu'il y parût, de l'embarras où les jetait ce Q. Ce Q met à la torture l'esprit de mon abbé.

J'ai su lui préparer des travaux et des veilles[1].

Il cherche, il rêve, il feuillette ses livres, *dentibus infrendens*[2]. Ne puis-je pas m'appliquer ce que disait Cicéron (*conturbavi græcam gentem*[3]), ayant proposé, et même je crois aux antiquaires de son temps, quelque nœud qu'ils ne pouvaient soudre[4]. Pour moi, *je vous l'avoue avec quelque pudeur*[5], j'ai assez pris goût à cette science, qui est une espèce de divination, et, en style sentimental, je pourrais vous dire que je me plais parmi les tombeaux.

Dites à ceux qui veulent voir Rome qu'ils se hâtent ; car chaque jour le fer du soldat et la serre des agents français flétrissent ses beautés naturelles et la dépouillent de sa parure. Permis à vous, Monsieur, qui êtes accoutumé au langage naturel et noble de l'antiquité, de trouver ces expressions trop fleuries ou même trop fardées ; mais je n'en sais pas d'assez tristes pour vous peindre l'état de délabrement, de misère et d'opprobre où est tombée cette pauvre Rome que vous avez vue si pompeuse, et de laquelle à présent on détruit jusqu'aux ruines. On s'y rendait autrefois, comme vous savez, de tous les pays du monde. Combien d'étrangers, qui n'y étaient venus que pour un hiver, y ont passé toute leur vie !

---

1. Rac., *Bajazet*, I, 1 : J'ai su lui préparer des craintes et des veilles. — 2. Virg., *En.*, III, 664 : Grinçant des dents. — 3. J'ai jeté le trouble parmi le peuple des Grecs. — 4. Délier. — 5. Rac., *Iphig.*, I, 1.

Maintenant il n'y reste que ceux qui n'ont pu fuir, ou qui, le poignard à la main, cherchent encore, dans les haillons d'un peuple mourant de faim, quelque pièce échappée à tant d'extorsions et de rapines. Les détails ne finiraient pas, et d'ailleurs, dans plus d'un sens, il ne faut pas tout vous dire. Mais par le coin du tableau dont je vous crayonne un trait, vous jugerez aisément du reste.

Le pain n'est plus au rang des choses qui se vendent ici. Chacun garde pour soi ce qu'il en peut avoir au péril de sa vie. Vous savez le mot *panem et circenses*[1] : ils se passent aujourd'hui de tous les deux et de bien d'autres choses. Tout homme qui n'est ni commissaire, ni général, ni valet ou courtisan des uns ou des autres, ne peut manger un œuf. Toutes les denrées les plus nécessaires à la vie sont également inaccessibles aux Romains, tandis que plusieurs Français, non des plus huppés, tiennent table ouverte à tous venants. Allez ! nous vengeons bien *l'univers vaincu !*

Les monuments de Rome ne sont guère mieux traités que le peuple. La colonne Trajane est cependant à peu près telle que vous l'avez vue, et nos curieux, qui n'estiment que ce qu'on peut emporter et vendre, n'y font heureusement aucune attention. D'ailleurs les bas-reliefs dont elle est ornée sont hors de la portée du sabre, et pourront par conséquent être conservés. Il n'en est pas de même des sculptures de la villa Borghèse et de la villa Pamphili, qui présentent de tous côtés des figures semblables au Deiphobus de Virgile[2]. Je pleure encore un joli Hermès enfant, que j'avais vu dans son entier, vêtu et encapuchonné d'une peau de lion, et portant sur son épaule une petite massue. C'était, comme vous voyez, un Cupidon dérobant les armes d'Hercule, morceau d'un travail exquis, et grec, si je ne me trompe. Il n'en reste que la base, sur laquelle j'ai écrit avec un crayon : *Lugete, Veneres Cupidinesque*[3], et les morceaux dispersés qui feraient mourir de douleur Mengs et Winckelmann, s'ils avaient eu le malheur de vivre assez longtemps pour voir ce spectacle.

Tout ce qui était aux Chartreux, à la villa Albani, chez les Farnèse, les Onesti, au Muséum Clémentin, au Capitole, est emporté, pillé, perdu ou vendu. Les Anglais en ont eu leur part, et des commissaires français, soupçonnés de ce commerce,

---

1. Juvénal, *Sat.*, X, 81 : Le pain et les jeux du cirque. — 2. Virgile, *Énéide*, VI, 496.— 3. Catulle, III, 1 : Pleurez, Grâces et Amours.

sont arrêtés ici. Mais cette affaire n'aura pas de suite. Des soldats, qui sont entrés dans la bibliothèque du Vatican, ont détruit, entre autres raretés, le fameux *Térence* du Bembo, manuscrit des plus estimés, pour avoir quelques dorures dont il était orné. Vénus de la villa Borghèse a été blessée à la main par quelques descendants de Diomède, et l'Hermaphrodite (*immane nefas*[1] !) a un pied brisé.

A M. CHLEWASKI
A Toulouse.

Rome, 27 février 1799.

Monsieur, je vous promets de m'informer de toutes les personnes dont vous me demandez des nouvelles ; mais ce ne peut être que dans quelque temps, parce que pour le présent je ne vois presque personne, je ne sors point, et je ferme ma porte. Je sais pourtant déjà, et je puis vous assurer, que l'ex-jésuite Rolati n'est plus vivant.

L'*Anténor* dont vous me parlez est une sotte imitation de l'*Anacharsis*, c'est-à-dire d'un ouvrage médiocrement écrit et médiocrement savant, soit dit entre nous. Il faut être bien pauvre d'idées pour en emprunter de pareilles. Je crois que tous les livres de ce genre, moitié histoire, moitié roman, où les mœurs modernes se trouvent mêlées avec les anciennes, font tort aux unes et aux autres, donnent de tout des idées très fausses, et choquent également le goût et l'érudition. La science et l'éloquence sont peut-être incompatibles ; du moins je ne vois pas d'exemple d'un homme qui ait primé dans l'une et dans l'autre. Ceci a tout l'air d'un paradoxe ; la chose pourtant me paraît fort aisée à expliquer, et je vous l'expliquerais *par raison démonstrative*[2], comme le maître d'armes de M. Jourdain, si je vous adressais une dissertation et non pas ma lettre, et si je n'avais plus envie de savoir votre opinion que de vous prouver la mienne. Au reste, l'histoire du manuscrit prétendu trouvé parmi ceux d'Herculanum n'est pas moins pitoyable que l'ouvrage même. Tout cela prouve qu'il faut au public des livres nouveaux (car celui-ci n'a pas laissé d'avoir quelque

---

1. Crime horrible ! — 2. Molière, *le Bourgeois gentilhomme*, II, 11.

succès), et que notre siècle manque non de lecteurs, mais d'auteurs, ce qui peut se dire de tous les autres arts.

Puisque me voilà sur cet article, je veux vous *bailler ici quelque petite signifiance*[1] de ce que j'ai remarqué de la littérature actuelle pendant mon séjour à Paris. Je me suis rencontré quelquefois avec M. Legouvé, dont le nom vous est connu. Je lui ai ouï dire des choses qui m'ont étonné à propos d'une pièce dont on donnait alors les premières représentations. Par exemple, il approuvait fort ce vers prononcé par un amant qui, ayant cru d'abord sa maîtresse infidèle, se rassurait sur les serments qu'elle lui faisait du contraire :

Hélas ! je te crois plus que la vérité même !

Cette pensée, si c'en est une, fut extrêmement applaudie, non seulement par M. Legouvé, mais par tous les spectateurs, sans m'en excepter. Je sus bon gré à l'auteur d'avoir voulu enchérir sur cette expression naturelle, mais déjà hyperbolique, *je t'en crois plus que moi-même, plus que mes propres yeux*, et je compris d'abord qu'il ne serait pas facile à ceux qui voudraient quelque jour pousser plus loin cette idée de dire quelque chose de plus fort. Mais M. Legouvé me fit remarquer que, comme on ne croit pas toujours la vérité, mais ce qu'on prend pour elle, l'auteur, qui est un de ses amis, eût bien voulu dire, *je te crois plus que l'évidence*, mais qu'il n'avait pu réussir à concilier ce sens avec la mesure de ses vers. Je me rappelai alors une historiette où la même pensée se trouve bien moins subtilisée ou volatilisée, comme parlent les chimistes ; il s'agit pareillement d'une amante et d'un amant : la première, infidèle, et surprise dans un état qui ne permettait pas d'en douter, nie le fait effrontément. Mais, dit l'autre, ce que je vois... — Ah ! cruel, répond la dame, tu ne m'aimes plus ! si tu m'aimais, tu m'en croirais plutôt que tes yeux !

Cette pièce, dont je vis avec M. Legouvé la première représentation, était intitulée : *Blanche et Montcassin*[2]. Je voudrais pouvoir vous dire toutes les remarques qu'il nous fit faire. Je vis bien alors, et depuis je l'ai encore mieux connu, que ses idées sont tout à fait dans le goût, je veux dire dans *le genre* à la mode, et je ne doute pas que ce genre ne règne dans ses ouvrages, lesquels d'ailleurs je n'ai point lus.

---

1. Molière, *Don Juan*, II, 1. — 2. *Ou les Vénitiens*, tragédie d'A. V. Arnault.

On me mena peu de temps après à une autre pièce, que peut-être vous connaissez, *Macbeth*, de Ducis, imitée, à ce que je crois, de Shakespeare, et toute remplie de ces beautés inconnues à nos ancêtres. Je vis là sur la scène ce que Racine [1] a mis en récit,

> Des lambeaux pleins de sang et les membres affreux,

et ce qu'il n'a mis nulle part, des sorcières, des rêves, des assassinats, une femme somnambule qui égorge un enfant presque aux yeux des spectateurs, un cadavre à demi découvert et des draps ensanglantés ; tout cela, rendu par des acteurs dignes de leur rôle, faisait compassion à voir, selon le mot de Philoxène. Je n'ai pas assez l'usage de la langue moderne et des expressions qu'on emploie en pareil cas pour vous donner une idée des talents que tout Paris idolâtre dans Talma. C'est un acteur dont sans doute vous aurez entendu parler. J'ai senti parfaitement combien son jeu était convenable aux rôles qu'il remplit dans les pièces dont je vous parle. Partout où il faut de la force et du sentiment, je vous jure qu'il ne s'épargne pas ; et dans les endroits qui ne demandent que du naturel, vous croyez voir un homme qui dit : *Nicole, apporte-moi mes pantoufles* [2] : en quoi il suit ses auteurs, et me paraît à leur niveau. On a en effet aboli ces anciennes lois : *Le style le moins noble* [3]...

(*Le reste manque*).

[Courier était arrivé à Rome à la fin de l'année 1798, peu de jours après la retraite de l'armée napolitaine ; il y fut laissé pour le service de l'artillerie, auquel, si on en juge d'après les lettres qui précèdent, il n'était cependant pas obligé de consacrer tout son temps.

Cependant la forteresse de Civita-Vecchia, qui avait relevé l'étendard papal pendant la courte occupation de Rome par les Napolitains, refusait de se soumettre, et soutenait depuis plus d'un mois une espèce de blocus. On résolut enfin d'employer la force pour la réduire, et Courier y marcha à la fin de février 1799 avec quelques canons ; à peine arrivé, il fut envoyé avec un officier de dragons et un trompette pour faire aux habitants insurgés une dernière sommation. La facilité avec laquelle il s'exprimait en italien lui avait valu cette commission, dont il comptait d'ailleurs profiter pour s'approcher sans péril de la place, et la mieux reconnaître. Les trois cavaliers étaient à peu de distance de la porte lorsque Courier s'aperçut qu'un rouleau de louis qu'il portait dans la poche de son habit y avait fait trou, et ne s'y trouvait plus. Il mit pied à terre pour le chercher, et, après quelques perquisi-

---

1. *Athalie*, II, v. — 2. Molière, *Bourgeois gentilhomme*, II, iv. — 3. Boileau, *Art. poét.* I, 80 : Le style le moins noble a pourtant sa noblesse.

tions inutiles, il allait remonter à cheval pour rejoindre ses compagnons, lorsqu'il entendit le bruit d'une décharge de fusils, et vit bientôt accourir à lui le trompette tout seul : l'officier avait été tué. Il ne s'arrêta pas un instant de plus pour chercher son argent, et se consola bientôt d'une perte à laquelle peut-être il devait la conservation de sa vie. Enfin le 3 mars, à trois heures du matin, on tenta d'enlever Civita-Vecchia de vive force et escalade ; cette entreprise ne réussit pas, mais elle servit du moins à intimider les assiégés, qui se rendirent le 10 par capitulation.

Courier, de retour à Rome, fut logé chez un vieux seigneur du nom de Chiaramonte, qui le prit en amitié ; il donnait à cette société une partie de ses soirées seulement, car le temps dont il pouvait disposer pendant le jour, il le passait à la bibliothèque du Vatican.

Cependant l'armée qui avait conquis Naples se repliait vers le nord de l'Italie sous la conduite de Macdonald, et ses derniers bataillons traversaient Rome le 18 mai. Il restait à peine six mille Français, aux ordres du général Garnier, pour la défense de la nouvelle république romaine. Ces troupes se soutinrent pendant quatre mois contre tous les efforts des insurgés, des Napolitains et des Autrichiens même ; mais il fallut enfin céder, et consentir à un arrangement d'après lequel elles furent transportées en France. Le 29 septembre, les Français se retirèrent au château Saint-Ange, et les Napolitains prirent possession de Rome. Courier voulut faire ses adieux à la bibliothèque du Vatican, et n'en sortit qu'à la nuit, lorsqu'il ne restait plus un seul Français dans la ville. Il fut reconnu à la lumière d'une lampe allumée devant une madone : on cria sur lui au *Giaccobino*, et un misérable lui tira un coup de fusil. La balle ne le toucha pas ; mais, ricochant contre la muraille, elle alla frapper une femme qui marchait à quelque distance en avant. Les cris de celle-ci firent une espèce de diversion dont il profita pour prendre la fuite et se réfugier dans son logement, qui était peu éloigné ; il y passa la nuit, et le lendemain le vieux Chiaramonte le fit monter dans sa propre voiture, et le conduisit au château Saint-Ange.

Enfin la division française fut embarquée à Civita-Vecchia le 6 octobre, conduite par le commodore anglais Trowbridge jusqu'à Marseille, où elle entra le 27 du même mois.

Courier se rendit presque aussitôt à Paris, dont il avait besoin de respirer l'air natal pour remettre sa santé altérée].

COURIER

CAPITAINE AU 7ᵉ RÉGIMENT D'ARTILLERIE A PIED

AU MINISTRE DE LA GUERRE.

Paris, le 2 janvier 1800.

Citoyen,

Je vous transmets ci-joint la feuille de route qui m'a été délivrée à Marseille, en vertu d'un congé de convalescence de trois mois, lequel congé m'a été pris sur la route avec mes effets par les brigands qui ont pillé la voiture publique. Je vous prie de vouloir bien, en conséquence de ladite feuille de route, qui ne peut laisser aucun doute sur la légitimité de mon séjour ici, ordonner le paiement des appointements qui me sont dus depuis le 18 juin 1799.

Salut et respect.

[Courier était attaqué d'un crachement de sang, maladie dont il s'est ressenti plusieurs fois, et qui faillit l'enlever en 1817. Il garda la chambre pendant quatre mois, et y reçut les soins du docteur Bosquillon. Aucun médecin ne convenait autant au malade, car il était en même temps professeur de langue et de philosophie grecque.

A peine rétabli, il fut employé à la suite de la direction d'artillerie de Paris ; ce qui lui laissa le loisir de reprendre ses études ordinaires. Il s'occupa en particulier de Cicéron, et traduisit ses *Philippiques*.

Au printemps de 1801, il eut une rechute qui lui valut un nouveau congé de convalescence. Il en profita pour se rendre à la Véronique : sa mère, à laquelle il était tendrement attaché, y terminait ses jours, et il eut la douleur de lui fermer les yeux.

Après avoir réglé quelques affaires, il s'empressa de revenir à Paris : le séjour de cette ville lui était devenu très agréable depuis qu'il s'était mis en rapport avec les hommes les plus distingués dans la connaissance des anciens ; cependant il préférait la solitude de la Véronique toutes les fois qu'il voulait se livrer à quelque étude sérieuse.

Ce fut Bosquillon qui fit connaître à Courier M. Clavier, à l'époque de la maladie dont il est question].

A M. CLAVIER

A Paris.

De la Véronique, près Langeais, 18 octobre 1801.

Monsieur, je suis parti de Paris si précipitamment que je n'ai eu le temps de voir personne. Je crains que vous et monsieur Caillard n'ayez besoin des livres que vous avez bien voulu me prêter : je prends des mesures pour qu'ils vous soient remis.

Mon séjour dans ce pays pouvant être beaucoup plus long que je ne le voudrais, je vous demande en grâce de me donner quelquefois de vos nouvelles et de celles de votre Pausanias : j'ai écrit au *clarissime*, dont j'ai lu la dissertation avec grand plaisir ; j'en aurais au moins autant si vous m'envoyiez la vôtre sur la traduction de Gail ; je suis bien fâché de n'avoir pu vous prêter ma main pour le grec.

Je vous écris sur un tonneau, entouré de tant de bruit et si obsédé de mes bacchantes (c'est ainsi que j'appelle mes vendangeuses un peu crottées) qu'il faut que je vous quitte malgré moi ; j'aurai l'honneur, une autre fois, de vous écrire moins succinctement, si je reçois de vos nouvelles, comme je l'espère.

[Tandis que Courier partageait ainsi son temps entre ses études et le soin de ses récoltes, le ministre de la guerre, qui n'oubliait pas le capitaine d'artillerie, l'envoya joindre sa compagnie à Strasbourg. Il arriva dans cette ville à la fin de novembre de la même année 1801. On pourra juger par la lettre suivante du genre de vie qu'il y mena.]

A M. CLAVIER
A Paris.

Monsieur, j'ai vu M. Exter, qui est à la tête de l'imprimerie Bipontine ; il se chargera volontiers de Pausanias, qu'il a déjà dû imprimer avec des notes de M. Heyne ; mais il voudrait joindre au texte un commentaire perpétuel, ainsi qu'il l'appelle. D'ailleurs, ayant déjà beaucoup de travaux entrepris, comme je crois vous l'avoir écrit, il ne peut encore penser à celui-là que pour l'avenir, et c'est la réponse qu'il m'a prié de vous faire au sujet de l'*Erosianus* de M. de La Rochette, qui aura, m'a-t-il dit, tout le temps de préparer ses notes ; je crois même qu'il balance à joindre cet auteur aux romans déjà imprimés, ne sachant pas trop s'il en vaut la peine, et M. Schweighæuser, auquel il s'en rapporte, ne paraît pas faire grand cas d'Erosien. Envoyez-moi ici votre échantillon de corrections sur Pausanias, si elles sont imprimées. Je ne lis point de journaux, et elles pourraient fort bien passer dans le *Magasin encyclopédique* sans que je m'en doutasse. J'en ai déjà vu quelques-unes, qui me rendent fort curieux de tout ce que vous ferez en ce genre.

Il y a eu véritablement des paroles portées à M. Schweighæuser pour un Démosthène qu'on voudrait imprimer en Angleterre. Il s'en chargerait tout comme d'Athénée, mais rien n'est décidé ; il pense, je crois, à Stobée, que les Bipontins veulent donner. M. Jacobs fait aussi des propositions pour continuer ou recommencer l'édition interrompue, donnée, je crois, par un Danois. Ces deux champions, à eux seuls, peuvent tenir en haleine tout ce qu'il y a d'imprimeurs et de lecteurs pour le grec en Allemagne et en France.

A propos de l'Athénée, savez-vous que je me suis chargé, moi, d'en rendre compte dans le journal de M. Millin ? Je travaille maintenant à cela. Par occasion, je donnerai des conjectures, explications ou corrections de certains passages qui n'ont été entendus ni de M. Schweighæuser, ni même de Casaubon, tout Casaubon qu'il est. Pour parler plus exactement, je ne prétends pas pouvoir expliquer ce que Casaubon n'a point entendu ; mais j'ai pu avoir des idées qui ne lui sont pas venues dans un travail aussi vaste et aussi admirable que le sien ; il y a de ces idées dont je suis tenté d'être content ; mais il faut voir le jugement que vous en porterez.

Je vous adresserai le cahier, si vous voulez vous charger de le remettre à M. Millin : au reste, je ne sais trop comment cela se pratique, et si on lui adresse ces choses-là directement. Vous me feriez grand plaisir, Monsieur, de vous en informer et de me marquer ce que vous en savez. Par exemple, vous pourriez demander à M. Millin à quelle époque il faut que je lui envoie mon travail, et les bornes que j'y dois mettre. Mes notes sont fort concises et ne peuvent être autrement, étant faites sans livre, *su due piedi*[1], comme disent les Italiens ; mais je ne laisse pas d'en avoir un bon nombre, sur les trois premiers livres seuls, qui sont ceux dont je parlerai.

Je me promets de jolies choses de votre inscription d'Oropus : j'ai grande foi à votre oracle pour ce genre de divination. A quoi tient-il que vous ne m'en envoyiez une copie ? je la montrerais aux adeptes, s'il y en a en ce pays-ci, et elle pourrait aller plus loin, ou demeurer entre mes mains, selon que vous le jugeriez convenable.

Je suis tenté en vérité de vous féliciter de n'avoir point obtenu cette place que vous demandiez, et d'avoir malgré vous tout le temps de vous livrer à des études qui vous font honneur et plaisir. Croyez-moi, monsieur, tout le monde peut être juge, administrateur, ou pis que cela ; mais peu de gens peuvent, comme vous, être chargés de dévoiler et de rétablir dans leur pureté primitive ces beaux modèles de l'antiquité. Voilà l'emploi qui vous convient, et, encore un coup, je me réjouis, pour vous et pour nous, que l'autre, quel qu'il pût

---

[1]. Sur les deux pieds.

être, vous ait échappé. Si pourtant vous en êtes fâché, il faudra bien que je le sois aussi.

Je n'espère pas pouvoir me rendre à Paris avant vendémiaire prochain, à moins de certains événements possibles, mais peu probables, qui me feraient changer de garnison. Mais si je vis dans quatre mois, je serai certainement à Paris, où le grand plaisir que je me promets, c'est de causer avec vous, Monsieur, et de rendre mes devoirs à Mme Clavier. Si je pouvais croire qu'elle pensât quelquefois à moi, je serais bien heureux ; car il est doux de l'occuper, même de cent lieues. Je me prosterne aux pieds de Mme de Vinche : sûrement elle ne pense plus au voyage de Saint-Domingue ; que ferait-elle de ses nègres qui ont perdu l'habitude d'obéir aux jolies femmes ? Et pour avoir des esclaves, faut-il qu'elle aille si loin ? J'ai grande envie que Mme Pipelet se souvienne un moment de moi ; pour cela il faut, s'il vous plaît, que vous preniez la peine de l'assurer de mon respect. C'est par vous seul que je puis avoir de ses nouvelles ; car notre ami Schweighæuser, quelque sommation que je lui fasse, ne m'en dit mot dans tout ce qu'il écrit.

[La paix, dont on jouissait alors dans toute l'Europe, permit à Courier d'obtenir un congé de semestre dont il profita pour se rendre à Paris ; il y arriva le 10 septembre 1802.

On imprimait alors dans le *Magasin encyclopédique* (cahier de fructidor, an X) l'article dont il est fait mention dans la lettre qui précède, sur la nouvelle édition d'Athénée, donnée par Schweighæuser ; il était suivi de 20 pages de notes sur le texte grec.

Il ne put alors que passer peu de jours à Paris ; il se rendit à la Véronique, où des affaires d'intérêt réclamaient sa présence.]

A M. LE GÉNÉRAL DUROC
A Paris.

De la Véronique, près Langeais, 6 octobre 1802.

Mon général, en apprenant de quelle façon vous avez bien voulu recommander ma demande au général ***, je voudrais bien être à Paris pour vous exprimer de vive voix toute ma reconnaissance. Mais puisque de maudites affaires, aussi fâcheuses qu'indispensables, me privent de ce plaisir, trouvez bon, mon général, que je vous témoigne ici combien je suis sensible à une marque d'intérêt si flatteuse et, en même temps, si honorable pour moi. La moitié seulement de cette bonté m'aurait attaché à vous pour la vie. Mais c'était une affaire faite, et chez moi l'inclination, permettez-moi de vous le dire, avait précédé le devoir et la reconnaissance.

[Dans la solitude de la Véronique, Courier s'occupait de diverses compositions qu'il nous a laissées : l'une d'elles est le récit du voyage entrepris par Ménélas, pour aller à Troie redemander Hélène ; cet ouvrage n'a point été terminé.

Il retoucha à la même époque l'*Eloge d'Hélène*, qu'il avait ébauché en 1798 ; il y ajouta une dédicace pour Mme Pipelet, depuis princesse de Salm-Dyck, et l'apporta à Paris au commencement de 1803, pour le faire imprimer, ce qui eut lieu à la fin de mars.]

A M. SCHWEIGHÆUSER

A Paris.

Paris, 12 mars 1803.

Je vous envoie, mon cher ami, un livre que m'a prêté monsieur Boissonnade. Je ne puis retrouver son adresse pour le lui reporter moi-même, comme c'était mon dessein. Faites-lui, je vous prie, mes excuses et mes remerciements. J'ai la plus grande envie de causer avec vous avant mon départ, mais je ne puis vous donner de rendez-vous précis, à cause des affaires qui m'occupent dans le peu de temps que j'ai encore à rester ici.

Je ne connais point Coupé, mais je ne crois pas que son ouvrage puisse avoir rien de commun avec le mien[1] ? Si l'épisode de Thésée est sans intérêt aujourd'hui, j'ai manqué mon but. En cet endroit, comme dans tout le reste, je n'ai presque rien pris d'Isocrate. Vous ne vous êtes pas aperçu que je voulais donner un ouvrage nouveau sous un titre ancien. C'est tout le contraire de ce que font les auteurs actuels. Vous m'étonnez bien davantage en m'apprenant que l'autre épisode, à la louange de la beauté, est *assez connu*. Je le croyais de mon invention. Du reste, toutes vos critiques sont justes, et vous avez découvert les endroits où j'ai bronché. Je ne me rends pas cependant à ce que vous dites sur le mot *créature*. Toutes ces fautes ne sont pas aussi aisées à corriger que vous croyez,

---

1. L'*Eloge d'Hélène*.

et mon imagination refroidie ne me fournit rien qui vaille. Je ne voudrais pas qu'on jugeât par ces échantillons de ce que je puis faire aujourd'hui ; car c'est, comme je vous l'ai dit, une vieille composition retouchée à froid, méthode qui ne produit rien de bon. Bref, il y a fort peu d'endroits où je ne voulusse rien changer : c'est beaucoup qu'il se trouve là-dedans quelque chose d'agréable.

Marquez-moi si je puis encore compter sur votre libraire. Il m'ennuierait fort d'en chercher un autre.

[Après avoir prolongé son congé de semestre autant qu'il lui fut possible, Courier fut enfin obligé de partir à la fin de juillet, et de se rendre à Douai, où sa compagnie avait été envoyée. Il trouva là Mme Pigalle, sa cousine, dans la maison de laquelle il fut reçu comme un ami. Mais, malgré l'agrément qu'il y trouvait, il ne put tenir à Douai plus de deux mois, au bout desquels il revint à Paris.

Les généraux Duroc et Marmont s'employaient alors en sa faveur, et il dut à leur crédit d'être nommé chef d'escadron, le 27 octobre 1803. Il fallait partir sans délai et joindre à Plaisance le premier régiment d'artillerie à cheval, aux ordres du colonel d'Anthouard : le déplaisir de quitter Paris fut compensé par l'idée de retourner en Italie et l'espérance de revoir Rome, la ville de son choix ; cependant il ne se pressa pas beaucoup, et n'arriva à Plaisance que le 18 mars 1804[1], après avoir passé un mois en Touraine.]

A M. N.

A Plaisance, le.. mai 1804.

Nous venons de faire un empereur, et pour ma part je n'y ai pas nui. Voici l'histoire. Ce matin, d'Anthouard nous assemble, et nous dit de quoi il s'agissait, mais bonnement, sans préambule ni péroraison. Un empereur ou la république, lequel est le plus votre goût ? comme on dit rôti ou bouilli, potage ou soupe, que voulez-vous ? Sa harangue finie, nous voilà tous à nous regarder, assis en rond. Messieurs, qu'opinez-vous ? Pas le mot. Personne n'ouvre la bouche. Cela dura un quart d'heure ou plus, et devenait embarrassant pour d'Anthouard et pour tout le monde, quand Maire, un jeune homme, un lieutenant que tu as pu voir, se lève et dit : « S'il veut être empereur, qu'il le soit ; mais, pour en dire mon avis, je ne le trouve pas bon du tout. — Expliquez-vous, dit le colonel ; voulez-vous, ne voulez-vous pas ? — Je ne le veux pas, répond Maire. — A la bonne heure. » Nouveau silence. On recommence à s'observer les uns les autres comme des gens qui se voient pour

---

1. En réalité le 21 février.

la première fois. Nous y serions encore si je n'eusse pris la parole. « Messieurs, dis-je, il me semble, sauf correction, que ceci ne nous regarde pas. La nation veut un empereur, est-ce à nous d'en délibérer ? » Ce raisonnement parut si fort, si lumineux, si *ad rem*... qué, veux-tu, j'entraînai l'assemblée. Jamais orateur n'eut un succès si complet. On se lève, on signe, on s'en va jouer au billard. Maire me disait : « Ma foi, commandant, vous parlez comme Cicéron ; mais pourquoi voulez-vous donc tant qu'il soit empereur, je vous prie ? — Pour en finir et faire notre partie de billard. Fallait-il rester là tout le jour ? Pourquoi, vous, ne le voulez-vous pas ? — Je ne sais, me dit-il, mais je le croyais fait pour quelque chose de mieux. » Voilà le propos du lieutenant, que je ne trouve point tant sot. En effet, que signifie, dis-moi..., un homme comme lui, Bonaparte, soldat, chef d'armée, le premier capitaine du monde, vouloir qu'on l'appelle majesté. Etre Bonaparte, et se faire sire ! *Il aspire à descendre*[1] : mais non, il croit monter en s'égalant aux rois. Il aime mieux un titre qu'un nom. Pauvre homme, ses idées sont au-dessous de sa fortune. Je m'en doutai quand je le vis donner sa petite sœur à Borghèse, et croire que Borghèse lui faisait trop d'honneur.

La sensation est faible. On ne sait pas bien encore ce que cela veut dire. On ne s'en soucie guère, et nous en parlons peu. Mais les Italiens, tu connais Mendelli, l'hôte de Demanelle. *Questi son salti ! questi son voli ! un alfiere, un caprajo di Corsica che balza imperatore ! Poffariddio, che cosa ! sicché dunque, commandante, per quel che vedo, un Corso ha castrato i Francesi*[2].

Demanelle[3], je crois, ne fera pas d'assemblée. Il envoie les signatures avec l'enthousiasme, le dévouement à la personne, etc.

Voilà nos nouvelles ; mande-moi celles du pays où tu es et comment la farce s'est jouée chez vous. A peu près de même sans doute.

Chacun baise en tremblant la main qui nous enchaîne[4].

Avec la permission du poète, cela est faux. On ne tremble

---

1. Corneille, *Cinna* II, 1. — 2. En voilà des sauts ! En voilà des envolées ! Un sous-lieutenant, un berger de Corse qui bondit jusqu'à l'Empire ! Grand Dieu, quelle affaire ! Ainsi, commandant, à ce que je vois, un Corse a châtré les Français. — 3. Colonel d'un régiment d'artillerie à pied*. — 4. Voltaire, *Mort de César*, III, 1.

point. On veut de l'argent, et on ne baise que la main qui paye.

Ce César l'entendait bien mieux, et aussi c'était un autre homme. Il ne prit point de titres usés, mais il fit de son nom même un titre supérieur à celui de roi.

Adieu, nous t'attendons ici.

A M. LEJEUNE
A Saumur.

Barletta, le 24 mai 1805.

Monsieur, depuis environ six mois que je suis à cette armée[1], je n'ai point reçu de lettre qui m'ait fait autant de plaisir que la vôtre. Vous êtes assuré de m'en faire toujours beaucoup toutes les fois que vous me donnerez de vos nouvelles.

Ayant reçu ordre à Plaisance de me rendre ici pour commander l'artillerie à cheval de cette armée, j'achetai trois beaux et bons chevaux de selle, et je partis avec mon domestique[2]. Je m'arrêtai quinze jours à Parme, où je trouvai une belle bibliothèque : j'y travaillai sur Xénophon. Je vis la *Virginie*, peinte par Doyen ; et ce tableau, qui n'est pas trop bon, me rappela mes anciennes études de dessin. De Parme j'allai à Modène en passant par Reggio, jolie ville où j'ai trouvé un poète de mes anciens amis[3]. Bologne, où j'allai ensuite, est une ville vraiment belle. Les pluies, qui y sont fréquentes, comme dans toute cette partie de l'Italie, n'empêchent pas qu'on ne puisse parcourir toute la ville sans être mouillé, parce que dans toutes les rues il y a des galeries latérales comme au Palais-Royal, qui, outre la commodité, forment une perspective extrêmement agréable. Je m'y arrêtai deux ou trois jours à copier des inscriptions. J'en partis le 4 octobre, et j'arrivai le 11 à Ancône. Je trouvai, en passant à Fano et à Sinigaglia, des inscriptions très curieuses ; mais je ne pus les copier toutes, parce que la saison s'avançait, et que je craignais d'être arrêté par les torrents, si j'attendais plus tard à passer les montagnes des Abruzzes. Après avoir traversé Lorette, j'arrivai le 19 à Giulia Nova, qui est le premier village du royaume de

---

1. L'armée française, qui occupait alors Tarente et la Pouille, commandée par le général Gouvion-Saint-Cyr*. — 2. Le 14 septembre 1804*. — 3. Lamberti*.

Naples ; j'y arrivai le 19 octobre ; je fus fort bien logé et nourri chez les Cordeliers, dont le couvent est la seule maison habitable de l'endroit : j'ai été traité de la même manière dans tout le royaume, toujours logé dans la meilleure maison et servi aussi bien que l'endroit le comportait. Tout le pays est plein de brigands par la faute du gouvernement, qui se sert d'eux pour vexer et piller ses propres sujets. J'en ai rencontré beaucoup ; mais, comme ils ne voulaient pas alors se brouiller avec l'armée française, ils me laissèrent passer. Figurez-vous que dans tout ce royaume une voiture ne peut se hasarder en campagne sans une escorte de cinquante hommes armés, qui souvent dévalisent eux-mêmes ceux qu'ils accompagnent. J'arrivai à Pescara le 20 ; cette ville passe pour la plus forte de cette partie du royaume de Naples, quoique la fortification en soit très mauvaise. La maison où je fus logé avait été saccagée, comme toute la ville, par les bandits du cardinal Rufo, après la retraite des Français, il y a cinq ans. Ceux qui se distinguèrent alors par leur brigandage sont aujourd'hui les favoris du gouvernement, qui les emploie à lever des contributions. La canaille est le parti du roi, et tout propriétaire est jacobin : c'est le *haro* de ce pays-ci. Le 22, je fus logé à Ortona, chez le comte Berardi, qui me raconta que le gouverneur de la province était un certain Carbone, d'abord maçon, puis galérien, ensuite ami du roi lors de la retraite des Français, aujourd'hui *Pacha*. Ce Carbone lui envoya, peu de jours avant mon arrivée, un ordre de payer douze mille ducats, environ 50.000 francs ; il en fut quitte pour la moitié. Voilà comme ce pays-ci est gouverné : c'est la reine qui mène tout cela ; elle affiche la haine et le mépris pour la nation qu'elle gouverne.

Le 24, à Lanciano, je trouvai un régiment français de chasseurs à cheval : un des officiers me vendit pour dix louis une paire de pistolets que je jugeai à propos d'ajouter à mon armement. Le colonel me donna un guide pour me rendre au Vasto ; mais le guide m'égara, et nous manquâmes être tués dans un village dont les paysans, sortant de la messe et animés par leurs prêtres, voulurent faire la bonne œuvre de nous assassiner. Bien m'en prit d'entendre la langue et de ne pas mettre pied à terre. Le 29, je trouvai au Vasto un petit détachement d'infanterie légère avec lequel je poussai jusqu'à Termoli ; je fus logé dans la meilleure maison de ce bourg : mais au milieu de la nuit la populace vint m'arracher de mon lit, et en un moment ma chambre et toute la maison furent remplies de cette canaille armée. Ils me montrèrent un homme auquel, disaient-ils, un soldat avait volé son manteau ; je leur demandai s'ils connaissaient le voleur ; ils me dirent que oui, et qu'ils savaient la maison où il était logé ; je leur dis de m'y conduire. Arrivé à cette maison, au milieu des hurlements, je trouvai un soldat ivre qu'on me dit être le voleur. Comme rien n'indiquait qu'il eût dérobé, je crus qu'ils prenaient ce prétexte pour nous chercher querelle, et je n'étais guère en état de leur résister, mes sept ou huit compagnons étant dispersés dans autant de maisons. Je fis entendre aux braillards que je soupçonnais quelque autre, et les priai de me conduire à la maison où logeaient le sergent et le caporal du détachement. Arrivé là, je les fis lever et armer, ayant l'air de les menacer ; mais dans le fait je leur disais de tâcher d'assembler leurs hommes : deux qui demeuraient vis-à-vis sortirent et se joignirent à nous. Je prêchais toujours mes hurleurs, qui criaient : « Mort aux Jacobins ! » Mais nous commencions à être en force. Enfin nous arrivâmes à une maison où logeaient deux autres soldats ; l'un desquels me dit que l'homme ivre avait en effet volé un manteau, et qu'il devait l'avoir caché quelque part. Nous retournâmes à l'ivrogne, que nous trouvâmes couché sur le manteau volé. Nous soupçonnâmes que si nous ne l'avions pas trouvé d'abord, c'était parce que l'hôte avait volé le voleur, et remis ensuite le manteau sous lui, crainte des recherches : sans cela nous aurions été obligés d'en venir aux mains avec beaucoup de désavantage.

Le Vasto, dont je vous ai parlé, est un endroit assez joli au milieu d'une forêt d'oliviers : j'y logeai chez les pères *della Madre di Dio*[1]. Le propriétaire auquel appartiennent tous les bourgs des environs est un grand seigneur descendant du fameux marquis del Vasto (du Guast, dans nos historiens), qui prit François Ier à Pavie. A Termoli je quittai la mer, et vins le 31 à Serra Capriola, jolie petite ville dans les terres. Là, comme on ne voulait pas loger mes chevaux avec moi, j'essayai de faire un peu de bruit, et menaçai d'enfoncer la porte de l'écurie ; mais je n'étais pas assez fort pour soutenir ce langage. L'hôte, qui paraissait un homme d'importance, me dit : « J'ai là cinquante Albanais bien armés, ne nous cherchez point de querelles. » Je vis en effet ces Albanais, qui sont des coupe-jarrets enrôlés ; ils me servirent à table la dague au

---

1. De la Mère de Dieu.

côté ; ils causaient avec moi fort amicalement. On voulut m'en donner une escorte à mon départ, je la refusai. Ils me dirent que leur patron les payait six carlini par jour, environ cinquante-cinq sous de France.

J'allai le 1er novembre à San-Severino, où je logeai chez les Célestins, ensuite à Foggia le 2. Je marchais au milieu de plus de cent mille moutons qui descendaient des montagnes de l'Aquila pour passer l'hiver dans les plaines de la Pouille ; je causai avec leurs bergers, qui sont des espèces de sauvages. Il y avait aussi de grands troupeaux de chèvres : tout cela est au roi. Mon hôte, don Celestino Bruni, me donna le lendemain 4 sa voiture, dans laquelle je vins à Civignola[1], où Gonzalve de Cordoue livra une fameuse bataille ; je passai sur le pont que Bayard défendit seul contre les Espagnols : il est long, et si étroit que deux voitures ne peuvent y passer de front.

Enfin le 5 novembre j'arrivai à Barletta, où je trouvai le quartier général. C'est une ville de vingt mille âmes, passablement bâtie, sans promenades ni ombrages, dans une plaine aride. On ne connaît point ici de maisons de campagne ni de villages, parce que les brigands rendent la campagne inhabitable ; il n'y a de cultivé que les environs des villes : le sol est très fertile, et produit, presque sans travail, une grande quantité de blé, qui, avec l'huile, forme tout le commerce du pays ; commerce sujet à des avanies continuelles, tant de la part du gouvernement que des Barbaresques. Quoique ce soit un port, on ne peut y avoir de poissons, parce que les pêcheurs sont enlevés jusque sur la côte.

Voilà l'histoire de mon voyage. Ma position actuelle est fort agréable : mon emploi de chef d'état-major de l'artillerie me donne quelques avantages ; je suis bien avec le général Saint-Cyr, qui commande l'armée ; j'ai reçu le ruban rouge des mains du maréchal Jourdan, à Plaisance.

On nous dit que la Russie a déclaré la guerre à notre empereur. Si cela est, les premiers coups se donneront ici. Nous avons devant nous vingt mille Russes à Corfou. En cas de guerre, je serai placé très avantageusement, étant le seul officier supérieur qui pût commander l'artillerie.

Je m'aperçois que mes quatre pages ne répondent point à votre lettre. Je vous félicite de votre bonne santé, qui fait que

---

1. Mauvaise lecture pour Cerignola.

je vous ai toujours regardé comme un homme fort heureux ; la mienne est assez bonne : ce pays-ci et le genre de vie que je mène me conviennent fort. Je n'ai pas renoncé à mes anciennes études ; j'entretiens des correspondances avec plusieurs savants, auxquels j'envoie des inscriptions ; votre pays de Saumur est bon, mais je ne crois pas que je m'y fixe jamais ; je suis devenu Italien ; et si le royaume d'Italie s'établit, j'aurai de grands avantages à m'y fixer. Au reste, je ne fais point de projets, je m'abandonne à la fortune sans pourtant avoir d'ambition. Le général en chef m'a promis de me conduire à Milan pour le couronnement du roi d'Italie ; mais selon les apparences il ne pourra lui-même y aller. Nous sommes menacés de tous côtés ; la flotte partie d'Angleterre avec des troupes de débarquement pourrait bien être destinée pour ce pays-ci. Unie avec l'armée russe, elle nous donnerait de la besogne ; les brigands du pays nous tourmenteraient fort. Nous avons aussi à craindre la peste, qui règne partout aux environs. Malgré tout cela je vais bientôt faire une tournée dans toutes les places où nous avons des troupes, telles que Brindisi, Tarente, Gallipoli, Otrante, Leccia... ; j'ai été ces jours derniers à Canosa, qui offre les ruines d'une ville immense. On ne peut y fouiller qu'on ne trouve des ruines magnifiques, aussi est-ce défendu : on y déterre des tombeaux des Étrusques anciens, avec des vases bien conservés ; tout cela est fort curieux. Adieu encore une fois ; je vous embrasse.

A M. DANSE DE VILLOISON

A Paris.

Barletta, 8 mars 1805.

Vous me tentez, monsieur, en m'assurant qu'une traduction de ces vieux *mathematici* me couvrirait de gloire. Je n'eusse jamais cru cela. Mais enfin vous me l'assurez, et je saurai à qui m'en prendre si la gloire me manque après la traduction faite ; car je la ferai, chose sûre. J'en étais un peu dégoûté, de la gloire, par de certaines gens que j'en vois couverts de la tête aux pieds, et qui n'en ont pas meilleur air ; mais celle que vous me proposez est d'une espèce particulière, puisque vous dites que, moi seul, je puis cueillir de pareils lauriers. Vous avez trouvé là mon faible : à mes yeux, honneurs et plaisirs, par cette qualité d'exclusifs, acquièrent un grand prix. Ainsi me voilà décidé ; quelque part que ce livre me tombe sous la main, je le traduis, pour voir un peu si je me couvrirai de gloire.

Quant à quitter mon *vil métier*[1], je sais ce que vous pensez là-dessus, et moi-même je suis de votre sentiment. Ne voulant ni *vieillir dans les honneurs obscurs de quelque légion*[2], ni faire une fortune, il faut laisser cela. Sans doute ; c'est mon dessein. Mais je suis bien ici, où j'ai tout à souhait : un pays admirable, l'antique, la nature, les tombeaux, les ruines, la grande Grèce. Que de choses ! Le général en chef[3] est un homme de mérite, savant, le plus savant dans l'art de massacrer que peut-être il y ait ; bonhomme au demeurant, qui me traite en ami ; tout cela me retient. D'ailleurs je laisse faire à la fortune, et ne me mêle point du tout de la conduite de ma vie. C'est là ma politique, je m'en trouve bien, et je n'aperçois point que ceux qui se tourmentent en soient plus heureux que moi. Ne croyez pas, au reste, que je perde mon temps ; ici j'étudie mieux que je n'ai jamais fait, et du matin au soir, à la manière d'Homère, qui n'avait point de livres. Il étudiait les hommes : on ne les voit nulle part comme ici. Homère fit la guerre, gardez-vous d'en douter. C'était la guerre sauvage. Il fut aide de camp, je crois, d'Agamemnon, ou bien son secrétaire. Ni Thucydide non plus n'aurait eu ce sens si vrai, si profond ; cela ne s'apprend pas dans les écoles. Comparez, je vous prie, Salluste et Tite-Live ; celui-ci parle d'or, on ne saurait mieux dire ; l'autre sait de quoi il parle. Et qui m'empêcherait quelque jour... ? car j'ai vu, moi aussi ; j'ai noté, recueilli tant de choses, dont ceux qui se mêlent d'écrire n'ont depuis longtemps nulle idée, j'ai bonne provision d'esquisses ; pourquoi n'en ferais-je pas des tableaux où se pourrait trouver quelque air de cette vérité naïve qui plaît si fort dans Xénophon ? Je vous conte mes rêves.

Que voulez-vous donc dire, que nous autres soldats, nous écrivons peu, et qu'une ligne nous coûte ? Ah ! vraiment, voilà ce que c'est, vous ne savez de quoi vous parlez. Ce sont là de ces choses dont vous ne vous doutez pas, vous, messieurs les savants. Apprenez, monsieur, apprenez que tel d'entre nous écrit plus que tout l'Institut, qu'il part tous les jours des armées cent voitures à trois chevaux, portant chacune plusieurs quintaux d'écriture ronde et bâtarde, faite par des gens en

---

1. Racine, *Athalie*, II, vii. — 2. Racine, *Britannicus*, I, ii. — 3. Gouvion-Saint-Cyr.

uniforme, fumeurs de pipes, traîneurs de sabres : que moi seul, ici, cette année, j'en ai signé plus, moi qui ne suis rien et ne fais rien, plus que vous n'en liriez en toute votre vie ; et mettez-vous bien dans l'esprit que tous les mémoires et histoires de vos académies, depuis leur fondation, ne font pas en volume le quart de ce que le ministre reçoit de nous chaque semaine régulièrement. Allez chez lui, vous y verrez des galeries, de vastes bâtiments remplis, comblés de nos productions, depuis la cave jusqu'au faîte : vous y verrez des généraux, des officiers qui passent leur vie à signer, parapher, couverts d'encre et de poussière, accuser réception, apostiller en marge les lettres à répondre et celles répondues. Là, des troupes réglées d'écrivains expédient paquets sur paquets, font tête de tous côtés à nos états-majors, qui les attaquent de la même furie. Voilà vos paresseux d'écrire ; allez, monsieur, il serait aisé de vous démontrer, si on voulait vous humilier, que de tous les corps de l'État, c'est l'Académie qui écrit le moins aujourd'hui, et que les plus grands travaux de plume se font par des gens d'épée.

Je réponds, comme vous voyez, non seulement à tous les articles, mais à chaque mot de votre lettre ; et je vous dirai encore, en style de maître français, qu'une nation, dont on fait ce qu'on veut, n'est pas une *cire*, mais une... et qu'on n'en saurait rien faire qui ne soit fort dégoûtant. Aristophane doit l'avoir dit. Ainsi la métaphore ne vous surprendra pas. Au reste, *nous portons les sottises qu'on porte*[1]. C'est tout le compliment que je trouve à vous faire sur ces nouveaux brimborions, qu'assurément vous honorez. Pour moi, j'ai été élevé dans un grand mépris de ces choses-là. Je ne saurais les respecter, c'est la faute de mon père.

Eh bien ! qu'en dites-vous ? suis-je si paresseux, moi qui vous fais, pour quelques lignes que vous m'écrivez, trois pages de cette taille ? Vous vous piquerez d'honneur, j'espère, et ne voudrez pas demeurer en reste avec moi.

A votre loisir, je vous prie, donnez-moi des nouvelles de la Grèce, dont je ne suis pas transfuge, comme il vous plaît de le dire. Vous m'y verrez reparaître un jour, quand vous y penserez le moins, et faire acte de citoyen. Je vous avoue que je ne connais pas du tout M. Weiske, et ne sais comme il a pu découvrir que je suis au monde, si ce n'est pas vous qui lui avez appris ce secret. Je souhaite fort qu'il nous donne

---

1. Molière : *Ecole des Maris*, I, 1.

un bon Xénophon : l'entreprise est grande. Aurons-nous à la fin cette anthologie de M. Chardon de La Rochette? Et vous qui accusez les autres de paresse, me voulez-vous laisser si longtemps sans rien lire de votre façon, que ces articles de journal, excellents, mais toujours trop courts, comme les ïambes d'Archiloque, dont le meilleur était le plus long. *Ah! que ne suis-je roi pour cent ou six-vingt ans !* je vous ferais pardieu travailler ; il ne serait pas dit que vous êtes savant pour vous seul ; je vous taxerais à tant de volumes par an, et ne voudrais lire autre chose.

A M. CLAVIER
A Paris.

Barletta, ... juin 1805.

. . . . Vous n'avez pas tort non plus de croire que tous ces faits, ces grands événements qui tiennent le monde en suspens, méritent bien plus l'attention d'un homme sensé, et que c'est sottise de méditer sur ce qui dépend des digestions de Bonaparte ; mais je vous dis, moi, qu'on a beau être philosophe, la peinture des passions et des caractères, soit histoire ou roman, intéresse toujours, et plus un philosophe qu'un autre. La difficulté c'est de peindre, et c'est où les anciens excellent et où nos auteurs font pitié, j'entends nos historiens. Ils ne savent saisir aucun trait. Pour représenter une tempête, ils se mettent à compter les vagues : un arbre, ils le font feuille à feuille, et tout cela copié fidélement ressemble bien moins au vrai que les inventions d'un homme qui joint à quelque étude le sentiment de la nature. Il y a plus de vérité dans *Joconde*[1] que dans tout Mézeray.

Un morceau qui plairait, je crois, traité dans le goût antique, ce serait l'expédition d'Égypte. Il y a là de quoi faire quelque chose comme le *Jugurtha* de Salluste, et mieux, en y joignant un peu de la variété d'Hérodote, à quoi le pays prêterait fort. Scène variée, événements divers, différentes nations, divers personnages ; celui qui commandait était encore un homme ; il avait des compagnons. Et puis notez ceci, un sujet limité, séparé de tout le reste. C'est un grand point selon les maîtres, peu de matière et beaucoup d'art. Mon Dieu ! comme je cause, comme je vous conte mes rêves, et que vous

---

[1]. La nouvelle de l'Arioste au 28ᵉ chant du *Roland furieux*, imitée par La Fontaine dans ses *Contes*.

êtes bon si vous écoutez ce babil ! mais que vous dirais-je autre chose ? je ne vois *que du fer, des soldats*, rien qui puisse vous intéresser.

Sur mon sort à venir, ce que je pourrai faire, ce que je deviendrai, quand je vous reverrai, je n'en sais pas là-dessus plus que vous. Nous sommes ici dans une paix profonde, mais qui peut être troublée d'un moment à l'autre. Tout tient au caprice de deux ou trois bipèdes sans plumes qui se jouent de l'espèce humaine. — Présentez, je vous prie, mon respect à M. et à Mme de Sainte-Croix, et conservez-moi une place dans votre souvenir.

A M. ***

Lecce, le ... septembre 1805.

Mon colonel, j'ai à vous rendre compte d'un événement bien triste. Nous venons d'enterrer le capitaine Tela, qui fut hier assassiné par son hôte, don Joseph Rao. Depuis quelque temps don Joseph, imaginant une intrigue entre sa femme et le capitaine, cherchait à les surprendre ensemble. Cela lui fut aisé, ils ne se cachaient point, et, selon l'apparence, n'en avaient nulle raison. Tela n'était point un galant : cette femme d'ailleurs, très sage, ne le voyait que rarement, lorsqu'il fallait quelque service des personnes de la maison. Il n'y avait là rien de ce que le mari supposait. Les trouvant ensemble, il les tua. Ce n'était pas qu'il fût jaloux. Il se souciait peu de sa femme, et ne vivait point avec elle, ayant d'autres liaisons connues ; mais quelques discours et la peur d'être appelé *becco cornuto*[1] lui avaient tourné la cervelle. Voilà le point d'honneur italien. Ce *becco cornuto* est pour eux la plus terrible des injures ; c'est pis que voleur, assassin, fourbe, sacrilège, parricide.

Tela, comme par inspiration, voulut, il y a trois semaines, quitter cette maison. Son hôte l'y retint à force d'instances et de caresses ; avait-il dès lors son dessein ? On ne sait ; les avis là-dessus sont partagés. Hier, il voit sa femme entrer dans la chambre du capitaine, pour lui remettre quelque linge qu'on avait lavé ; il la suit, et lui porte trois coups de poignard. Elle eut pourtant encore la force de se sauver chez

---

1. Bec cornu.

ses parents, où elle est morte cette nuit. Tela, frappé au cœur, mourut à l'instant même. Mais une chose à remarquer, c'est le sang-froid de l'assassin. Venant de faire cette expédition, il rencontre sur l'escalier le colonel Huard, qui lui demande : « Le capitaine est-il ici ? — Montez, dit-il, vous le verrez, » et il paraissait aussi calme que si rien ne fût arrivé.

La ville est consternée. On craint les vexations auxquelles cela peut donner lieu de la part de gens habiles à saisir tous les prétextes. Nous cherchons fort le meurtrier ; mais les malins disent que nous le cherchons partout où nous sommes sûrs de ne pas le trouver. L'affaire s'accommodera, et l'on n'y pensera plus. Voilà pourtant trois hommes que nous perdons ainsi, de l'artillerie seulement, et sans qu'il en soit autre chose. Nulle punition, nulle plainte à ce *governaccio*[1] de Naples. On se soucie peu des vivants et point du tout des morts.

[A cette époque, les préparatifs militaires de l'Autriche donnant lieu de craindre une nouvelle guerre, Napoléon négocia avec le roi de Naples un traité de neutralité, en conséquence duquel les troupes qui occupaient Tarente et la Pouille furent rappelées vers le nord pour former la droite de l'armée d'Italie.

Le général en chef, Gouvion-Saint-Cyr, partit de Barletta le 9 octobre : Courier y demeura quelques jours encore, et joignit ensuite vers Pescara le quartier général, avec lequel marchaient ses équipages, confiés aux soins d'un sous-officier d'artillerie à cheval.]

A M. COSTOLIER

MARÉCHAL DES LOGIS DE LA 2º COMPAGNIE.

Barletta, le 15 octobre 1805.

Mon cher Costolier, comme vous avez soin de mon cheval, j'ai soin ici de votre maîtresse. Peu après que vous fûtes parti (bien malgré moi ; je fis ce que je pus pour l'empêcher ; mais on le voulait), peu après, il y eut ordre à toutes les femmes de quitter l'armée, de s'en aller comme elles pourraient. Le général dit qu'il n'en veut plus. Il renvoie la sienne. Cent cinquante se sont embarquées à Bari sur d'assez mauvais bâtiments : le diable sait ce qu'elles vont devenir. J'ai fait rester votre Julie en qualité de vivandière. Elle marche avec nous. Je vois qu'on rôde autour d'elle, mais, ma foi, elle ne se laisse pas ferrer à tout le monde ; elle vous aime : et aussi toutes les femmes ne sont pas p....., quoi qu'on en dise.

---

1. Méchant gouvernement.

Ce n'est pas la peine de faire faire une housse à mon cheval, il ira bien tout nu. Faites-lui faire plutôt un mors, comme celui de ma jument grise, par notre éperonnier, qui va aller vous joindre. Qu'on le mène par la longe, mon cheval, s'entend ; donnez-lui un peu de foin, de l'orge plutôt que de l'avoine, et du chiendent partout où vous en trouverez. Adieu.

A M. LEDUC AINÉ

De Bologne, le 14 novembre 1805.

Je t'ai écrit trois fois depuis notre départ de la Pouille. Je te marquais de m'adresser tes lettres à Rome, mais je n'ai pu y passer ; ainsi je suis sans nouvelles de toi depuis le 10 août, date de ta dernière, par laquelle j'ai vu que ta fille était hors d'affaire. J'espère qu'elle court à l'heure qu'il est, et saute mieux que jamais, *più pazzarella che mai*[1] ; j'en fais mon compliment à madame sa mère, et voudrais être là pour vous embrasser tous.

Nous marchons vers Ferrare. Le général Salvat[2] a trouvé à Ancône une Vénitienne égarée, dont il s'est emparé, ou c'est elle qui l'a pris et le mène par le nez. Je la vois tous les jours. Elle mange avec nous. Je suis le seul qui puisse lui parler : eux ne savent pas trois mots d'italien. Te dire les conversations d'elle à moi, les *spropositi*[3], les sottises qui ne finissent point ou finissent par des *risate sbudellate sgangherate*[4]. Il n'est pas possible de voir une meilleure pâte de fille, une créature plus gaie, plus folle, plus ce qu'on appelle bonne enfant : son vénitien est quelque chose qui vraiment me ravit. Salvat nous gêne un peu. Il n'entend pas un mot, et veut qu'on lui explique tout. Mais les explications sont belles ! nous avons mille inventions pour le dérouter, des noms de guerre... Lui, Salvat, est *stentarello*[5] ; elle a baptisé le secrétaire *fa la nanna*[6], cela le peint ; l'aide de camp, elle l'appelle *madama cocola ;* jamais nom ne fut mieux appliqué, c'est la femme de charge du général Salvat : il sera maréchal du palais, si Salvat devient empereur. Du reste, vivant portrait de M. Vise-au-Trou. Tout cela me divertit, et nous passons ensemble des heures sans ennui ;

---

1. Plus follette que jamais*. — 2. Général d'artillerie*. — 3. Des coq-à-l'âne. 4. — Des éclats de rire à ventre déboutonné, à sortir de ses gonds. — 5. *Stentarello*, personnage ridicule du théâtre florentin. — 6. Fait dodo.

mais j'ai peur de n'en avoir pas longtemps le plaisir, car on dit que notre ménage ne plaît point du tout à Saint-Cyr, et qu'il a trouvé fort mauvais l'équipage de la princesse, et les chevaux, et la voiture. On est contrarié en ce monde.

Monval me quitte, et m'a conté... affaire vive à la Caldiera[1]. Les nôtres ont eu du dessous. D'Anthouard et Demanelle sont tués. On aura fait là quelque bêtise qui nous mettrait ici en mauvaise posture. Mais ces gens ne profitent jamais de leurs avantages : ils sont persuadés que nous devons les battre ; et quand nous avons l'air de nous laisser frotter, c'est une ruse ; ils nous devinent. Au reste, on ne sait rien encore : je ne serai bien informé que quand nous aurons rejoint le quartier général. Adieu.

L'autre jour, en lisant une pétition de quelqu'un qui protestait de son *dévouement à la personne de l'Empereur*, nous trouvâmes que cette nouvelle formule ne contient guère plus de vérité que le *très humble serviteur*, et que, pour être exact, il faudrait se dire dévoué à *la caisse du payeur*. Qu'en penses-tu ? qu'en dit madame ? tu peux lui lire ceci, mais non le reste de ma lettre, elle me croirait plus vaurien que je ne suis.

[Le général Saint-Cyr était arrivé à Padoue depuis le 15 novembre : ses troupes occupaient les environs ; le 23 il eut connaissance de l'arrivée à Bassano d'une division autrichienne, qui, poussée de Bavière en Tyrol par le corps du maréchal Ney, cherchait un refuge à Venise ; le prince de Rohan la commandait, et espérait gagner cette ville sans obstacle en passant derrière l'armée du maréchal Masséna, qui avait déjà passé l'Isonzo ; mais le général Saint-Cyr l'attaqua le 24, à Castelfranco, et l'obligea de se rendre avec tout son monde. Courier fut présent à cette affaire.]

A M. POYDAVANT

COMMISSAIRE ORDONNATEUR.

De Strale, le 25 novembre 1805.

MON CHER ORDONNATEUR,

Aimé va vous conter notre petite drôlerie. Ce qu'il vous pourra dire, c'est qu'il dormit fort ce jour-là. Je ne sais quelle heure il pouvait être lorsqu'il apprit dans son lit qu'on s'était battu. Il se leva en grande hâte, s'habilla, ou, comme disent

---

1. Le 30 octobre*.

ces messieurs, se fit habiller, et fut choisi pour vous porter l'heureuse nouvelle de l'affaire où il s'est distingué. Nous verrons cela dans la gazette avec la croix et l'avancement. Voilà ce que c'est d'être frère du valet de chambre du fils d'un châtreur de cochons des environs de Tonneins. Rappelez-vous Sosie.

Je dois, etc[1].

Nous avons pris des *Quinze reliques*[2] une division tout entière, des chevaux bons à écorcher, et un prince émigré[3], qui, je crois, n'est bon à rien. Il a un coup de fusil dans le ventre ; on s'occupe très peu de lui ; on le laisse là, tout blessé qu'il est et Français. Nous n'aimons pas les émigrés ; à Paris on les honore fort. L'Empereur les chérit et révère ; c'est sans doute qu'il n'en peut faire, comme il fait des comtes, des princes.

Vous voyez bien, mes chers amis, qu'après vous on trouve à glaner, mais de la gloire seulement ; nous voudrions quelque autre chose plus substantielle, plus palpable. Cela ne se peut derrière vous ; vous faites partout place nette. Il faut se payer de lauriers qui heureusement coûtent peu. Pour moi, j'en quitte ma part, j'ai de la gloire *in culo*, comme disent les Italiens, ou plus poliment *in tasca*[4], depuis que j'entendis quelqu'un de notre connaissance dire : *je suis couvert de gloire*, et les courtisans répéter : *il est couvert de gloire*.

Adieu, nous ne voulons toujours point être sous vos ordres[5]. En attendant une décision, nous méditons sur la carte. Nous espérons qu'on pourra bien se casser le nez à Saint-Polten ou ailleurs, et, comme vous pouvez croire, alors nous prendrions un autre ton.

A M. ***

Padoue, le 13 décembre 1805.

Vous êtes de mauvais plaisants, et votre conte ne vaut rien ; voici, en toute vérité, comme la chose s'est passée :

Dès qu'il eut les talons tournés, je voulus dire un mot à

---

1. Molière, *Amphitryon*, I, 1 : Je dois aux yeux d'Alcmène un portrait militaire. — Du grand combat qui met nos ennemis à bas. — 2. Calembour sur les *Kaiserlicks*, les Impériaux. — 3. Charles-Alain-Gabriel de Rohan (1764-1835), prince de Guéméné, duc de Montbazon. — 4. Plein la poche, c'est-à-dire, j'en ai assez. — 5. Allusion au général Saint-Cyr, qui désirait que ses troupes continuassent à former un corps séparé*.

la belle[1]. Il l'enferme, comme tu sais ; mais elle a une double clef. Je fus me poster dans cette niche obscure sur l'escalier, comptant qu'on m'ouvrirait. Elle dit, elle jure ne m'avoir rien promis ; et peut-être en effet m'étais-je trompé sur un signe qu'elle me fit : je crus avoir un rendez-vous. Enfin j'attendais là depuis une heure ou plus le fortuné moment. Porte close, rien ne bougeait dedans ni dehors. Je commençais à perdre patience ; quelqu'un monte : c'était M. le secrétaire. Sans tousser ni frapper, sans faire aucun signal, il arrive, on lui ouvre, il entre en homme que l'on attendait.

> Je le vis de mes yeux et ne le pouvais croire.

(Prends ce vers, je te le donne, mets-le avec les tiens.)
Loin de m'en fâcher, j'en ai ri de bon cœur : ne voulant point du tout le troubler, je m'en allai rejoindre mon *animalaccio*[2] à la revue.

Voilà tout, et c'est bien assez pour vous divertir quelque temps, messieurs, à mes dépens.

Mais le lendemain j'eus ma revanche, et c'est ce qu'on ne vous a pas dit. Sous les arcades, le lendemain, je la vis *in bautta*[3], qui se dérobait dans l'ombre et courait. Je la suivis : elle entra où demeure le colonel Détrées, l'écuyer de madame mère[4], *Pommadeforte*, tu sais ou tu ne sais pas. Madame mère se plaignait à lui de quelques procédés de son fils : « Nom de Dieu, si j'étais de vous, madame, je lui relèverais le toupet avec de la pommade forte. » Le nom lui en est demeuré.

Elle entra donc chez Pommadeforte, et moi, aussitôt à mon embuscade, sûr de n'attendre pas inutilement cette fois. Au bout d'un quart d'heure je la vois, tout *affannata*[5], toute rouge, monter les degrés quatre à quatre. Sans m'apercevoir, elle ouvrit ; et moi, en deux pas et un saut, me voilà entré avec elle : grand débat, scène de théâtre ; elle veut me chasser ; je reste, elle se désolait, je riais :

> Pianse, pregó, ma in vano ogni parola sparse[6].

Salvat pouvait venir ; il venait même ; c'était l'heure, le danger augmentait pour elle à chaque instant. Je lui dis, sans finesse et sans fleur de langage, le prix que je mettais à ma re-

---
1. Il s'agit de la Vénitienne du général Salvat. — 2. Méchant grand animal. — 3. Mantelet vénitien en soie noire, couvrant la tête. — 4. Lætitia Ramolino, mère de l'empereur. — 5. Agitée. — 6. Elle pleura, pria, mais vainement se répandit en paroles.

traite. « *Dunque fa presto*[1], » dit-elle : je fis *presto* et je partis. J'en pourrais prendre désormais avec elle tant que j'en voudrais, car elle est à ma discrétion : ou bien lui faire quelque noirceur, et, vous autres, vauriens, vous n'y manqueriez pas : Demanelle, par exemple... Mais vous savez que je ne me pique pas de vous imiter : je la vois, je lui parle tout comme auparavant ; même ton, mêmes manières ; à table, pas un mot qui puisse l'embarrasser ; seule, pas la moindre liberté. Pour sa personne, j'en quitte ma part. Son secret, je le garde comme si elle me l'eût confié. Un pareil procédé la touche, lui semble rare et nouveau. Elle n'avait vu jusqu'ici que des gens de votre espèce, qui abusent insolemment de tous leurs avantages.

Que parlez-vous d'ennemis ? y a-t-il des ennemis ? nous n'en avons nulle nouvelle depuis la dernière affaire.

De nos chevaux de prise, le meilleur ne vaut guère ; je t'en enverrai dix si tu veux les nourrir. Michel[2] en chevauche un qu'il a choisi entre tous, mais long, d'une longueur dont on ne voit pas la fin. Son dos paraît fait pour une file, ou pour les quatre fils Aymon. Michel y est comme isolé : enfin c'est une bête à porter tout l'état-major du génie et le génie de l'état-major.

Quand nous verrons-nous ? je ne sais ; j'ai déjà cent choses à te dire, qu'assurément je n'écrirai point. C'est bien dommage, car bien des traits dont je suis témoin tous les jours en vaudraient la peine, et cela vous divertirait. Mais, pour moi, écrire c'est ma mort, et puis je ne finirais jamais.

Tanto vi ho da dire che incomminciar non oso[3].

C'est le secrétaire qui a fait faire pour cette belle une fausse clef de sa prison. C'est lui qui l'a mariée au général Salvat, c'est lui qu'elle aime d'amour ; bonne créature au fond, comme toutes les coquines. Adieu, je vous embrasse tous.

[Après la paix qui suivit la victoire d'Austerlitz, Napoléon chargea le maréchal Masséna de tirer vengeance du roi de Naples, qui avait violé la neutralité promise ; le général Saint-Cyr retourna en Pouille, mais Courier ne l'accompagna plus, et obtint d'être attaché au corps d'armée du général Reynier, qui marchait directement sur la capitale.
Il partit de Bologne le 1er janvier 1806, et joignit son général à Spoleto, le 15. On ne rencontra d'obstacle nulle part ; Capoue capitula le 12 février,

---

1. Fais donc vite. — 2. Michel, chef de bataillon du génie*. — 3. Vers de Pétrarque* : J'ai tant à vous dire que je n'ose commencer.

et le 14 les Français entrèrent à Naples ; après quelques jours de repos, le corps de Reynier fut envoyé en Calabre ; une petite affaire d'avant-garde eut lieu à Lago-Negro, le 6 mars, et le 9, l'armée napolitaine fut entièrement défaite à Campo-Tenese ; le même jour le général coucha à Morano.]

A M. ***

OFFICIER D'ARTILLERIE, A NAPLES.

Morano, le 9 mars 1806.

Bataille ! mes amis, bataille ! Je n'ai guère envie de vous la conter. J'aimerais mieux manger que t'écrire ; mais le général Reynier, en descendant de cheval, demande son écritoire. On oublie qu'on meurt de faim : les voilà tous à griffonner l'histoire d'aujourd'hui ; je fais comme eux en enrageant. Figurez-vous, mes chers amis, qui avez là-bas toutes vos aises, bonne chère, bon gîte et le reste ; figurez-vous un pauvre diable non pas mouillé, mais imbibé, pénétré, percé jusqu'aux os par douze heures de pluie continuelle, une éponge qui ne séchera de huit jours ; à cheval dès le grand matin, à jeun ou peu s'en faut au coucher du soleil : c'est le triste auteur de ces lignes qui vous toucheront si quelque pitié habite en vos cœurs. Buvez et faites *brindisi* à sa santé, mes bons amis, le ventre à table et le dos au feu. Voici en peu de mots nos nouvelles.

Les *Zapolitains* ont voulu comme se battre aujourd'hui, mais cette fantaisie leur a bientôt passé. Ils s'en vont et nous laissent ici leurs canons, qui ont tué quelques hommes du 1er d'infanterie légère par la faute d'un butor : tu devines qui c'est. Je t'en dirai des traits quand nous nous reverrons. — N'ayant point d'artillerie (car nos pièces de montagne, c'est une dérision), je fais l'aide de camp les jours comme aujourd'hui, afin de faire quelque chose ; rude métier avec de certaines gens. Quand, par exemple, on porte les ordres de Reynier au susdit, il faut d'abord entendre Reynier, puis se faire entendre à l'autre, être interprète entre deux hommes dont l'un s'explique peu, l'autre ne conçoit guère ; ce n'est pas trop, je t'assure, de toute ma capacité.

On doit avoir tué douze ou quinze cents Napolitains, les autres courent, et nous courrons demain après eux, bien malgré moi.

Remacle a une grosse mitraille au travers du corps. Il ne s'en moque pas autant qu'il le disait. A l'entendre, tu sais il se souciait de mourir comme de... mais point du tout, cela le fâche. Il nomme sa mère et son pays.

On pille fort dans la ville et l'on massacre un peu. Je pillerais aussi, parbleu, si je savais qu'il y eût quelque part à manger. J'en reviens toujours là, mais sans aucun espoir. L'écriture continue, ils n'en finiront point. Je ne vois que le major Stroltz, qui, au moins, pense encore à faire du feu ; s'il réussit, je te plante là.

Le mouchard s'est distingué comme à son ordinaire : fais-toi conter cela par L..., qui fut témoin. Il était en avant, lui mouchard, avec quelques compagnies de voltigeurs. Tout à coup le voilà qui accourt à Dufour : « Colonel ! je suis tourné, je suis coupé, j'ai là toute l'armée ennemie. » L'autre d'abord lui dit : « Quoi ! vous prenez ce moment pour quitter votre poste ? » On y va, il n'y avait rien.

Je me donne au diable si le général veut cesser d'écrire. Que te marquerai-je encore ? J'ai un cheval enragé que mes canonniers ont pris. Il mord et rue à tout venant : grand dommage car ce serait un joli poulain calabrais, s'il n'était pas si misanthrope, je veux dire sauvage, ennemi des hommes.

Nous sommes dans une maison pillée ; deux cadavres nus à la porte ; sur l'escalier, je ne sais quoi ressemblant assez à un mort. Dans la chambre même, avec nous, une femme violée, à ce qu'elle dit, qui crie, mais qui n'en mourra pas, voilà le cabinet du général Reynier ; le feu à la maison voisine, pas un meuble dans celle-ci, pas un morceau de pain. Que mangerons-nous ? Cette idée me trouble. Ma foi, écrive qui voudra : je vais aider à Stroltz. Adieu.

[Après le combat de Campo-Tenese, Reynier continua de poursuivre les Napolitains, qui se dispersèrent entièrement et n'opposèrent aucune résistance : de toute leur armée, deux mille hommes seulement parvinrent à passer en Sicile. Cosenza fut occupé le 13 mars ; le 29 du même mois, les Français entrèrent à Reggio et parurent en vue de Messine ; Courier accompagnait le général Reynier.

Joseph Bonaparte, qui avait le commandement supérieur de toutes les troupes envoyées contre Naples, quitta cette capitale le 3 avril, pour aller visiter les Calabres et la Pouille ; il arriva le 12 à Cosenza, et reçut le 13, à Bagnara, l'ordre de prendre le titre de roi des Deux-Siciles ; il fut reçu en cette qualité à Reggio, d'où il partit le 20, pour achever sa tournée en passant par Tarente.]

A MADAME ***

A Reggio, en Calabre, le 15 avril 1806.

Pour peu qu'il vous souvienne, madame, du moindre de vos serviteurs, vous ne serez pas fâchée, j'imagine, d'apprendre que je suis vivant à Reggio, en Calabre, au bout de l'Italie, plus loin que je ne fus jamais de Paris et de vous, madame. Pour vous écrire, depuis six mois que je roule ce projet dans ma tête, je n'ai pas faute de matière, mais de temps et de repos. Car nous triomphons en courant, et ne nous sommes encore arrêtés qu'ici, où terre nous a manqué[1]. Voilà, ce me semble, un royaume assez lestement conquis, et vous devez être contente de nous. Mais moi, je ne suis pas satisfait. Toute l'Italie n'est rien pour moi, si je n'y joins la Sicile. Ce que j'en dis, c'est pour soutenir mon caractère de conquérant; car, entre nous, je me soucie peu que la Sicile paye ses taxes à Joseph ou à Ferdinand. Là-dessus, j'entrerais facilement en composition, pourvu qu'il me fût permis de la parcourir à mon aise ; mais en être venu si près, et n'y pouvoir mettre le pied, n'est-ce pas pour enrager ? Nous la voyons en vérité, comme des Tuileries vous voyez le faubourg Saint-Germain ; le canal n'est, ma foi, guère plus large, et, pour le passer, cependant nous sommes en peine. Croiriez-vous ? s'il ne nous fallait que du vent, nous ferions comme Agamemnon : nous sacrifierions une fille. Dieu merci, nous en avons de reste. Mais pas une seule barque, et voilà l'embarras. Il nous en vient, dit-on ; tant que j'aurai cet espoir, ne croyez pas, madame, que je tourne jamais un regard en arrière, vers les lieux où vous habitez, quoiqu'ils me plaisent fort. Je veux voir la patrie de Proserpine, et savoir un peu pourquoi le diable a pris femme en ce pays-là. Je ne balance point, madame, entre Syracuse et Paris ; tout badaud que je suis, je préfère Aréthuse à la fontaine des Innocents.

Ce royaume que nous avons pris n'est pourtant pas à dédaigner : c'est bien, je vous assure, la plus jolie conquête qu'on puisse jamais faire en se promenant. J'admire surtout la complaisance de ceux qui nous le cèdent. S'ils se fussent avisés de le vouloir défendre, nous l'eussions bonnement laissé là ;

---

1. *Hic tandem stetimus nobis ubi defuit orbis.* C'est le vers latin qu'avaient écrit Regnard et ses compagnons, durant leur voyage en Laponie, sur le rocher qui marquait le terme de leur voyage.

nous n'étions pas venus pour faire violence à personne. Voilà un commandant de Gaëte qui ne veut pas rendre sa place ; eh bien ! qu'il la garde ! Si Capoue en eût fait de même, nous serions encore à la porte, sans pain ni canons. Il faut convenir que l'Europe en use maintenant avec nous fort civilement. Les troupes en Allemagne nous apportaient leurs armes, et les gouverneurs leurs clefs, avec une bonté adorable. Voilà ce qui encourage dans le métier de conquérant ; sans cela on y renoncerait.

Tant y a que nous sommes au fin fond de la botte, dans le plus beau pays du monde, et assez tranquilles, n'était la fièvre et les insurrections. Car le peuple est impertinent ; des coquins de paysans s'attaquent aux vainqueurs de l'Europe. Quand ils nous prennent, ils nous brûlent le plus doucement qu'ils peuvent. On fait peu d'attention à cela : tant pis pour qui se laisse prendre. Chacun espère s'en tirer avec son fourgon plein, ou ses mulets chargés, et se moque de tout le reste.

Quant à la beauté du pays, les villes n'ont rien de remarquable, pour moi du moins ; mais la campagne, je ne sais comment vous en donner une idée. Cela ne ressemble à rien de ce que vous avez pu voir. Ne parlons pas des bois d'orangers ni des haies de citronniers ; mais tant d'autres arbres et de plantes étrangères que la vigueur du sol y fait naître en foule, ou bien les mêmes que chez nous, plus grandes, plus développées, donnent au paysage un tout autre aspect. En voyant ces rochers, partout couronnés de myrte et d'aloès, et ces palmiers dans les vallées, vous vous croyez au bord du Gange ou sur le Nil, hors qu'il n'y a ni pyramides ni éléphants ; mais les buffles en tiennent lieu, et figurent fort bien parmi les végétaux africains, avec le teint des habitants, qui n'est pas non plus de notre monde. A dire vrai, les habitants ne se voient plus guère hors des villes ; par là ces beaux sites sont déserts, et l'on est réduit à imaginer ce que ce pouvait être, alors que les travaux et la gaieté des cultivateurs animaient tous ces tableaux.

Voulez-vous, madame, une esquisse des scènes qui s'y passent à présent ? Figurez-vous sur le penchant de quelque colline, le long de ces roches décorées comme je viens de vous le dire, un détachement d'une centaine de nos gens, en désordre On marche à l'aventure, on n'a souci de rien. Prendre des précautions, se garder, à quoi bon ? Depuis plus de huit jours il n'y a point eu de troupes massacrées dans ce canton. Au pied de la hauteur coule un torrent rapide qu'il faut passer pour arriver sur l'autre montée : partie de la file est déjà dans l'eau, partie en deçà, au delà. Tout à coup se lèvent de différents côtés mille tant paysans que bandits, forçats déchaînés, déserteurs, commandés par un sous-diacre, bien armés, bon tireurs ; ils font feu sur les nôtres avant d'être vus ; les officiers tombent les premiers ; les plus heureux meurent sur la place ; les autres, durant quelques jours, servent de jouet à leurs bourreaux.

Cependant le général, colonel ou chef, n'importe de quel grade, qui a fait partir ce détachement sans songer à rien, sans savoir, la plupart du temps, si les passages étaient libres, informé de la déconfiture, s'en prend aux villages voisins ; il y envoie un aide de camp avec cinq cents hommes. On pille, on viole, on égorge, et ce qui échappe va grossir la bande du sous-diacre.

Me demandez-vous encore, madame, à quoi s'occupe le commandant dans son cantonnement ? S'il est jeune, il cherche des filles ; s'il est vieux, il amasse de l'argent. Souvent il prend de l'un et de l'autre : la guerre ne se fait que pour cela. Mais, jeune ou vieux, bientôt la fièvre le saisit. Le voilà qui crève en trois jours entre ses filles et son argent. Quelques-uns s'en réjouissent ; personne n'en est fâché ; tout le monde en peu de temps l'oublie, et son successeur fait comme lui.

On ne songe guère où vous êtes si nous nous massacrons ici. Vous avez bien d'autres affaires : le cours de l'argent, la hausse et la baisse, les faillites, la bouillotte ; ma foi, votre Paris est un autre coupe-gorge, et vous ne valez guère mieux que nous. Il ne faut point trop détester le genre humain, quoique détestable ; mais si l'on pouvait faire une arche pour quelques personnes comme vous, madame, et noyer encore une fois tout le reste, ce serait une bonne opération. Je resterais sûrement dehors, mais vous me tendriez la main ou bien un bout de votre châle (est-ce le mot ?), sachant que je suis et serai toute ma vie, madame...

[Le général Reynier, voulant armer les côtes qui font face à la Sicile et les châteaux de Crotone et de Sylla, avait obtenu du roi la permission de faire prendre à Tarente l'artillerie nécessaire. Courier, qui connaissait cette ville, reçut en conséquence l'ordre de s'y rendre : il se mit en route le 21 avril, et vint à Crotone, où il monta, avec le capitaine d'artillerie Monval et quatre canonniers, sur une barque chargée d'oranges qu'il trouva prête à mettre à la voile pour Tarente ; le temps était beau, et la traversée semblait devoir être heureuse ; mais, à l'entrée de la nuit, le vent du nord-ouest s'élevant, excita une furieuse tempête ; les oranges furent jetées à la mer ; le patron, qui avec un seul matelot formait tout l'équipage, pleurait et se recommandait à la madone, tandis que les Français, tourmentés par le mal de mer, étaient comme indifférents au péril qui les menaçait. Enfin, vers la pointe du jour, le vent les jeta sur la côte, près de Gallipoli, à vingt lieues à l'est de Tarente, où ils se rendirent par terre.

Courier s'occupa aussitôt de remplir sa commission ; mais il éprouva beaucoup de retards et d'embarras, causés par la présence du nouveau roi qu'il n'avait devancé que de quelques jours.]

A M. LE GÉNÉRAL DULAULO [1]

A Naples.

Tarente, le 28 mai 1806.

Il y a trois semaines, mon général, que les ordres du roi seraient exécutés, s'il ne s'en fût mêlé. Le passage de Sa Majesté est tombé au milieu de mon opération, et a mis de telles barres dans mes roues que rien ne marche à présent. Je faisais quelque chose des Tarentins, et pendant huit jours j'en obtins tout ce que j'en voulus : on allait au-devant de mes demandes. On travaillait comme des forçats, sur le port et à l'arsenal. Mais sitôt que le roi parut, il ne fut plus question que de lui baiser la main ; et ceux qui l'avaient baisée la voulant baiser encore, il n'y eut ni maire ni adjoint, pas un ouvrier de la ville, du port, de l'arsenal, que je pusse faire démarrer de l'antichambre ou de l'escalier tant qu'a duré ici le séjour de Sa Majesté. Un bon usage à faire du sceptre dans cette occasion, c'eût été d'en casser le nez à tous ces friands du *leccazampa* [2]. Mais point ; tout le monde, hors moi, prenait plaisir à cette sottise. J'eus beau crier, jurer, me plaindre, le baise-main l'emporta toujours sur une misère comme était celle d'armer toutes les places et les côtes de la Calabre. Le roi s'en allant à la fin, je me croyais quitte des niaiseries et des tracasseries de cour. Mais c'eût été trop bon marché ; en partant on acheva de me rompre bras et jambes. Vous savez que je n'ai pas un sou, et qu'il me faut tout arracher par réquisition. Eh bien ! on me défend toute réquisition. Je ne m'en suis pas moins emparé, aujourd'hui encore, de vingt paires de mulets, bœufs ou buffles, et que je ne rendrai qu'à bonnes enseignes, et qui enfin feront mes transports. On me dénoncera,

---

1. Commandant de l'artillerie de l'armée*. — 2. Lèche-patte.

mais vous êtes là, et vous empêcherez que je ne sois livré aux bêtes pour avoir fait, malgré le roi, ce que le roi veut, et qui importe au salut de l'armée.

Voici bien autre chose vraiment : lisez, lisez, mon général, une lettre de M. Jamin, aide de camp du roi, ci-jointe : lisez-la, quelque affaire que vous ayez.

Je ne vous ferai, mon général, sur cela aucun commentaire, la chose crie ; vous en serez révolté comme moi, et vous approuverez le parti que j'ai pris, d'envoyer promener ce monsieur l'aide de camp (qui n'est pas, me dit-il, aide de camp d'un général de brigade) et d'aller mon droit chemin. Lisez s'il vous plaît ma réponse ; il parle fort de sa *mission* : de tels missionnaires ne sont bons qu'à me faire donner au diable. Pour *accélérer* cette besogne, depuis un mois tant de soins n'étaient pas nécessaires : le roi n'avait seulement qu'à tenir sa main dans sa poche, la cour s'allait faire f... et me laissait agir. Je compte sur vous, mon général, pour empêcher que tout ceci ne tourne contre moi. Vous savez si j'ai d'autres vues que le bien du service, et on met ma patience à de cruelles épreuves.

Entre nous, tout dans l'armée est conduit de cette manière : projets dont aucun ne s'exécute, secrets que tout le monde sait, ordres que personne n'écoute.

Je suis convaincu, je jurerais qu'à Messine on a su mon départ de Reggio et le pourquoi avant que je fusse en chemin ; je vis le roi à minuit, et partis le matin. Grand mystère ! âme ne devait savoir... Comme je montais à cheval, prenant congé de mon hôte, il me dit : « Vous allez chercher de l'artillerie à Tarente ? » Je pensai tomber de mon cheval et rester, c'était le mieux. Car il fallait deux choses pour ce que j'allais faire, secret et promptitude ; le premier manquant d'abord, il était clair que l'autre... Non, je ne pouvais pas deviner le baise-main.

Je sais bien que Dieu est pour nous, qu'avec le génie de l'empereur nous vaincrons toujours partout, quelques fautes que nous puissions faire : mais un peu de bon sens, d'ordre, de prévoyance, ne nuirait à rien, ce me semble.

J'ai reçu votre billet joli et trop aimable, auquel je ne réponds pas maintenant, parce que, en vérité, je suis d'une humeur de dogue : ce sera pour demain, si vous le trouvez bon. Cependant, croyez-moi, vos affaires ne vont point si mal. On vous écoute ; c'est beaucoup : femme qui prête l'oreille prêtera bientôt autre chose.

COPIE DE LA RÉPONSE FAITE A M. JAMIN
AIDE DE CAMP DU ROI.

Tarente, le 28 mai 1806.

Monsieur,

Il n'y a point eu, que je sache, de *discussion* entre moi et le directeur de l'artillerie ; mais s'il s'en élevait une, vous n'en seriez pas le juge. J'ignore quelle est votre *mission*, et ce qu'elle peut avoir de commun avec la mienne, dont je ne dois de compte qu'au général commandant en chef l'artillerie. Si le colonel Torre-Bruna veut bien dépendre de vous, il a sans doute des motifs que je ne partage point. Comme aide de camp du roi, vous pourriez m'apporter les ordres de Sa Majesté, si j'étais d'un grade à recevoir cet honneur. Mais en votre propre nom, je ne vois pas ce que vous pouvez commander ici, et l'espèce de menace que contient votre lettre n'a rien pour moi de fort alarmant.

J'espère, monsieur, que ce langage ne vous offensera point de la part d'un homme qui ne songera jamais qu'à mériter votre estime.

(Voir ci-après la lettre de Cassano, du 12 août *.)

A M. CHLEWASKI
A Toulouse.

Tarente, le 8 juin 1806.

Monsieur, j'apprends que vous êtes encore à Toulouse, et je m'en félicite, dans l'espoir de vous y revoir quelque jour ; car j'irai à Toulouse, si je retourne en France. Deux amis, dans le même pays, m'attireront par une force que rien ne pourra balancer. Mais en attendant, j'espère que vous voudrez bien m'écrire, et renouveler un commerce trop longtemps interrompu ; commerce dont tout le profit, à vous dire vrai, sera pour moi ; car vous vivez en sage, et cultivez les arts ; sachant unir, selon le précepte, l'utile avec l'agréable, toutes vos pensées sont comme infuses de l'un et de l'autre. Mais moi, qui mène depuis longtemps la vie de Don Quichotte, je n'ai pas même comme lui des intervalles lucides ;

mes idées sont toujours plus ou moins obscurcies par la fumée de mes canons ; vous, observateur tranquille, vous saisissez et notez tout ; tandis que je suis emporté dans un tourbillon qui me laisse à peine discerner les objets. Vous me parlerez de vos travaux, de vos amusements littéraires, de vos efforts unis à ceux d'une société savante pour hâter les progrès des lumières, et ralentir la chûte du goût. Moi, de quoi pourrai-je vous entretenir ? de folies, tantôt barbares, tantôt ridicules, auxquelles je prends part sans savoir pourquoi ; tristes farces, qui ne sauraient vous faire qu'horreur et pitié, et dans lesquelles je figure comme acteur du dernier ordre.

Toutefois, il n'est rien dont on ne puisse faire un bon usage ; ainsi, professant l'art de massacrer, comme l'appelle La Fontaine, j'en tire parti pour une meilleure fin, et d'un état en apparence ennemi de toute étude, je fais la source principale de mon instruction en plus d'un genre. C'est à la faveur de mon harnais que j'ai parcouru l'Italie, et notamment ces provinces-ci, où l'on ne pouvait voyager qu'avec une armée. Je dois à ces courses des observations, des connaissances, des idées que je n'eusse jamais acquises autrement ; et, ne fût-ce que pour la langue, aurais-je perdu mon temps, en apprenant un idiome composé des plus beaux sons que j'aie jamais entendu articuler ! Il me manque à présent d'avoir vu la Sicile ; mais j'espère y passer bientôt, et aller même au delà, car ma curiosité, entée sur l'ambition des conquérants, devient insatiable comme elle. Ou plutôt c'est une sorte de libertinage qui, satisfait sur un objet, vole aussitôt vers un autre. J'étais épris de la Calabre ; et, quand tout le monde fuyait cette expédition, moi seul, j'ai demandé à en être. Maintenant je lorgne la Sicile, je ne rêve que les prairies d'Enna et les marbres d'Agrigente ; car il faut vous dire que je suis antiquaire, non des plus habiles, mais pourtant de ceux qu'on attrape le moins. Je n'achète rien, j'imite le comte de Haga, *che tutto vede, poco compra e meno paga* [1]. Cette épigramme ou cette rime fut faite par les Romains, le plus malin peuple du monde, contre le roi de Suède [2], qui passait chez eux sous le nom de comte de Haga. Je n'emporterai de l'Italie que des souvenirs et quelques inscriptions.

C'est tout ce que l'on trouve ici. Tarente a disparu, il n'en reste que le nom, et l'on ne saurait même où elle fut, sans les

---

[1]. Qui voit tout, achète peu et paye moins encore. — [2]. Gustave III.

marmites dont les débris, à quelque distance de la ville actuelle, indiquent la place de l'ancienne. Vous rappelez-vous à Rome *Monte Testaccio* (qui vaut bien Montmartre), formé en entier de ces morceaux de vases de terre, qu'on appelait en latin *testa*, ce que je puis vous certifier, ayant été dessus et dessous. Eh bien ! monsieur, on voit ici, non pas un *Monte Testaccio*, mais un rivage composé des mêmes éléments, un terrain fort étendu, sous lequel en fouillant on rencontre, au lieu de tuf, des fragments de poteries, dont la plage est toute rouge. La côte qui s'éboule en découvre des lits immenses ; j'y ai trouvé une jolie lampe ; rien n'empêche que ce ne soit celle de Pythagore. Mais dites-moi, de grâce, qu'était-ce donc que ces villes dont les pots cassés formaient des montagnes ? *Ex ungue leonem*. Je juge des anciens par leurs cruches, et ne vois chez nous rien d'approchant.

Prenez garde cependant qu'on ne connaissait point alors nos tonneaux. Les cruches en tenaient lieu ; partout où vos traducteurs disent un tonneau, entendez une cruche. C'était une cruche qu'habitait Diogène, et le cuvier de La Fontaine est une cruche dans Apulée. Dans les villes comme Rome et Tarente, il s'en faisait chaque jour un dégât prodigieux ; et leurs débris, entassés avec les autres immondices, ont sans doute produit ces amas que nous voyons. Que vous semble, monsieur, de mon érudition ? Vous seriez-vous imaginé qu'il y eût tant de cruches autrefois, et que le nombre en fût diminué ?

Je vois tous les jours le Galèse, qui n'a rien de plus merveilleux que notre rivière des Gobelins, et mérite bien moins l'épithète de noir, que lui donne Virgile.

Qua niger humectat flaventia culta Galesus [1]

Il fallait dire plutôt :

Qua piger humectans arentia culta Galesus.

Au reste, les moissons sur ses bords ne sont plus blondes, mais blanches ; car c'est du coton qu'on y recueille. Le *dulce pellitis ovibus Galesi* [2] est devenu tout aussi faux ; car on n'y voit pas un mouton. Je crois que le nom de ce fleuve a fait

---

1. *Géorg.*, IV, 126 : Où le noir Galèse arrose les campagnes jaunissantes. Courier propose : Où le Galèse paresseux, arrosant les campagnes desséchées. — 2. Horace, *Od.*, II, vi, 10-11 : Le Galèse, doux à ces brebis dont une peau protège la toison.

sa fortune chez les poètes, qui ne se piquent pas d'exactitude, et pour un nom harmonieux donneraient bien d'autres soufflets à la vérité. Il est probable que Blanduse [1], à quelques milles d'ici, doit aux mêmes titres sa célébrité, et, sans le témoignage de Tite-Live [2], je serais tenté de croire que le grand mérite de Tempé fut d'enrichir les vers de syllabes sonores. On a remarqué, il y a longtemps, que les poètes vantent partout Sophocle, rarement Euripide, dont le nom n'entrait guère dans les vers sans rompre la mesure. Telle est leur bonne foi entre eux ; pour flatter l'oreille et gagner ce juge superbe, comme ils l'appellent, rien ne leur coûte ; ainsi, quand Horace [3] nous dit qu'il faut à tout héros, pour devenir immortel, un poète, il devrait ajouter : et un nom poétique ; car, à moins de cela, on n'est inscrit qu'en prose au temple de Mémoire. Et c'est le seul tort qu'ait eu Childebrand [4].

Lorsque vous m'écrirez, monsieur, dites-moi, s'il vous plaît, une chose : allez-vous toujours prendre l'air, le soir, dans cette saison-ci, par exemple, sous ces peupliers au bord du canal ? Ah ! quelles promenades j'ai faites en cet endroit-là ! quelles rêveries quand j'y étais seul ! et avec vous quels entretiens ! d'autant plus heureux alors que je sentais mon bonheur. Les temps sont bien changés, pour moi du moins. Mais quoi ! nul bien ne peut durer toujours ; c'est beaucoup d'avoir le souvenir de pareils instants, et l'espoir de les voir renaître. Un jour, et peut-être plus tôt que nous le croyons, vous et moi, nous nous retrouverons ensemble au pied de ces pauvres Phaétuses [5]. Saluez-les un peu de ma part, et donnez-moi bientôt, je vous en prie, de leurs nouvelles et des vôtres.

[Cependant Courier avait expédié de Tarente plusieurs bâtiments chargés d'artillerie, qui étaient arrivés à Crotone, et, jugeant sa mission finie, il se décida à revenir lui-même. Il s'embarqua donc dans la nuit du 10 au 11 juin avec le capitaine Monval et deux canonniers sur une polaque qui portait un dernier chargement de douze pièces de gros canons et d'autant d'affûts. Au jour, il reçut la chasse d'un brick anglais qui le gagnait de vitesse. Se voyant alors dans l'impossibilité de sauver le bâtiment, il ordonna au capitaine de faire ses dispositions pour le couler, et se jeta dans la chaloupe avec l'équipage. Mais l'effet ne répondit pas à son attente ; et, avant de gagner la terre, il eut le déplaisir de voir les Anglais s'emparer du navire abandonné. La chaloupe aborda à l'embouchure du Crati, près de l'ancienne Sybaris ; les quatre Français se dirigèrent vers la petite ville de Corigliano,

---

1. Ou Bandusie, la fontaine célébrée par Horace : *Od.* III, XIII, 1. — 2. XXXII, 15 et XXXIII, 10. — 3. Horace, *Od.*, IV, IX, 28. — 4. Héros du poète Carel de Sainte-Garde dont Boileau s'est moqué (*Art poét.*, III, 242). — 5. Les sœurs de Phaéton, changées en peupliers.

qu'on voyait deux lieues au delà sur une hauteur. Mais avant d'y arriver, ils tombèrent entre les mains d'une bande de ces Calabrais qu'à juste titre alors on appelait des brigands. Ceux-ci, après leur avoir enlevé les armes, l'argent et même les vêtements, se disposaient à les fusiller. Un des canonniers pleurait et montrait une frayeur qui augmentait encore le danger. Courier, élevant alors la voix, lui dit : « Quoi ! tu es soldat français, et tu crains de mourir ? » Dans ce moment arriva le syndic de Corigliano avec quelques hommes. Ne se trouvant pas assez fort pour imposer aux brigands, il feignit de partager leur rage ; et, paraissant plus acharné qu'eux-mêmes : « Camarades, dit-il, point de grâce à ces coquins de Français, mais conduisons-les en ville, afin que le peuple ait le plaisir d'assouvir lui-même sa vengeance. » Il obtint ainsi qu'on lui remît les prisonniers, et les fit jeter dans un cachot ; mais, dès la nuit suivante, il les fit sortir et leur donna un guide qui, par des chemins de traverse, les conduisit à Cosenza, où il y avait garnison française.

Courier séjourna quelques jours dans cette ville, et un de ses camarades qui s'y trouvait le pourvut de vêtements ; il en partit le 19 pour rejoindre le quartier général, et coucha le même jour à Scigliano. Le lendemain, sur les hauteurs de Nicastro, il fit encore rencontre de brigands : trois hommes de son escorte furent tués, et il perdit une partie des nippes qui lui avaient été données.

Enfin, le 21 juin, il arriva à Monte-Leone, où se trouvait le général Reynier, qui avait déjà connaissance de la perte du dernier convoi d'artillerie ; la lettre suivante rend compte de son entrevue avec le général.]

A M*** [1]

OFFICIER D'ARTILLERIE, A COSENZA.

Monte-Leone, le 21 juin 1806.

J'arrive. Sais-tu ce qu'il me dit en me voyant : « Ah, ah ! c'est donc vous qui faites prendre nos canons ? » Je fus si étourdi de l'apostrophe que je ne pus d'abord répondre ; mais enfin la parole me vint avec la rage, et *je lui dis bien son fait* [2]. « Non, ce n'est pas moi qui les ai fait prendre ; mais c'est moi qui vous fais avoir ceux que vous avez. Ce n'est pas moi qui ai publié un ordre dont le succès dépendait surtout du secret ; mais je l'ai exécuté malgré cette indiscrétion, malgré les fausses mesures et les sottes précautions, malgré les lenteurs et la perfidie de ceux qui devaient me seconder, malgré les Anglais avertis, les insurgés sur ma route, les brigands de toute espèce, les montagnes, les tempêtes, et par-dessus tout sans argent. Ce n'est pas moi qui ai trouvé le secret de faire traîner deux mois cette opération, presque terminée au bout de huit jours, quand le roi et l'état-major me vinrent casser les bras. Encore, si j'en eusse

---

1. Son ami le chef d'escadron Saint-Vincent, celui-là même qui l'avait habillé à Cosenza. — 2. Molière, *Monsieur de Pourceaugnac*, I, IV

été quitte à leur départ ! mais on me laisse un aide de camp pour me surveiller et me hâter, moi qu'on empêchait d'agir depuis deux mois, et qui ne travaillais qu'à lever les obstacles qu'on me suscitait de tous côtés ; moi qui, après avoir donné de ma poche mon dernier sou, ne pus obtenir même la paie des hommes que j'employais. Et où en serais-je à présent, si je n'eusse d'abord envoyé promener mon surveillant, trompé le ministre pour avoir la moitié de ce qu'il me fallait, et méprisé tous les ordres contraires à celui dont j'étais chargé ? Ce ne fut pas moi qui dispensai la ville de Tarente de faire mes transports ; mais ce fut moi qui l'y forçai, malgré les défenses du roi. En un mot, je n'ai pu empêcher qu'on ne livrât, par mille sottises, douze pièces de canon aux ennemis ; mais ils les auraient eu toutes, si je n'eusse fait que mon devoir.

Voilà, en substance, quelle fut mon apologie, on ne peut pas moins méditée ; car j'étais loin de prévoir que j'en aurais besoin. Soit crainte de m'en faire trop dire, soit qu'on me ménage pour quelque sot projet dont j'ai ouï parler, il se radoucit. La conclusion fut que je retournerais pour en ramener encore autant, et je pars tout à l'heure. Cela n'est-il pas joli ? Par terre tout est insurgé ; par mer les Anglais me guettent ; si je réussis, qui m'en saura gré ? si j'échoue, *haro sur le baudet*[1]. Ne me viens pas dire : « Tu l'as voulu. » J'ai cru suivre un ami, et non un protecteur ; un homme, non une excellence. J'ai cru, ne voulant rien, pouvoir me dispenser d'une cour assidue, et, dans le repos dont on jouissait, goûter à Reggio quelques jours de solitude, sans mériter pour cela d'être livré aux bêtes. Mais enfin m'y voilà. Il faut faire bonne contenance et louer Dieu de toutes choses, comme dit ton *zoccolante*[2].

Toi, cependant, tu fais l'amour à ton aise : j'en ferai autant quand j'y serai, en bon lieu, comme toi, s'entend ; maintenant je suis démonté de toute manière. Adieu, Guérin te remettra ceci ; fais pour lui ce que tu pourras.

[Courier partit donc de Monte-Leone, le 24 juin, et alla coucher à Catanzaro ; le lendemain à Crotone, où il resta quelques jours, attendant une occasion pour passer par mer à Tarente. Il remarqua à Crotone que le commandant se nommait Milon.]

---

1. La Fontaine, *Fables*, VII, 1, *les Animaux malades de la peste*. — 2. Porte-sandale, capucin.

AU MÊME

Crotone, le 25 juin 1806.

J'arrive de Tarente, et j'y retourne ; bonheur ou malheur, je ne sais lequel. Je t'ai marqué dans une lettre que Guérin te remettra, s'il ne la perd, comme on m'a reçu. Il m'a fallu livrer bataille, sans quoi on me campait sur le dos la perte des douze canons. Cela arrangeait tout le monde, si j'eusse été aussi benêt qu'à mon ordinaire ; mais j'ai refusé la charge et regimbé, au grand scandale de toute la cour. *L'animal à longue échine en a fait, je m'imagine* [1], de belles exclamations avec ses fidèles. Je sais bien la règle : sans humeur, sans honneur. Mais enfin il faut faire le moins de bassesses possible. Celle-là n'eût servi à rien, car ma disgrâce est sans retour ; et après tout, je ne suis pas venu sur ce pied-là. Pouvant rester à Naples et me donner du bon temps, je suis venu ici comme ami ; j'en ai eu le titre et les honneurs ; je ne veux pas déroger.

C'est vraiment une plaisante chose à voir que cette cour, et comme tout cela se guinde peu à peu. Les importants sont D***, plus chéri que jamais, Milet, et à présent Grabenski, qui commence à piaffer.

Mais, d'où vient donc, dis-moi ? Quelque part qu'on s'arrête, en Calabre ou ailleurs, tout le monde se met à faire la révérence, et voilà une cour. C'est instinct de nature. Nous naissons valetaille. Les hommes sont vils et lâches, insolents, quelques-uns par la bassesse de tous, abhorrant la justice, le droit, l'égalité ; chacun veut être, non pas maître, mais esclave favorisé. S'il n'y avait que trois hommes au monde, ils s'organiseraient. L'un ferait la cour à l'autre, l'appellerait monseigneur, et ces deux unis forceraient le troisième à travailler pour eux. Car c'est là le point.

Au reste on ne lui [2] parle plus. Il y a des heures, des rendez-vous, des antichambres, des audiences. Il interroge et n'écoute pas, se promène, rêve, puis tout à coup il se rappelle que vous êtes là. Il cherche les grands airs et n'en trouve que de sots. Ce n'est pas un sot cependant, mais un petit zéphyr de fortune lui tourne la tête comme aux autres.

[Pendant que Courier retournait à Tarente, six mille Anglais débarquaient près de Maida, dans le golfe de Sainte-Euphémie : le général Reynier ras-

---

1. La Fontaine, *Fables*, IV, vi, *le Combat des Rats et des Belettes*. — 2. Le général Reynier.

sembla aussitôt les troupes les plus voisines, au nombre de quatre mille hommes, et vint les attaquer le 4 juillet. Il fut battu, et se retira le soir même à Marcollinara ; il campa le lendemain à Catanzaro, sur les bords de la mer Ionienne. Le général Verdier occupait alors Cosenza, avec une petite brigade : après s'y être défendu quelque temps contre les insurgés, que le débarquement des Anglais avait fait lever de toutes parts, il fit sa retraite vers le nord, et ne s'arrêta qu'à Matera, à quarante lieues de distance. Courier vint l'y joindre, sa mission à Tarente n'ayant plus d'objet depuis ces événements.

La nouvelle du combat de Sainte-Euphémie étant parvenue à Naples, le général Reynier reçut du roi l'ordre de marcher à Cassano, au-devant d'un corps de six mille hommes que le maréchal Masséna conduisait lui-même à son secours. Il quitta donc Catanzaro le 26 juillet, saccagea les villes qui s'opposèrent à son passage : Strongoli le 30 juillet, Corigliano le 2 août, et arriva le 4 à Cassano, où il fut joint le 7 par le général Verdier, que Courier accompagnait. Le 10 août, toutes les troupes, au nombre de treize mille hommes, se trouvèrent réunies sous les ordres du maréchal Masséna, entre Cassano et Castrovillari.]

A M. ***

OFFICIER D'ARTILLERIE, A NAPLES.

Cassano, le 12 août 1806.

Si Maisonneuve[1] t'a remis ma lettre de Matera, tu sais comment je suis venu ici.

J'ai rejoint Reynier. Enfin nous l'avons retrouvé avec les débris de sa grandeur, les Milet[2], les D..., les Sénécal (Clavel[3] est tué, je te l'ai marqué), tous en piteux équipages et de fort mauvaise humeur, eux du moins, car, pour lui, le voilà raisonnable, abordable. On lui parle ; il écoute à présent, et de tous c'est lui qui fait meilleure contenance. Il renonce de bonne grâce à la vice-royauté, mais eux, après le rêve, ils ne sauraient souffrir d'être Gros-Jean comme devant, et ils s'en prennent à lui du bien qu'il n'a pu leur faire. Ceux qu'il produisait, qu'il poussait, lui jettent la première pierre. C'est un homme faible, irrésolu, tête étroite, courte vue ; il devait faire ceci, et ne pas faire cela. Chacun après vous le démontre. S'il n'eût pas attaqué, il n'y aurait qu'un cri, et les grands brailleurs seraient ceux qui ont fui les premiers. Lebrun dirait : « Quoi ! voir des Anglais, et ne pas tomber sur eux ! » Maintenant, ce n'était pas son avis.

---

1. Aide de camp du général Verdier*. — 2. Aide de camp du général Reynier*. — 3. Commandant d'un bataillon suisse, blessé soulement*.

Sotte chose en vérité, pour un homme qui commande, d'avoir sur les épaules un aide de camp de l'empereur, un monsieur de la cour, qui vous arrive en poste, habillé par Walter, et portant dans sa poche le génie de l'empereur. Reynier s'est trouvé là comme moi à Tarente, avec un surveillant chargé de rendre compte. La bataille gagnée, c'eût été l'empereur le génie, la pensée, les ordres de là-haut. Mais la voilà perdue, c'est notre faute à nous. La troupe dorée dit : « L'empereur n'était pas là, » et comment se fait-il que l'empereur ne puisse former un général ?

L'aventure est fâcheuse pour le pauvre Reynier. Nulle part on ne se bat ; les regards sont sur nous. Avec nos bonnes troupes et à forces égales, être défaits, détruits en si peu de minutes ; cela ne s'est point vu depuis la Révolution.

Reynier a tâché de se faire tuer, et il court encore comme un fou partout où il y a des coups à attraper. Je l'approuverais s'il ne m'emmenait ; moi, je n'ai pas perdu de bataille, je ne voulais point être vice-roi, et tout nu que me voilà je me trouve bien au monde. Les fidèles nous laissent aller, et survivent très volontiers à leurs espérances. Que les temps sont changés depuis Monte-Leone, en quinze jours ! Au lieu de cette foule, de ce cortège, c'est à qui se dispensera de l'accompagner ; il n'y va plus que ceux qui ne peuvent l'éviter. Je les trouve de bon sens, et je ferais comme eux. Je le pourrais, je le devrais, et je le veux même quelquefois, quand je me rappelle sa cour et ses airs ; mais dans le malheur il est bon homme, nos humeurs se conviennent au fond ; l'ancienne belle passion se rallume et *joint le malheureux Sosie au malheureux Amphitryon*[1]. Bien entendu qu'au moindre vent qui le gonflerait encore nous ferions bande à part, comme la première fois. Ne me trouves-tu pas habile ? Si je m'attache aux gens, c'est seulement tant qu'ils sont brouillés avec la fortune. Le résultat de tout ceci, c'est qu'il perd et son ancienne réputation qu'on n'avait pu lui ôter, et un crédit naissant dans ce nouveau tripot ; il revenait sur l'eau, et le voilà noyé.

Morel a une blessure de plus, qu'il ne donnerait pas pour beaucoup : c'est une balle au-dessus du genou ; il admire son bonheur. En effet, la croix, s'il l'obtient, aurait pu lui coûter plus cher, et c'est bon marché, certes, quand on n'a pas d'aïeux.

Masséna, et les nobles, et tous les gens bien nés sont à six

---

1. Molière, *Amphitryon*, III, vi.

milles d'ici, à Castrovillari ; sa troupe dorée à Morano, M. de Colbert aussi est là, qui trouve dur de suivre le quartier général sans sa voiture bombée. Il a bien fallu la laisser à Lago-Negro et faire trois journées à cheval. Il prétend, pour tant de fatigues et de périls, qu'on le fasse officier de la légion, et je trouve sa prétention bien modérée pour un homme qui s'appelle M. de Colbert.

Le trait de ton Dedon[1] est bon : je le savais déjà. Tu crois que le scandale de l'affaire lui pourra nuire ? Ah ! s'il a soin des fusils de chasse, et qu'il conte toujours de petites histoires, c'est bien cela qui l'empêchera de devenir un gros seigneur par un *voulons et nous plaît*. Il y a ici un colonel Grabinski qui a fait pis, s'il est possible, et qui n'en sera pas moins général avant peu, car c'est *un bon serviteur*, un homme qui sait ce qu'on doit à ses chefs, un homme... un homme enfin[2] qui ira loin, je t'en réponds, sans risquer sa peau. Au fait, ces choses-là ne font nul tort, pourvu qu'on serve bien, d'ailleurs, dans l'antichambre, surtout quand on a l'avantage d'être connu pour un sot. C'est bien là le cas de ton Dedon. Je te conseille de lui faire ta cour.

J'ai reçu ta dernière lettre, comme tu vois ; tout de bon, cela est trop drôle ! Salvat, qui meurt réellement et en vérité de la peur. Dedon qui en est bien malade, l'autre qui se tient loin ; voilà de ces choses qu'on ne peut savoir à moins d'être du métier. En lisant la gazette, personne n'imagine qu'à travers tant de guerres on puisse parvenir aux premiers emplois de l'armée sans être en rien homme de guerre. Ma foi, quant au reste du monde, je ne t'en saurais que dire ; mais j'ai vu deux classes dans ma vie ; j'ai connu gens de lettres, gens de sabre et d'épée. Non ! la postérité ne se doutera jamais combien, dans ce siècle de lumières et de batailles, il y eut de savants qui ne savaient pas lire et de braves qui faisaient dans leurs chausses ! Combien de Laridons[3] passent pour des Césars, sans parler de César Berthier[4] !

Nous partons demain pour Cosenza, où nous devons joindre Masséna. Nous ne faisons rien, comme vous dites ; de petits pillages dans des villages. Adieu ; tu peux m'écrire maintenant par la poste, si poste il y a.

Nous avons trois Franceschi, dont deux généraux et un

---

1. Commandant l'artillerie de l'armée devant Gaète*. — 2. Molière, *Tartuffe*, I, v. — 3. La Fontaine, *Fables*, *l'Education*, VIII, xxiv. — 4. Le général César Berthier, frère du maréchal Berthier.

colonel aide de camp de Masséna, assez mal plaisant animal ; des deux généraux l'un est un petit bancal, plein de feu, intrépide, donnant tête baissée partout. L'autre est un ci-devant procureur de Bastia, et né pour toujours l'être. A dire vrai, il l'est toujours, et n'a guère changé que d'habit. Adieu encore une fois ; ce long volume te prouve combien nous sommes peu occupés.

A M. LE GÉNÉRAL DULAULOY

A Naples.

Cassano, le 12 août 1806.

Mon général, rien ne pouvait me faire plus de plaisir et d'honneur que de vous voir approuver ma conduite dans la sotte opération[1] que j'avais prise tant à cœur, par amitié pour un homme qui maintenant me fait la mine. Vous saurez tout, quand je vous verrai. Un rayon de prospérité donne d'étranges vapeurs. Moi, d'abord, je fus fâché de la perte des canons ; mais ici je vois que personne n'y pense, et je serais bien bon de m'en faire un chagrin, quand tout le monde s'en moque.

On nous dit que vous êtes en faveur près de Mme G... Parbleu ! vous devriez bien, dans vos bons moments, vous souvenir de moi, qui, depuis six mois, n'ai guère eu de bon temps, et me faire un peu revenir à Naples. J'y ai bien autant à faire que vous ; j'y ai la nue propriété d'un des plus beaux objets qui soient sortis des mains de la nature. Je ne connais point votre madame ; tout le monde dit qu'elle a de jolies choses. Si vous aimez toujours le change, nous pourrions faire quelque affaire : vous me devriez certainement du retour ; mais, à cause de vous, et pour aller à Naples, je ferais des sacrifices. Si vous aviez la moindre idée de ce que je vous propose, vous m'enverriez l'ordre de partir sur-le-champ et en poste.

[Le 13 août le général Verdier marcha à Tarsia, et le 14 à Cosenza, où le maréchal Masséna se trouvait déjà. Courier fut ensuite détaché de divers côtés pour faire rentrer les insurgés dans l'ordre. Il en battit une bande le 18 en sortant de Cosenza, et s'avança le jour même jusqu'à Scigliano. Il fut ensuite dirigé sur la Mantea, place maritime, vers laquelle le général Verdier marchait par Fiume-Freddo.]

---

1. Sa mission à Tarente. Voir la lettre du 28 mai*

A M***

OFFICIER D'ARTILLERIE A NAPLES.

Scigliano, le 21 août 1806.

Ton patron nous écrit : *J'ai reçu une lettre du général, comme vous, pas trop honnête.* Il veut dire : *comme celle que vous avez reçue.* Tout le reste est de ce style : ce garçon-là ira loin.

Or, écoutez, vous qui dites que nous ne faisons rien ; nous pendîmes un capucin à San-Giovanni in Fiore, et une vingtaine de pauvres diables qui avaient plus la mine de charbonniers que d'autre chose. Le capucin, homme d'esprit, parla fort bien à Reynier. Reynier lui disait : « Vous avez prêché contre nous » ; il s'en défendit ; ses raisons me paraissaient assez bonnes. Nous voyant partis en gens qui ne devaient pas revenir, il avait prêché pour ceux à qui nous cédions la place. Pouvait-il faire autrement ? Mais, si on les écoutait, on ne pendrait personne. Ici nous n'avons pu pendre qu'un père et son fils, que l'on prit endormis dans un fossé. Monseigneur[1] excusera ; il ne s'est trouvé que cela. Pas une âme dans la ville ; tout se sauve, et il n'est resté que les chats dans les maisons.

Nous rencontrons, par-ci par-là, des bandes qui n'osent pas même tenir le sommet des montagnes. Leur plus grande audace fut à Cosenza[2], où l'Anglais[3] les amena. Il les fit venir jusqu'à la porte du côté de Scigliano, et ils y restèrent toute une nuit, sans que personne dedans s'en doutât. S'ils fussent entrés tout bonnement (car de gardes aux portes, ah ! oui, c'est bien nous qui pensons à cela), ils prenaient au lit monseigneur le maréchal avec la femme du major. L'Anglais fut tué là. Le matin, nous autres déconfits, qui venions de Cassano, traversant à Cosenza, nous sortîmes par cette porte à la pointe du jour, et les trouvâmes là dans les vignes. Il s'était avancé, lui ; sa canaille l'abandonna. Je le vis environné ; il jeta son épée en criant : *Prisonnier !* mais on le tua ; j'en fus fâché, j'aurais voulu lui rendre un peu les bons traitements que j'ai reçus de ses compatriotes. C'était un bel homme, équipé fort magnifiquement ; on le dépouilla en un clin d'œil. Il avait de l'or, beaucoup.

Nous allons à la Mantea[4] ; mais, si nous trouvons porte close,

---

1. Masséna. — 2. Le 18 août*. — 3. Chef de bande*. — 4. Amantea.

je ne sais comment nous ferons. Verdier a, je crois, quelques canons ; nous, *pandours*, nous n'avons que des cordes.

[A Ajello, entre Scigliano et la Mantea, Courier faillit encore tomber entre les mains des brigands. Le canonnier d'ordonnance qui l'accompagnait fut tué, et il perdit son portemanteau.
L'entreprise sur la Mantea n'ayant pas eu de suite, le général Reynier revint à Scigliano le 26, d'où il marcha le 31 à Soveria. Le 1ᵉʳ septembre il descendit à Nicastro : le 5 il vint à Maida, où le commandant Clavel fut retrouvé presque guéri de ses blessures. Enfin le 7 il s'établit à Mileto, d'où son quartier général ne sortit pas pendant les deux mois que Courier passa encore à ce corps d'armée.]

A MADAME MARIANNA DIONIGI [1]
A Rome.

Mileto, le 7 septembre 1806.

Madame, Dieu veuille que ma dernière lettre ne vous soit pas parvenue. Je serais bien fâché vraiment que ce que je vous demandais fût parti ; c'étaient des papiers et des livres. Quant à mes habits, je ne les ai pas reçus ; mais je sais qui les a reçus pour moi, ce sont les Anglais. Vous aurez appris que nous perdîmes contre eux, il y a deux mois, une bataille et toute la Calabre. Nous regagnerons peut-être la Calabre, mais non la bataille. Ceux qui sont morts sont morts ; tout ce que nous pourrons faire, ce sera de leur tuer autant de monde qu'ils nous en ont tué. Bientôt, selon toute apparence, nous aurons cette consolation, ou pis que la première fois. Quoi qu'il en soit, la guerre m'occupe tout entier, et je ne pourrai de longtemps penser à autre chose ; ainsi, madame, je souhaite que, jusqu'à mon retour, vous conserviez chez vous les petits effets dont vous avez bien voulu vous faire dépositaire.

Je remets au temps où j'aurai l'honneur de vous voir, Dieu aidant, le détail de nos désastres. C'est une histoire qui commence mal, et dont peu de nous verront la fin. Je ne suis pas des plus à plaindre, puisque j'ai encore tous mes membres ; mais la chemise que je porte ne m'appartient pas ; jugez par là de nos misères.

---

1. Femme peintre et écrivain (1756-1826). Courier lui avait promis de traduire son livre sur la *Perspective*. Il oublia sa promesse.

Si, en conséquence de ma dernière lettre, vous m'aviez adressé quelque paquet à Naples, ayez la bonté de m'envoyer les renseignements nécessaires pour les réclamer. Je resterai ici tant qu'on y fera la guerre ; mais si l'on cesse de se battre, je cours aussitôt à Rome, et tous mes maux ne finiront que quand j'aurai le bonheur de vous revoir.

Permettez, madame, que je vous prie de présenter mon respect à madame votre mère, à mademoiselle Henriette, et à monsieur d'Agincourt, que vous voyez sûrement quelquefois ; me donner de leurs nouvelles et des vôtres, c'est le plus grand plaisir que vous me puissiez faire de si loin.

A M. LE GÉNÉRAL MOSSEL

Mileto, le 10 septembre 1806.

J'ai reçu, mon général, la chemise dont vous me faites présent. Dieu vous la rende, mon général, en ce monde-ci ou dans l'autre. Jamais charité ne fut mieux placée que celle-là. Je ne suis pourtant pas tout nu. J'ai même une chemise sur moi, à laquelle il manque, à vrai dire, le devant et le derrière, et voici comment : on me la fit d'une toile à sac que j'eus au pillage d'un village, et c'est là encore une chose à vous expliquer. Je vis un soldat qui emportait une pièce de toile ; sans m'informer s'il l'avait eue par héritage ou autrement, j'avais un écu et point de linge ; je lui donnai l'écu, et je devins propriétaire de la toile, autant qu'on peut l'être d'un effet volé. On en glosa ; mais le pis fut que, ma chemise faite et mise sur mon maigre corps par une lingère suivant l'armée, il fut question de la faire entrer dans ma culotte, la chemise s'entend, et ce fut là où nous échouâmes, moi et ma lingère. La pauvre fille s'y employa sans ménagements, et je la secondais de mon mieux, mais rien n'y fit. Il n'y eut force ni adresse qui pût réduire cette étoffe à occuper autour de moi un espace raisonnable. Je ne vous dis pas, mon général, tout ce que j'eus à souffrir de ces tentatives, malgré l'attention et les soins de ma femme de chambre, on ne peut pas plus experte à pareil service. Enfin nécessité, mère de l'industrie, nous suggéra l'idée de retrancher de la chemise tout ce qui refusait de loger dans mon pantalon, c'est-à-dire le devant et le derrière, et de coudre la ceinture au corps même de la chemise, opération qu'exécuta ma bonne couturière avec une adresse merveilleuse et toute la décence possible. Il n'est sorte de calembours et de mauvaises plaisanteries qu'on n'ait faits là-dessus ; et c'était un sujet à ne jamais s'épuiser, si votre générosité ne m'eût mis en état de faire désormais plus d'envie que de pitié. Je me moque à mon tour des railleurs, dont aucun ne possède rien de comparable au don que je reçois de vous.

Il n'y avait que vous, mon général, capable de cette bonne œuvre dans toute l'armée ; car, outre que mes camarades sont pour la plupart aussi mal équipés que moi, il passe aujourd'hui pour constant que je ne puis rien garder, l'expérience ayant confirmé que tout ce que l'on me donne va aux brigands en droiture. Quand j'échappai nu de Corigliano, Saint-Vincent [1] me vêtit et m'emplit une valise de beaux et bons effets, qui me furent pris huit jours après sur les hauteurs de Nicastro [2]. Le général Verdier et son état-major me firent une autre pacotille, que je ne portai pas plus loin que la Mantea, ou Ajello [3], pour mieux dire, où je fus dépouillé pour la quatrième fois. On s'est donc lassé de m'habiller et de me faire l'aumône, et on croit généralement que mon destin est de mourir nu, comme je suis né. Avec tout cela, on me traite si bien, le général Reynier a pour moi tant de bonté, que je ne me repens point encore d'avoir demandé à faire cette campagne, où je n'ai perdu, après tout, que mes chevaux, mon argent, mon domestique, mes nippes et celles de mes amis.

A M. DE SAINTE-CROIX

A Paris.

Mileto, le 12 septembre 1806.

Monsieur, depuis ma dernière lettre, à laquelle vous répondîtes d'une manière si obligeante, il s'est passé ici des choses qui nous paraissent à nous de grands événements, mais dont je crois qu'on parlera peu dans le pays où vous êtes. Quoi qu'il en soit, monsieur, si l'histoire de la grande Grèce, durant ces trois derniers mois, a pour vous quelque intérêt, je vous envoie mon journal [4], c'est-à-dire un petit cahier, où j'ai noté

---

1. Depuis, colonel d'artillerie*. — 2. Le 20 juin*. — 3. Le 24 août*. — 4. Voir la variante qui suit cette lettre, p. 121.

en courant les horreurs et les bouffonneries les plus remarquables dont j'ai été témoin. Il est difficile d'en voir plus, en si peu de temps et d'espace. C'est M. de La Ch... qui se charge de vous faire parvenir ce paquet, que j'ai mis sous enveloppe avec mon cachet. Je vous demande en grâce que cela ne soit vu de personne.

Si les traits ainsi raccourcis de ces exécrables farces ne vous inspirent que du dégoût, je n'en serai pas surpris. Cela peut piquer un instant la curiosité de ceux qui connaissent les acteurs. Les autres n'y voient que la honte de l'espèce humaine C'est là néanmoins l'histoire, dépouillée de ses ornements. Voilà les canevas qu'ont brodés les Hérodote et les Thucydide. Pour moi, m'est avis que cet enchaînement de sottises et d'atrocités qu'on appelle histoire ne mérite guère l'attention d'un homme sensé. Plutarque, avec

l'air d'homme sage,
Et cette large barbe au milieu du visage [1],

me fait pitié de nous venir prôner tous ces donneurs de batailles dont le mérite est d'avoir joint leurs noms aux événements qu'amenait le cours des choses.

Depuis notre jonction avec Masséna nous marchons plus fièrement, et nous sommes un peu moins à plaindre. Nous retournons sur nos pas, formant l'avant-garde de cette petite armée, et faisant aux insurgés la plus vilaine de toutes les guerres. Nous en tuons peu, nous en prenons encore moins. La nature du pays, la connaissance et l'habitude qu'ils en ont font que, même étant surpris, ils nous échappent aisément ; non pas nous à eux. Ceux que nous attrapons, nous les pendons aux arbres ; quand ils nous prennent, ils nous brûlent le plus doucement qu'ils peuvent. Moi qui vous parle, Monsieur, je suis tombé entre leurs mains : pour m'en tirer, il a fallu plusieurs miracles. J'assistai à une délibération [2] où il s'agissait de savoir si je serais pendu, brûlé ou fusillé. Je fus admis à opiner. C'est un récit dont je pourrai vous divertir quelque jour. Je l'ai souvent échappé belle dans le cours de cette campagne ; car, outre les hasards communs, j'ai fait deux fois le voyage de Reggio à Tarente, allée et retour ; c'est-à-dire plus

---

1. Molière, *Tartuffe*, II, ii. — 2. A Corigliano, le 12 juin.

de quatre cents lieues à travers les insurgés, seul ou peu accompagné, tantôt à pied, tantôt à cheval, quelquefois à quatre pattes, quelquefois glissant sur mon derrière ou culbutant du haut des montagnes. C'est dans une de ces courses que je fus pris par nos bons amis. Il n'y a ni bois ni coupe-gorge dans toute la Calabre où je n'aie fait de ces promenades, et pourquoi ? Ah ! c'est cela qui vous ferait pitié. Une fois, de sept hommes que j'avais pour escorte, trois furent tués avec quatre chevaux par les montagnards[1]. Nous avons perdu et perdons chaque jour de cette manière une infinité d'officiers et de petits détachements. Une autre fois, pour éviter pareille rencontre, je montai sur une petite barque, et, ayant forcé le patron à partir malgré le mauvais temps, je fus emporté en pleine mer. Nos manœuvres furent belles. Nous fîmes des oraisons : nous promîmes des messes à la Vierge et à saint Janvier, tant qu'enfin me voilà encore.

Depuis, sur une autre barque je passai près d'une frégate anglaise, qui m'ayant tiré quelques coups, tous mes rameurs se jetèrent à l'eau et se sauvèrent à terre. Je restai seul comme Ulysse, comparaison d'autant plus juste que ceci m'arriva dans le détroit de Charybde, à la vue d'une petite ville qui s'appelle encore Scylla, et où je ne sais quel Dieu me fit aborder paisiblement. J'avais coupé avec mon sabre le cordage qui tenait ma petite voile latine, sans quoi j'eusse été submergé.

J'avais sauvé du pillage de mes pauvres nippes ce que j'appelais mon bréviaire. C'était une *Iliade* de l'imprimerie royale, un tout petit volume que vous aurez pu voir dans les mains de l'abbé Barthélemy ; cet exemplaire me venait de lui *(quam dispari domino !*[2]*)*, et je sais qu'il avait coutume de le porter dans ses promenades. Pour moi, je le portais partout ; mais l'autre jour, je ne sais pourquoi, je le confiai à un soldat qui me conduisait un cheval en main. Ce soldat fut tué et dépouillé. Que vous dirai-je, monsieur ? J'ai perdu huit chevaux, mes habits, mon linge, mon manteau, mes pistolets, mon argent. Je ne regrette que mon Homère ; et pour le ravoir, je donnerais la seule chemise qui me reste. C'était ma société, mon unique entretien dans les haltes et les veillées. Mes camarades en rient. Je voudrais bien qu'ils eussent perdu leur dernier jeu de cartes, pour voir la mine qu'ils feraient.

Vous croirez sans peine, monsieur, qu'avec de pareilles

---

1. A Nicastro, le 20 juin.* — 2. D'un maître combien différent !

distractions je n'ai eu garde de penser aux antiquités : s'il s'est trouvé sur mon chemin quelques monuments, à l'exemple de Pompée, *ne visenda quidem putavi*[1]. Non que j'aie rien perdu de mon goût pour ces choses-là, mais le présent m'occupait trop pour songer au passé : un peu aussi le soin de ma peau, et les Calabrais me font oublier la grande Grèce. C'est encore aujourd'hui *Calabria ferox*[2]. Remarquez, je vous prie, que, depuis Annibal, qui trouva ce pays florissant et le ravagea pendant seize ans, il ne s'est jamais rétabli. Nous brûlons bien sans doute, mais il paraît qu'il s'y entendait aussi. Si nous nous arrêtions quelque part, si j'avais seulement le temps de regarder autour de moi, je ne doute point que ce pays, où tout est grec et antique, ne me fournît aisément de quoi vous intéresser et rendre mes lettres dignes de leur adresse. Il y a dans ces environs, par exemple, des ruines considérables, un temple qu'on dit de Proserpine. Les superbes marbres qu'on en a tirés sont à Rome, à Naples et à Londres. J'irai voir, si je puis, ce qui en reste, et vous en rendrai compte, si je vis, et si la chose en vaut la peine.

Pour la Calabre actuelle, ce sont des bois d'orangers, des forêts d'oliviers, des haies de citronniers. Tout cela sur la côte et seulement près des villes : pas un village, pas une maison dans la campagne. Elle est déserte, inhabitable, faute de police et de lois. Comment cultive-t-on, direz-vous ? Le paysan loge en ville et laboure la banlieue ; partant le matin à toute heure, il rentre avant le soir, de peur... En un mois, dans la seule province de Calabre, il y a eu plus de douze cents assassinats ; c'est Salicetti qui me l'a dit. Comment oserait-on coucher dans une maison des champs ? On y serait égorgé dès la première nuit.

Les moissons coûtent peu de soins ; à ces terres soufrées il faut peu d'engrais ; nous ne trouvons pas à vendre le fumier de nos chevaux. Tout cela donne l'idée d'une grande richesse. Cependant le peuple est pauvre, misérable même. Le royaume est riche ; car, produisant de tout, il vend et n'achète pas. Que font-ils de l'argent ? Ce n'est pas sans raison qu'on a nommé ceci l'Inde de l'Italie. Les bonzes aussi n'y manquent pas. C'est le royaume des prêtres, où tout leur appartient. On y fait vœu de pauvreté pour ne manquer de rien, de chas-

---

1. Je n'ai pas même pensé qu'ils fussent à voir — 2. La farouche Calabre

teté pour avoir toutes les femmes. Il n'y a point de famille qui ne soit gouvernée par un prêtre jusque dans les moindres détails ; un mari n'achète pas de souliers pour sa femme sans l'avis du saint homme.

Ce n'est point ici qu'il faut prendre exemple d'un bon gouvernement, mais la nature enchante. Pour moi je ne m'habitue pas à voir des citrons dans les haies. Et cet air embaumé autour de Reggio ! on le sent à deux lieues au large quand le vent souffle de terre. La fleur d'oranger est cause qu'on y a un mi 1 beaucoup meilleur que celui de Virgile : les abeilles d'Hybla ne paissaient que le thym, n'avaient point d'orangers. Toutes choses aujourd'hui valent mieux qu'autrefois.

Je finis en vous suppliant de présenter mon respect à Mme de Sainte-Croix et à M. Larcher. Que n'ai-je ici son Hérodote comme je l'avais en Allemagne ! Je le perdis justement comme je viens de faire de mon Homère, sur le point de le savoir par cœur. Il me fut pris par des hussards. Ce que je ne perdrai jamais, ce sont les sentiments que vous m'inspirez l'un et l'autre, dans lesquels il entre du respect, de l'admiration, et, si j'ose le dire, de l'amitié [1].

VARIANTE

1. M. Robert Gaschet a publié dans la *Revue Bleue* du 17 mars 1906 une autre version de cette lettre, qu'il a retrouvée dans les papiers de Guilhem de Sainte-Croix, conservés aux manuscrits de la Bibliothèque Nationale. Le début et divers passages sont les mêmes dans les deux rédactions ; mais on trouve dans celle-ci, la seule qui ait été envoyée à son destinataire, des parties inédites. Courier y fait d'ailleurs le récit de la bataille de Santa-Eufemia de seconde main, car il n'y avait pas assisté. M. R. Gaschet incline à voir dans la rédaction suivante le « journal » dont il est question dans la lettre ci-dessus.

«Monsieur,

« Depuis ma dernière lettre, à laquelle vous répondîtes d'une manière si obligeante, il
« s'est passé ici des choses qui nous paraissent de grands événements, mais dont je crois
« qu'on parlera peu dans le pays où vous êtes. Quoi qu'il en soit, vous, monsieur, si vous
« voulez *casus cognoscere nostros*[1], ne vous en fiez pas aux Gazettes, mais à ce que je vais
« vous dire. C'est l'histoire de la grande Grèce pendant ces trois derniers mois.

« Les Anglais nous ont bien frotté (*sic*), et à bon marché. Car je ne crois pas qu'il leur
« en coûte cinquante hommes. Ce fût le 4 juillet dernier. Le combat dura dix minutes, et
« en dix minutes nous perdîmes le tiers de notre monde (environ 2.000 hommes), notre ar-
« tillerie, nos bagages, magasins, trésor, administrations, en un mot tout ce qu'on peut per-
« dre. La Calabre entière se souleva et tourna contre nous les armes que nous lui avions
« imprudemment laissées. Pendant trente jours de retraite, sur une plage brûlée par la ca-

1. Connaître nos malheurs (Virg., *Énéide*, II, 10).

« nicule, à travers des nuées de montagnards féroces, bien armés, bons tireurs, ce que
« nous eûmes à souffrir ne se peut imaginer, vivant à la pointe de l'épée, disputant à coups
« de fusil quelques mares d'eau bourbeuse, voyant à cent pas de nous massacrer nos blessés,
« nos malades, tous ceux que le sommeil, la fatigue, l'inanition forçaient à rester en arrière.
« Les munitions nous manquaient et de cela seul il était aisé de prévoir que nous devions
« tous périr sous le feu des paysans quand nous ne pourrions plus les repousser. Enfin
« nos soldats se révoltèrent et tirèrent sur leurs officiers. L'habitude du pillage, unique
« moyen de subsister, avait détruit toute discipline.

« Il faut rendre justice au général Reynier. Sa constance ne s'est pas démentie un ins-
« tant. A la voir vous eussiez dit qu'il ne se passait rien d'extraordinaire. Il reçoit la nou-
« velle la plus accablante comme si on lui annonçait que le souper est servi. Il fait voir en
« lui réellement tout ce qu'ont écrit les Stoïques de leur sage dans l'adversité. Cette imper-
« turbabilité, tout admirable qu'elle est, ne suffit pourtant pas à un chef, dont le but
« doit être moins de montrer du courage que d'en inspirer. Il y a un courage qui se com-
« munique et qui *force la destinée*[1], comme a très bien dit Racine. Si Marc-Aurèle et Julien
« furent aussi bons capitaines que l'histoire le dit, ils durent mettre souvent de côté leur
« *ataraxie* et leur *aorgerie*[2].

« Notre situation était triste. Nous ne pouvions guère aller plus loin quand nous ren-
« contrâmes Masséna qui venait du siège de Gaëte. Alors nous retournâmes sur nos pas,
« formant l'avant-garde de cette petite armée et faisant aux insurgés la plus vilaine de
« toutes les guerres. Nous en tuons peu. Nous en prenons bien moins. La nature du pays,
« la connaissance et l'habitude qu'ils en ont, font que, même étant surpris, ils nous échap-
« pent aisément ; non pas nous à eux. Ceux que nous attrapons, nous les pendons aux
« arbres, et quand ils nous prennent : ils nous brûlent le plus doucement qu'ils peuvent.
« Moi qui vous écris, monsieur, je suis tombé entre leurs mains. Il a fallu plusieurs miracles
« pour me sauver de l'autodafé auquel on me destinait. Je l'ai souvent échappé belle dans
« le cours de cette campagne. Car, outre ma part des boulets dans les occasions, j'ai fait deux
« fois le voyage de Reggio à Tarente, c'est-à-dire près de cinq cents lieues, tantôt à pied,
« tantôt à cheval, quelquefois à quatre pattes, quelquefois glissant sur mon derrière ou
« culbutant du haut des montagnes, sans cesse menacé du sort qu'eut dans ce même pays
« le poète Ibycus. C'est dans une de ces courses que je fus pris par les brigands (*Di meliora*
« *piis*[3]). Enfin il n'y a pas un bois, pas un précipice, pas un coupe-gorge dans toute la
« Calabre que je n'aie traversé souvent seul et toujours peu accompagné. Un jour, de sept
« hommes qui me suivaient, quatre furent tués avec cinq chevaux par les montagnards.
« Nous avons perdu et nous perdons chaque jour de cette manière une infinité d'officiers
« et de petits détachements. Une autre fois, pour éviter pareille rencontre, je montai sur
« une petite barque, et, ayant forcé le patron à partir malgré le mauvais temps, je fus em-
« porté en pleine mer, trop heureux d'être jeté sur la côte d'Otrante, à soixante lieues
« de l'endroit où j'allais. Une autre fois, sur une autre barque, je passai sous le canon
« d'une frégate anglaise. On me tira quelques coups. Tous mes marins se jetèrent à l'eau
« et gagnèrent la côte en nageant. N'en pouvant faire autant, je restai seul comme Ulysse
« comparaison d'autant plus juste que ceci m'arriva dans le détroit de Charybde, à la vue
« d'une petite ville qu'on appelle encore Scilla, où je ne sais quel Dieu me fit aborder paisi-

---

1. Racine, *Iphigénie*, IV, vi. — 2. Mot forgé par Courier ; « absence de colère, calme. »
— 3. Virgile, *Géorgiques*, III, 513 : Que les dieux donnent de meilleures destinées aux
hommes pieux.

« blement. J'avais coupé avec mon sabre les cordages qui tenaient ma petite voile latine, sans quoi j'eusse été submergé.

« Les Anglais se battent bien, même à terre. Quoiqu'ils fussent plus nombreux que nous, on ne peut leur contester d'avoir montré un flegme et une fermeté qui devaient l'emporter sur notre étourderie. Ils marchaient à nous. Nous courûmes à eux. Nous les chargions sans tirer. Ils nous attendirent à petite portée, et leurs premières décharges nous abattirent des rangs entiers. Nous fûmes bientôt en déroute. Ils ne nous poursuivirent pas. Je n'ai pu savoir pourquoi. Leur conduite après la bataille fut extrêmement généreuse.

« Ils eurent plus de soin de nos blessés que nous n'en aurions eu nous-mêmes, et pour les soustraire, ainsi que nos fuyards, à la rage des paysans, ils dépensèrent beaucoup. J'ai vu une lettre de sir Stuart à un officier qu'il fut obligé de laisser dans un village, ses blessures n'ayant pas permis de le transporter à bord. On ne peut rien écrire de plus honnête. Nous n'eûmes pas ces attentions pour les Autrichiens blessés à Castelfranco, quoiqu'il se trouvât parmi eux un général né français, le prince de Rohan. Ce fut la réflexion que je fis, ayant la mémoire toute fraîche de cette affaire. Nos officiers, pour la plupart, retrouvent leurs effets où ils les ont laissés. Ce qui manque a été pillé par nos propres domestiques, ou par les troupes napolitaines. Les Anglais n'ont pris que les papiers. Ce n'est pas là notre méthode. Ils ont exactement payé tout ce que le pays leur a fourni. Nous, nous prenons aux habitants leurs denrées et leur argent. On peut dire de tous nos généraux, *Hic petit excidiis urbem miserosque penates Ut gemma bibat et sarrano dormiat ostro*[1]. Imaginez comme on nous aime : il y a tel village en Calabre où un jeune homme ne se marie point s'il n'a tué au moins un Français. Dans la maison où l'on me faisait l'accueil le plus flatteur, j'ai toujours vu les enfants que je voulais caresser me repousser avec horreur.

« Vous croirez aisément, monsieur, qu'avec de pareilles distractions je n'ai eu garde de penser à l'antiquité. S'il s'en trouve sur mon chemin quelques monuments, à l'exemple de Pompée, *ne visenda quidem putavi*. J'avais sauvé du naufrage de mes pauvres nippes un petit volume dont je lisais tous les jours quelques pages. Je l'appelais mon bréviaire. C'était une *Iliade* de Turnèbe que peut-être vous avez vue dans les mains de l'abbé Barthélemy : car cet exemplaire me venait de lui (*quam dispari domino !*) et je sais qu'il avait coutume de le porter dans ses promenades. Pour moi je le portais partout, afin de n'être jamais seul. Mais l'autre jour, je ne sais pourquoi, je le confiai avec ma valise à un soldat qui me conduisait un cheval de main. Cet homme fut tué et dépouillé. J'ai perdu huit chevaux tués ou pris, mes habits, mon linge, mon manteau, mes pistolets, mon argent, mes domestiques. Je ne regrette que mon Homère, et pour le ravoir je donnerais la chemise qui me reste. C'était toute ma société, ma consolation, mon unique entretien dans les haltes et les veilles. Mes camarades rient. Je voudrais bien qu'ils eussent perdu leur dernier jeu de cartes, pour voir la mine qu'ils feraient.

« Vous conter de pareilles misères, n'est-ce point trop abuser de votre complaisance ? Si nous nous arrêtions quelque part, si j'avais seulement le temps de regarder autour de moi, je ne doute point que ce pays, où tout est grec et antique, ne me fournit aisément de quoi vous intéresser et rendre mes lettres plus dignes de leur adresse. Il y a dans ces environs des ruines considérables, un temple qu'on dit de Proserpine. Les superbes mar-

---

[1]. Virgile, *Géorgiques*, II, 505-506 : Celui-ci saccage une ville et de malheureux pénates pour boire dans une coupe de pierre précieuse et dormir sur la pourpre de Tyr.

« bres qu'on en a tirés sont à Rome, à Naples et à Londres. J'irai voir, si je puis, ce qui en
« reste, et vous en rendre compte, si je vis, et si la chose en vaut la peine.

« Je finis ce volume en vous suppliant de présenter mon respect à Mme de Sainte-Croix
« et à M. Larcher. Il faut le saluer en vers d'Homère :

ἄττα γέρον εὖ νύ τοι καὶ ἡμεῖς ἴδμεν τὸ σὸν σθένος...
θάμβος μ'ἔχει εἰσορόωντα[1]

« Que n'ai-je ici son Hérodote, comme je l'avais dans les guerres d'Allemagne. Je le
« perdis justement comme je viens de faire mon Homère, sur le point de le savoir par cœur.
« Ce que je ne perdrai jamais, ce sont les sentiments que vous m'inspirez l'un et l'autre,
« dans lesquels il entre du respect, de l'admiration et, si j'ose le dire, de l'amitié.

Τοῦτό μοι ἔσχατον κατὰ γᾶς δύσεται[2], comme disait Alcée.

J'ai l'honneur d'être, etc

COURIER,
« Chef d'escadron d'artillerie (armée de Naples).

« Mileto, le 2 octobre 1806. »

A M. ***

OFFICIER D'ARTILLERIE, A NAPLES.

Mileto, le 16 octobre 1806.

J'avais déjà ouï dire que ce pauvre Michaud[3] s'était fait égorger. Je ne m'en étonne pas ; il avait perdu la tête : ce n'est pas une façon de parler. Je le vis à Cassano, son esprit était frappé ; il voyait partout des brigands. Ce que cela produit, c'est qu'on se jette dans le péril qu'on veut éviter. Il y a une autre chose qui fait périr ces gens-là, c'est l'argent qu'ils portent avec eux, comme Sucy et mille autres que la *chère cassette*[4] a conduits à mal. Au reste, il n'était pas le seul à qui la peur eût troublé le sens. Je t'en pourrais dire autant de plusieurs *qui ont fait la guerre, qui servent bien, qui ont été partout*. Il faut convenir aussi que nos aventures n'étaient pas gaies. Voici celle de Cassano : elle fut assurément des moins tragiques pour nous ; mais elle fit du bruit, à cause du miracle dont on t'a parlé.

Après avoir saccagé sans savoir pourquoi la jolie ville de Corigliano, nous venions (non pas moi, j'étais avec Verdier; mais j'arrivai trois jours après) ; nos gens montaient vers Cassano[5],

---

1. O vieillard, mon père, nous savons quelle est ta force, et l'admiration me tient quand je te regarde. — 2. Cela est pour moi la dernière chose qui descendra sous la terre. — 3. Commissaire des guerres*. — 4. Les deux derniers mots de l'*Avare* de Molière. — 5. Le 4 août*.

le long d'un petit fleuve ou torrent qu'on appelle encore le *Sibari*, qui ne traverse plus Sibaris, mais des bosquets d'orangers. Le bataillon suisse marchait en tête, fort délabré comme tout le reste, commandé par Muller, car Clavel a été tué à Sainte-Euphémie. Les habitants de Cassano, voyant cette troupe rouge, nous prennent pour des Anglais : cela est arrivé souvent[1]. Ils sortent, viennent à nous, nous embrassent, nous félicitent d'avoir bien frotté ces coquins de Français, ces voleurs, ces excommuniés. On nous parla, ma foi, sans flatterie cette fois-là. Ils nous racontaient nos sottises et nous disaient de nous pis encore que nous ne méritions. Chacun maudissait les soldats de *maestro Peppe*[2], chacun se vantait d'en avoir tué. Avec leur pantomime, joignant le geste au mot : *J'en ai poignardé six ; j'en ai fusillé dix*. Un disait avoir tué Verdier ; un autre m'avait tué, moi. Ceci est vraiment curieux. Portier, lieutenant du train, je ne sais si tu le connais, voit dans les mains de l'un d'eux ses propres pistolets, qu'il m'avait prêtés, et qu'on me prit quand je fus dépouillé. Il saute dessus : *A qui sont ces pistolets ?* L'autre, tu sais leur style : *Monsieur, ils sont à vous*. Il ne croyait pas dire si vrai. *Mais de qui les avez-vous eus ? — D'un officier français que j'ai tué*. Alors, moi et Verdier, on nous crut bien morts tous deux ; et, quand nous arrivâmes, trois jours après, on était déjà en train de ne plus penser à nous.

Tu vois comme ils se recommandaient et arrangeaient leur affaire. On reçut ainsi toutes leurs confidences, et ils ne nous reconnurent que quand on fit feu sur eux, à bout touchant. On en tua beaucoup. On en prit cinquante-deux, et le soir on les fusilla sur la place de Cassano. Mais un trait à noter de la rage de parti, c'est qu'ils furent expédiés par leurs compatriotes, par les Calabrais nos amis, les bons Calabrais de Joseph, qui demandèrent comme une faveur d'être employés à cette boucherie. Ils n'eurent pas de peine à l'obtenir ; car nous étions las du massacre de Corigliano. Voilà les fêtes de Sibaris ; tu peux garantir à tout venant l'exactitude de ce récit. Le miracle fameux fut que peu de jours après, dans un village voisin, on égorgea de nos gens cinquante-deux, ni plus ni moins, qui pillaient sans penser à mal. La Madone, comme tu peux croire, eut part à cette bonne affaire, dont les récits furent embellis et propagés à la gloire de la *santa fede*[3].

---

1. En particulier à Marcellinara, le soir du combat de Maida*. — 2. Le roi Joseph. — 3. La sainte foi.

La scène de Marcellinara est du même genre. Nous fûmes pris pour des Anglais et, comme tels, reçus dans la ville. Arrivés sur la place, la foule nous entourait. Un homme chez lequel avait logé Reynier le reconnaît et veut s'enfuir. Reynier fait signe qu'on l'arrête ; on le tue. La troupe tire tout à la fois ; en deux minutes la place fut couverte de morts. Nous trouvâmes là six canonniers du régiment, dans un cachot, demi-morts de faim, entièrement nus. On les gardait pour un petit *autodafé* qui devait avoir lieu le lendemain.

L'aventure du grand amiral est sans doute merveilleuse, on ne peut l'échapper plus belle. Cependant, nous t'en citerions qui n'en doivent guère à celle-là. Il n'y a pas encore quinze jours que nous décrochâmes un de nos hommes, mal pendu et mal poignardé, qui mange et qui boit maintenant comme toi. On tue tant, on est si pressé qu'on ne fait les choses qu'à moitié. Tout cela n'est rien au prix de l'histoire de Mingrelot ; tu dois la savoir, puisqu'il est à Naples. Il t'aura pu conter aussi ce qui arriva à Maréchal, de son régiment, fusillé deux fois et vivant.

Mery, l'aide de camp de Saint-Cyr, n'a pas été si heureux : il est mort. Il fut blessé à la cuisse dans une embuscade, et achevé par les chirurgiens à Castro-Villari. Alquier et Lejeune, chef de bataillon du même régiment, ont péri à Scigliano. Gastelet fut tué à Sainte-Euphémie. Compère[1] a un bras coupé et une jambe qui ne vaut guère mieux.

Pour moi, je n'ai garde de me plaindre. J'ai perdu plus que tous les autres en chevaux et en effets ; mais ma peau est entière, et j'ai le compte de mes membres. Je me suis vu quelquefois assez mal à mon aise ; mais plus souvent j'ai eu du bon. Presque toujours bien avec le patron[2], ma disgrâce a duré autant que sa prospérité, *ce que durent les roses*[3]. Avant tout ceci on n'eût daigné abaisser un regard jusqu'à moi ; l'infortune l'humanise, et nous voilà de nouveau bons amis.

Les gens qui ne réfléchissent point, à la tête desquels tu peux me mettre, trouvent encore ici de bons moments : on y mange, on y boit, parmi toutes ces diableries ; on y fait l'amour comme ailleurs et mieux, car on ne fait que cela. Le pays fournit en abondance de quoi satisfaire tous les appétits, poil et plume, chair et poisson ; du vin plus qu'on n'en

---

1. Général de brigade*. — 2. Le général Reynier*. — 3. Malherbe : *Stances à Du Périer*.

peut boire, et quel vin! des femmes plus qu'on n'en veut. Elles sont noires dans la plaine, blanches sur les montagnes, amoureuses partout. Calabraise et braise, c'est tout un. Les *vertus* que nous avons amenées ont eu de furieux assauts, prises et reprises par les Anglais, les Siciliens, les Calabrais, et toujours rendues sans tache. Mme Grabinski, Mme Peyri, Mme François, ont été fort respectées des Anglais, à ce qu'elles disent ; elles se louent moins des Napolitains, qui auraient eu plus d'attentions pour un de nos petits tambours. Mme Grabinski est un ange de douceur et de complaisance ; je la vis un jour à Palmi ; je dînai avec eux. Comme il n'entend guère l'italien, ni aucune langue à ce que je crois, j'eus toute la commodité de parler à la belle. Je lui contai bonnement comme je l'avais manquée d'un quart d'heure à Bologne chez Mme Williams, où l'on ne payait qu'en sortant. Je me plaignis fort du tour que m'avait joué Grabinski, et à nous tous, de l'enlever ainsi pour la mettre en chartre privée ; que n'était-il venu un quart d'heure plus tard ! ou vous plus tôt, me dit-elle.

Ces gens de Palmi me contèrent des merveilles de Michel[1]. Dans Scylla, qu'ils voient en plein de leurs montagnes, il a fait pendant vingt-trois jours tout ce qui se pouvait humainement. C'était un feu d'enfer par mer et par terre. Si je t'enfile encore celle-là, tu n'en seras jamais quitte. Dors-tu ? moi, je vais me coucher. Adieu.

A M. LEDUC

OFFICIER D'ARTILLERIE, A PARIS.

Mileto, le 18 octobre 1806.

On croit généralement ici que la guerre recommence en Allemagne : j'ai les plus fortes raisons pour souhaiter d'y être employé, et de quitter ce pays-ci, où il ne me reste rien à faire, ni à voir, ni à espérer. Ne pourrais-tu pas m'obtenir ce changement de destination ? N'as-tu aucune relation avec ceux qui règlent ces sortes de choses, auxquels il doit être assez indifférent que je me fasse tuer ici ou là-bas, par un sous-diacre embusqué derrière une haie, ou par un hussard prussien ! Cette demande, en elle-même, est peu de chose, puisqu'il ne s'agit ni d'argent ni d'avancement. Ton amitié que

---

[1]. Chef de bataillon du génie *.

j'implore, et sur laquelle je me fonde, ferait pour moi plus que cela ; tire-moi de ce purgatoire où je suis sans avoir péché, dupe de ma bonne volonté et de l'envie que j'ai eue de servir utilement. Écoute ma déconvenue : avant la dernière campagne d'Allemagne, lorsque tout était en paix, je voulus venir dans ce royaume, parce qu'il y avait une armée que l'on croyait destinée à le conquérir ou à quelque autre expédition ; ce fut ainsi que je n'allai pas à la grande armée ; si ce fut pour moi bonheur ou malheur, Dieu le sait, mais enfin j'aurais pu là me distinguer tout comme un autre. Tandis que l'empereur entrait à Vienne, nous vînmes près de Venise battre le corps de M. de Rohan ; la paix faite, nous retournâmes sur nos pas, sous les ordres du prince Joseph, aujourd'hui roi.

Arrivé à Naples, où j'aurais pu rester, je demandai à faire partie de l'expédition de Calabre, dont personne ne voulait être. Dans cette campagne, une des plus diaboliques qui se soient faites depuis longtemps, j'ai eu beaucoup plus que ma part de fatigues et de dangers ; j'ai perdu huit chevaux, pris ou tués, mes nippes, mon argent, mes papiers, le tout évalué douze mille francs, par la discrétion du perdant. Une petite pacotille, que m'avaient faite mes amis, après m'avoir habillé, vient de m'être prise comme la première ; mon domestique est crucifié quoique indigne[1], et je reste avec une chemise qui ne m'appartient pas. Cependant mes camarades, qui n'ont pas bougé de Naples, ou qui peut-être ont passé dix jours devant Gaète, où nous avons perdu en tout dix hommes de l'artillerie, ont eu tous de l'avancement et des faveurs. Il n'est qu'heur et malheur. Ceux-là ont pris Gaète. On ne demande pas comment, ni en combien de temps, ni quelle défense a faite la place. Nous, on nous a rossés[2] ; pouviez-vous ne pas l'être ? c'est ce qu'on n'examine point ; mais par Dieu ! ce ne fut pas la faute de l'artillerie, qui toute s'est fait massacrer ou prendre, et de fait se trouve détruite, sans pouvoir être remplacée.

Maintenant nous faisons la guerre ou plutôt la chasse aux brigands, chasse où le chasseur est souvent pris. Nous les pendons ; ils nous brûlent le plus doucement possible, et nous feraient même l'honneur de nous manger. Nous jouons avec eux à cache-cache ; mais ils s'y entendent mieux que nous. Nous

---

1. Chappuy. Il avait été pris à Reggio et débarqué par les Anglais à Gênes*. — 2. A Sainte-Euphémie, le 4 juillet*.

les cherchons bien loin lorsqu'ils sont tout près. Nous ne les voyons jamais ; ils nous voient toujours. La nature du pays et l'habitude qu'ils en ont font que, même étant surpris, ils nous échappent aisément, non pas nous à eux. Te préserve le ciel de jamais tomber en leurs mains, ainsi qu'il m'est arrivé ! Si je m'en suis tiré sans y laisser la peau, c'est un miracle que Dieu n'avait point fait depuis l'aventure de Daniel dans la fosse aux lions. Bien m'a pris de savoir l'italien, et de ne pas perdre la tête. J'ai harangué ; j'ai déployé, comme tu peux croire, toute mon éloquence[1]. Bref, j'ai gagné du temps, et l'on m'a délivré. Une autre fois, pour éviter pareil ou pire inconvénient, je partis dans une mauvaise barque par un temps encore plus mauvais, et fus trop heureux de faire naufrage sur la même côte où peu de jours auparavant on avait égorgé l'ordonnateur Michaud avec toute son escorte. Une autre fois, sur une autre barque, je rencontrai une frégate anglaise, qui me tira trois coups de canon. Tous mes marins se jetèrent à l'eau et gagnèrent la terre en nageant. Je n'en pouvais faire autant. Seul, ne sachant pas gouverner ma petite voile latine, je coupai avec mon sabre les chétifs cordages qui la tenaient, et les zéphyrs me portèrent, moins doucement que Psyché, près d'une habitation d'où, aux signaux que je fis, on vint me secourir et me tirer de peine.

Que peut faire, dis-moi, dans une pareille guerre un pauvre officier d'artillerie sans artillerie (car nous n'en avons plus) ? distribuer des cartouches à messieurs de l'infanterie, et les exhorter à s'en bien servir pour le salut commun. C'est où en sont réduits tous mes camarades, et le général Mossel[2] lui-même. Ce service ne me convenant pas, pour être quelque chose je suis officier d'état-major, aide de camp, tout ce qu'on veut : toujours à l'avant-garde, crevant mes chevaux, et me chargeant de toutes les commissions dont les autres ne se soucient pas. Mais tu sens bien qu'à ce métier je ne puis gagner que des coups, et me faire estropier en pure perte. Jamais, dans l'artillerie, on ne me tiendra compte d'un service fait hors du corps, et les généraux auprès desquels je sers, assez empêchés à se soutenir eux-mêmes, ne sont pas en passe de rien faire pour moi. J'aimerais cent fois mieux commander une compagnie d'artillerie légère à la grande armée que d'être

---

1. A Corigliano, le 12 juin.*. — 2. Commandant l'artillerie en Calabre, depuis l'arrivée du maréchal Masséna*.

ici général comme l'est Mossel, c'est-à-dire garde-magasin des munitions de l'infanterie. Je n'ai pas de temps à perdre : si cette campagne-ci se fait encore sans moi, comme celle d'Austerlitz, où diable veux-tu que j'attrape de l'avancement ? Avancer est chose impossible dans la position où nous nous trouvons. Cela est vrai, moralement et géographiquement parlant. Confinés au bout de l'Italie, nous ne saurions aller plus loin, et nous n'avons ici non plus de grades à espérer que de terre à conquérir. Par pitié ou par amitié, tire-moi de ce cul-de-sac. Ote-moi d'une passe où je suis déplacé, et où je ne puis rien faire. Invoque, s'il est nécessaire pour si peu de chose, ton patron et le mien, le général Duroc. Parle, écris, je t'avouerai de tout[1], pourvu que tu m'aides à sortir de cette botte, au fond de laquelle on nous oublie. Si cela passe ton pouvoir, si l'on veut à toute force me laisser ici officier sans soldats, canonnier sans canons, s'il est écrit que je dois vieillir en Calabre, la volonté du ciel soit faite en toute chose !

On trouve ici tout, hors le nécessaire, des ananas, de la fleur d'oranger, des parfums, tout ce que vous voulez, mais ni pain ni eau.

A MADAME PIGALLE
à Lille.

Mileto, le 25 octobre 1806.

Vous aurez de ma prose, chère cousine, tant que vous en voudrez, et du style à vingt sous, c'est-à-dire du meilleur, qui ne vous coûtera rien que le port. Si je ne vous en ai pas adressé plus tôt, c'est que nous autres, vieux cousins, nous n'écrivons guère à nos jeunes cousines sans savoir auparavant comment nos lettres seront reçues, n'étant pas, comme vous autres, toujours assurés de plaire. Ne m'accusez ni de paresse ni d'indifférence. Je voulais voir si vous songeriez que je ne vous écrivais pas depuis près de deux ans. Vous n'aviez aucun air de vous en apercevoir ; moi, piqué de cela, j'allais vous quereller, quand vous m'avez prévenu fort joliment : j'aime vos reproches, et vous avez mieux répondu à mon silence que peut-être vous n'eussiez fait à mes lettres.

On me mande de vous des choses qui me plaisent. Vous par-

---

[1]. Je t'approuverai en tout. Expression de Racine, *Phèdre*, III, 1.

lez de moi quelquefois ; vous faites des enfants, et vous vous ennuyez ; *vivat*, cousine. Voilà une conduite admirable. De mon côté, je m'ennuie aussi, tant que je puis, comme de raison. Ne nous sommes-nous pas promis de ne point rire l'un sans l'autre ? Pour moi, je ne sais ce que c'est que manquer à ma parole, et je garde mon sérieux, comptant bien que vous tenez le vôtre. Je trouverais fort mauvais qu'il en fût autrement ; et si quelqu'un vous amuse, à mon retour qu'il prenne garde à lui. Passe pour des enfants, mais point de plaisir, ma cousine, point de plaisir sans votre cousin.

Hélas ! pour tenir ma promesse je n'ai besoin que de penser à cinq cents lieues qui nous séparent, deux longues, longues années écoulées sans vous voir, et combien encore à passer de la même manière. Ces idées-là ne me quittent point, et me donnent une physionomie de *misanthropie et repentir*[1]. Jeux innocents, petits bals et soirées du jardin, qu'êtes-vous devenus ? Non, je ne suis plus le cousin qui vous amusait ; ce n'est plus le temps de don Bedaine, de Mme Ventre-à-terre et de la Dame empaillée. En me voyant maintenant, vous ne me reconnaîtriez pas, et vous demanderiez encore : *Où est le cousin qui rit ?* Voilà ce que c'est de s'éloigner de vous. On s'ennuie, on devient maussade, on vieillit d'un siècle par an. Pour être heureux, il faut ou ne vous pas connaître, ou ne vous jamais quitter.

Je n'ai guère bâillé près de vous, ni vous avec moi, ce me semble, si ce n'est peut-être en famille aux visites de nos chers parents ; eh bien ! depuis que je ne vous vois plus, je bâille du matin au soir. La nature, vous le savez, m'a doué d'un organe favorable à cet exercice ; je bâille en vérité comme un coffre (mieux dit, m'est avis, que ce qu'on dit) ; vous, à cause de mon absence, là-bas, vous devez bâiller aussi, comme une petite tabatière. Quelle différence entre nous ! vous n'oseriez assurément vous comparer, vous mesurer... Bêtise, oui bêtise, j'en demeure d'accord, c'est du style à deux liards.

Mais savez-vous ce qui m'arrive de ne plus rire ? Je deviens méchant. Imaginez un peu à quoi je passe mon temps. Je rêve nuit et jour aux moyens de tuer des gens que je n'ai jamais vus, qui ne m'ont fait ni bien ni mal ; cela n'est-il pas joli ? Ah ! croyez-moi, cousine, la tristesse ne vaut rien. Re-

---

[1] Drame de Kotzebue (1789).

prenons notre ancienne allure ; il n'y a de bonnes gens que ceux qui rient. Rions toutes les fois que l'occasion s'en présentera, ou même sans occasion. Moi, quand je songe à votre enflure, à la mine que vous devez faire avec ce paquet, et surtout à la manière dont cela vous est venu ; ma foi, tout seul ici, j'éclate comme si vous étiez là. Il ne se donne pas un bal que vous n'enragiez, cela me réjouit encore plus.

Pendant que je vous fais ces lignes très sensées, voici une drôle d'aventure ; la maison tremble[1], un homme qui écrivait près de moi se sauve en criant *tremoto !* Moi je répète *tremoto*, c'est-à-dire tremblement de terre, et me sauve aussi dans la cour. Là je vis bien que la secousse avait été forte, ou *sérieuse*, comme vous diriez, cousine, ou *conséquente*, comme dit Voisard. Un bâtiment non achevé, dont le toit n'est pas encore couvert, semblait agité par le vent ; la charpente remuait, craquait. La terre a souvent ici de ces petits frissons qui renverseraient une ville comme un jeu de quilles, si les maisons n'étaient faites exprès, à l'épreuve du *tremoto*, peu élevées, larges d'en bas. Aucune n'est tombée à cette fois ; mais une église a écrasé je ne sais combien de bonnes âmes qui sont maintenant en paradis ; voyez quelle grâce de Dieu ! nous autres vauriens, nous restons dans cette vallée de misères.

Vous demandez ce que nous faisons. Peu de chose ici : nous prenons un petit royaume pour la dynastie impériale. Qu'est-ce que la dynastie ? Meot vous le dira. Le fameux traiteur Meot est cuisinier du roi[2], qui s'amuse souvent à causer avec lui ; le seul homme, dit-on, pour qui Sa Majesté ait quelque considération. « Meot, lui dit le roi, tu me pousses ta famille, tes nièces, tes cousins, tes neveux, tes fieux ; tu n'as pas un parent à la mode de Bretagne, marmiton, gâte-sauce, qu'il ne faille placer et faire gros seigneur. — Sire, c'est ma dynastie, » lui répondit Meot. Voilà un joli conte que vous ferez valoir en le contant avec grâce : vous ne pouvez autrement.

Quant au temps où nous nous reverrons, la réponse n'est pas si aisée. J'en meurs d'envie, vous pensez bien. Mais il faut achever de conquérir ce royaume, et puis voir les antiquités ; il y en a beaucoup de belles ; vous savez ma passion, je suis fou de l'antique.

Vous présenterai-je mon respect ? Voulez-vous que j'aie

---

1 A Sinopoli, près de Scylla, dans les premiers jours d'octobre*. — 2. Joseph.

l'honneur d'être... ? Non, je vous embrasse tout bonnement... Mon Dieu ! que vous êtes grosse ! Moi qui vous ai vue comme un jonc, maintenant vous me paraissez une des tours de Notre-Dame. Ah! mamselle Sophie ! qu'avez-vous fait là ? Que monsieur votre mari ne s'attende pas à mes compliments pour vous avoir mise dans ce bel état.

Encore une fois je vous embrasse.

Le vieux cousin qui ne rit plus.

A MADAME PIGALLE

A Paris.

Miletò, le 30 octobre 1806.

Je vous envoie, chère cousine, une lettre pour M. Gassendi ; ayez la bonté de la lui faire tenir. Ce que je demande dépend de lui. Mais, tout mon ami qu'il se dit, je ne compte que médiocrement sur sa bonne volonté. Si vous le voyiez, chère cousine, ou, pour mieux dire, s'il vous voyait, je le connais et vous aussi, vous lui feriez faire ce que vous voudriez. Je ne vous demande point de ces efforts qui coûtent trop à la vertu : cela est bon lorsqu'il s'agit de la tête d'un mari comme dans le conte de Voltaire[1]. Mon placet réussira si vous l'appuyez seulement d'un regard et d'un sourire. Que vous êtes heureuses, vous autres belles, de faire des heureux à si peu de frais !

Ce que vous me marquez de mon affaire avec Arnou ne me rassure pas autant que vous l'imaginez. Je ne puis le voir, lui, parce qu'il est à Naples, c'est-à-dire à cent lieues de moi, et ces cent lieues sont plus difficiles à faire que mille en tout autre pays, à cause des voleurs qui se sont établis sur toutes les routes, en sorte que nul ne passe s'il n'est plus fort qu'eux. On n'y arrête pourtant jamais ni diligences ni chaises de poste ; je vous laisse à deviner pourquoi.

Si Mlle Eugénie a déjà pris un autre nom par-devant notaire, je lui en fais mon compliment, et bien plus encore à celui qui a cueilli cette jolie rose. Mes respects, s'il vous plaît, à Mme Audebert. Vous savez que je fus toujours son admirateur, mais elle ne le sait peut-être pas : il est temps de le lui apprendre.

Excusez le chiffon sur lequel je vous écris. Rien n'est plus

---

1. *L'Ingénu.*

rare que le papier en ce pays-ci, où tout se trouve, hors le nécessaire.

A M. COURIER
CHEF D'ESCADRON D'ARTILLERIE, A NAPLES.

Hanovre, le 8 novembre 1806.

Mon commandant,

Vous m'excuserez si je prends la liberté de vous écrire : c'est pour vous demander un certificat concernant mes actions devant mon ennemi, si vous vous rappelez le 17 août que nous avons été attaqués par les brigands. Le général Reynier a demandé après les pièces de canon ; les mulets ne pouvant pas passer, j'en ai pris une sur mon épaule et je l'ai portée à l'emplacement où elle devait être mise en batterie. Le général Reynier a demandé mon nom ; mais comme tout le monde était occupé à voir la pleine déroute des brigands, dans le même moment le général a commandé de mettre les pièces sur les mulets et de descendre dans le village, où il y avait un drapeau blanc sur le clocher.

Mon commandant, si vous voulez bien vous rappeler le terrible passage de Corigliano lorsque nous y avons été pris par les brigands, que le sort de notre vie ne tenait plus à rien. Rappelez-vous aussi du passage de Corigliano à Tarente pour la première fois que nous avons été débarqués à Gallipoli. Rappelez-vous aussi qu'à Matera le parc d'artillerie m'a été confié sous ma main, en outre ma diligence faite pour les mulets et les caisses nécessaires pour le transport des munitions d'infanterie ; le nombre en était de cent soixante mille cartouches qui ont été rendues en juste compte à Cassano à notre arrivée à la division du général Reynier.

Vous m'excuserez si je me permets de vous demander ceci, c'est que dans ce moment on a demandé les certificats de tous ceux qui sortent des différents corps d'artillerie.

Signé : Lefaivre,
Canonnier dans la 5ᵉ compagnie d'artillerie
de la garde impériale.

[Courier quitta, dans les premiers jours de novembre, la division du général Reynier, et fut appelé à Naples, où il arriva le 14.]

AU MINISTRE DE LA GUERRE
A Paris.

Naples, le 1ᵉʳ janvier 1807.

Monseigneur, après une campagne pénible dans la Calabre, je me trouve à Naples sans rien faire, parce qu'il n'y a rien à faire. Cette oisiveté dont j'ai perdu l'habitude, jointe à la mollesse du climat, détruit ma santé. Je suis malade, Monseigneur, et ne puis me rétablir, à moins que Votre Excellence ne daigne me tirer d'ici. Les médecins, tout d'une voix, assurent qu'il faut pour me guérir un air moins tiède que celui-ci et une vie plus active ; je vous supplie donc, si cela peut s'accorder avec le bien du service, de me faire passer à la grande armée.

[Courier ne passa que deux mois à Naples, après lesquels il fut envoyé à Foggia, dans la Pouille, pour veiller à une levée de chevaux et de mulets qui se faisait dans cette province pour le service de l'artillerie. Force lui fût de partir avant d'avoir pu remonter son équipage, et sans avoir obtenu la moindre indemnité des pertes qu'il avait éprouvées en Calabre. Il obtint 1.900 francs en août seulement.
Pendant ce court séjour dans la capitale, il avait repris ses études littéraires et établi des rapports intimes avec plusieurs érudits. Ceux-ci lui procurèrent la connaissance du marquis Tacconi, qui mit à sa disposition une riche bibliothèque.]

A M. LE GÉNÉRAL REYNIER

Foggia, le 17 février 1807.

Mon général, avec le tableau de mes misères, que vous pouvez voir ci-joint, je vais depuis trois mois de porte en porte, implorant le secours d'un chacun ; mais la charité est éteinte ; on me dit : « Dieu vous assiste, » et on me tourne le dos.

Quelqu'un pourtant me fait espérer (car il y a encore de bonnes âmes), si vous voulez bien certifier que par votre ordre j'ai pris la poste pour aller et revenir de Reggio à Tarente, voyage que je fis deux fois, comme vous savez ; sur ce certificat on dit qu'on me paiera quelque chose. Il est très vrai, mon général, que vous m'avez donné cet ordre ; mais quand cela serait faux, comme il s'agit d'une aumône et de soulager un malheureux; ce seul motif sanctifie tout, et vous ne devriez faire aucun scrupule de mentir par charité. Pour donner aux pauvres, saint François volait sur les grands chemins.

Notez, je vous prie, mon général, que ce certificat sera d'accord avec un autre certificat de vous, qui atteste fort inutilement que j'ai perdu trois chevaux laissés à Reggio, parce que j'étais parti en poste pour Tarente. Bon Dieu ! que de cerficats ! et quel style ! Je devrais bien recommencer tout ceci pour vous écrire plus décemment et plus intelligiblement ; mais je compte à la fois sur votre indulgence et sur votre pénétration : deux choses dont je vous puis donner de bons certificats.

[A cette lettre se trouvait joint un *Etat de pertes*, imprimé à Naples en janvier 1807 : nous le plaçons après la lettre qui suit, relative au même objet.

Le général Reynier observa que le sieur Courier était le seul officier qui eût demandé à venir en Calabre, et le seul qui n'eût jamais demandé à en sortir.)

A M. ***

MINISTRE DE LA GUERRE, A NAPLES.

Foggia, le 17 février 1807.

Monseigneur, si Votre Excellence daigne jeter les yeux sur l'état ci-joint, elle y verra que mes pertes réelles dans la dernière campagne montent à 12.247 francs, valeur d'environ trois années de mes appointements. Mes *états de pertes*, réduits à la somme que la loi m'accorde, ont été remis en bonne forme à M. l'ordonnateur en chef de l'armée, il y a plus de six mois. J'ignore ce qu'il en a fait et ce que j'en puis espérer. Peu d'officiers de mon grade ont perdu autant que moi ; nul n'a servi avec plus de zèle. Plusieurs ont été remboursés intégralement. Sans prétendre à la même faveur, j'ose supplier Votre Excellence de vouloir bien considérer :

1º Que mes appointements me sont dus depuis le mois de mars 1806 ;

2º Que depuis le mois de septembre dernier je ne touche aucune ration ni en argent, quoique officier attaché à l'état-major d'artillerie, ni en nature, quoique faisant partie d'un corps ;

3º Que je n'ai encore jamais rien reçu de mon traitement de la Légion d'honneur;

Qu'enfin mes ressources s'épuisent, et que, loin de pouvoir me remonter de manière à servir utilement, j'ai de la peine à subsister.

Votre Excellence trouvera ci-joint les pièces qui prouvent ces assertions.

ÉTAT DES PERTES FAITES DANS LA DERNIÈRE CAMPAGNE PAR LE SIEUR COURIER, CHEF D'ESCADRON AU 1er RÉGIMENT D'ARTILLERIE A CHEVAL.

NATURE DES EFFETS	PRIX	OBSERVATIONS
Un cheval d'escadron acheté à Milan, et payé par le quartier-maître dudit régiment.......	fr. 1.320	
Un cheval d'escadron, âgé de 7 ans, acheté à Acquaviva..............................	1.200	Pris à Reggio.
Un cheval de 4 ans, acheté du major du 6º d'infanterie, payé par le quartier-maître dudit régiment...........................	720	
Un cheval calabrais, acheté pour moi, et payé par le colonel des uhlans polonais..........	330	
Un cheval noir de 4 ans.....................	24	Pris à Ajello, le canonnier qui le conduisait ayant été tué.
Un cheval de 5 ans, acheté pour moi par le colonel du 1er régiment d'artillerie à cheval.	1.008	Morts dans la marche sur Naples.
Une jument normande, achetée du colonel du 2º régiment d'artillerie à pied............	960	
Habits de grand et petit uniforme, linge, manteau, équipages de chevaux à la hussarde, pistolets de Versailles, argent, livres, etc.......	4.000	Évaluation fort discrète.
Une ordonnance de 1.200 fr. du ministre de la guerre, du mois de mars 1806...............	1.200	L'ordonnateur en chef a connaissance de cet article.
Payé par moi pour le transport de l'artillerie en Calabre...............................	1.485	Les pièces de dépenses ayant été perdues à Corigliano, où je fus pris et dépouillé, j'ai remboursé cette somme à la caisse d'artillerie, par ordre du général Dedon.
Total........	12.247	

Dans cet état ne sont point compris les frais de poste et de bureau promis par les généraux Reynier et Dulauloy au Sr Courier, qui, par leur ordre, a toujours voyagé en poste.

On n'a point porté non plus le linge, les habits, capote, chaussure, etc., donnés au sieur Courier par ses camarades, et pris ensuite par les brigands, tant à Ajello, où le canonnier d'ordonnance qui l'accompagnait périt, que sur les hauteurs de Nicastro, où trois hommes de son escorte furent tués par des brigands.

A M. GUILLAUME

SOUS-INTENDANT MILITAIRE AU SERVICE DE NAPLES.

Foggia, le 20 mars 1807.

C'est à présent, mon cher sous-intendant, ou pour mieux dire sous-ministre, qu'il faut me protéger tout de bon, et mettre aux pieds de Son Excellence le tableau de mes misères. Il y a de quoi attendrir le cœur même d'un ministre. Mais si votre éloquence appuie mes humbles supplications, je ne doute point que Monseigneur n'obtienne de Sa Majesté une décision particulière en ma faveur, moyennant quoi on me payera le montant de mes états de perte, lesquels existent dûment certifiés, visés, enfilés et oubliés dans vos paperasses.

Si c'est vous, comme je crois, qui avez rédigé la lettre de monseigneur l'ordonnateur en chef à monseigneur le ministre, relative à mes lamentations, le diable vous puisse emporter ! Que vous en coûtait-il de convenir que j'étais à plaindre, et digne autant pour le moins qu'aucun de ceux qu'on a remboursés, de la compassion du roi ? Si cela était vrai, comme il l'est, il le fallait attester pour l'amour de la vérité sinon pour l'amour de moi. Supposons que vous fussiez sur le point de faire un bon mariage, irai-je conter au beau-père vos fredaines galantes ? On est ami ou on ne l'est pas. Adieu.

A M. COLBERT

COMMISSAIRE ORDONNATEUR.

Foggia, le 22 février 1807.

Mon cher ordonnateur, je suppose que vous êtes maintenant à Naples, où l'on vous attendait lorsque j'en suis parti ; vous vous divertissez, et ne songez guère à moi qui m'ennuie fort, et pense souvent à vous, bien fâché de ne plus vous voir. Voilà une douceur à laquelle vous ne sauriez vous dispenser de répondre.

C'est donc pour vous dire que vous m'écriviez. Joignez à votre lettre une petite note de la petite somme que vous avez à moi ; chose utile, nécessaire même, en cas de mort ou de départ de votre part ou de la mienne ; vous savez ce que c'est que de nous. Si on meurt de plaisir et d'ennui, nous sommes tous deux en grand péril.

Il y avait dans ce pays-ci beaucoup de brigands, même avant que nous y vinssions ; le nombre en augmente tous les jours. On détrousse les passants, on fait le contraire aux filles ; on vole, on viole, on massacre ; cet art fleurit dans la Pouille autant pour le moins qu'en Calabre, et devient une ressource honnête pour les moines supprimés, les abbés sans bénéfices, les avocats sans cause, les douaniers sans fraude et les jeunes gens sans argent. Tout voyageur qui en a, ou paraît en avoir, passe mal son temps sur les routes. Pour moi, dont l'équipage fait plus de pitié que d'envie, je prends peu d'escorte, et voyage en ami de tout le monde.

C'est pour vous dire enfin que je vous embrasse et me recommande à votre bon souvenir. J'embrasse aussi le sous-intendant, et lui souhaite de devenir quelque jour surintendant pour ne point trouver de cruelles.

Jamais surintendant trouva-t-il de cruelles ?

C'est Boileau[1] qui a dit cela, et il parlait, je crois, d'un de vos aïeux qui était surintendant ; dont bien vous prend.

De vos nouvelles bientôt, je vous prie ; ou si paresse vous lie les doigts, faites-moi écrire par l'ami commun ; supposé que les amis comme lui puissent jamais être communs... Au diable le calembour ! Dieu vous garde.

AL SIGNOR FRANCESCO DANIELE

PRIVATO BIBLIOTECARIO DEL RE DI NAPOLI, ETC.

Foggia, 24 marzo 1807.

Si vales benè est, ego valeo. Valeo si ; ma ho avuto febbri e raffredori, ed altri incommodi che m'hanno insino a questo momento tolto il piacere di potervi scrivere. Minacciato tuttavia prima che assalito da si fatti malanni, ho presto dato di piglio all' usata medicina, mangiare poco e faticare assai ; con questa panacea e l'ajuto di Dio, mi son guarito di modo che sto come una lasca ; e, se sapessi che di voi fosse lo stesso,

---

[1]. Satire VIII, vers 208 Jamais surintendant *ne trouva* de cruelles.

sarei contento quanto puo essere un galant' uomo. Qui à Foggia cio è, *in terra latronum*, pullulano i ladri, ed è un' arte il rubar cosi onorata e profittevole, e senza pericoli, che tutti la voglion fare ; chi collo schioppo, chi colla penna, e meglio anche al tavolino che alla macchia. Gran fatica si prepara ai futuri Tesei. Ma parliamo d'altro. Questa brutta commissione impostami per commando *regum timendorum in proprios greges* non va avanti, cosi non posso piu sperar di rivedervi *cum hirundine prima* ; anzi dubito e temo di dover più e più mesi stare lontano da voi, il che non era niente necessario a farmi gustar la vostra veramente aurea conversazione. Affè di Dio, don Ciccio mio, dacchè vi lasciai non ho trovato con chi barattar due parole. Qui vengo a cercar muli, ma son tutti asini che in vederli mi fanno esclamar: dov' è il caro don Ciccio, *qui turpi secernit honestum ?* Dov' è il padre abate che dovea venir con me ? Ma quanto fù più accorto a non partirsi mai da voi ; e don Giuseppe nostro coll' amabile consorte sua ; e donna Giulia, tutti vi piango ; mi pare mille anni di rivedervi tutti. Ma quando sarà, Dio lo sa.

Ora, che vi pare del mio scriver toscano ? per me, credo scrivervi cruschevolissimevolmente ; ma se a caso, questo mio cicalare non fosse proprio di nessuna lingua per voi intelligibile, basta, v' è noto l'affetto mio, e se non troppo m'intenderete, indovinerete almen quanto vorrei, ma non so significarvi meglio. *Vale, fac ut me ames et valetudinem tuam diligentissime cures* [1].

---

[1]. *Si vous vous portez bien, j en suis aise : je me porte bien aussi* ; mais j'ai eu des fièvres et des rhumes et d'autres inconvénients qui m'ont jusqu'à ce moment enlevé le plaisir de pouvoir vous écrire. Menacé pourtant par ces calamités avant d'en être attaqué, j'ai vite eu recours à ma médication habituelle, manger peu et me fatiguer beaucoup ; avec cette panacée et l'aide de Dieu, je me suis guéri si bien que je me porte à merveille : et si je savais qu'il en fût de même pour vous, j'en serais content autant qu'un homme de bien peut l'être. Ici, à Foggia, c'est-à-dire *dans cette terre de brigands*, les brigands en effet pullulent, et voler y est un art si honoré, si profitable et si exempt de péril que tous veulent l'exercer : l'un avec le fusil, l'autre avec la plume ; et mieux encore à un bureau que dans le maquis. Cela prépare un grand travail aux futurs Thésées. Mais parlons d'autre chose. Cette stupide commission qui m'a été imposée par le commandement de ces *rois que doit redouter le troupeau de leurs sujets* (Hor., *Od.*, III, 1, 5) n'avance pas ; ainsi je ne peux plus espérer de vous revoir *avec la première hirondelle* (Hor., *Ep.*, I, VII, 13) ; mais je crois — et je le crains — qu'il me faudra rester plusieurs mois loin de vous ; ce qui n'était nullement nécessaire pour me faire goûter votre conversation vraiment toute d'or. Par Dieu, mon cher don Ciccio, depuis que je vous ai quitté, je n'ai pas trouvé avec qui échanger deux paroles. Je viens ici chercher des mulets, mais en ne voyant que des ânes, je m'écrie : « Où est le cher don Ciccio *qui sait discerner la vertu du vice* (Hor., *Sat.*, I, VI, 63). Où est le père abbé qui devait venir avec moi ? » Mais combien fut-il plus avisé de ne jamais se séparer de vous ; et notre cher don Joseph avec son aimable femme ; et donna Julia, je vous pleure tous ; il me semble que je ne vous reverrai de mille années. Quand sera-ce, Dieu le sait !

RÉPONSE A LA LETTRE PRÉCÉDENTE

Non saprei esprimervi con parole, carissimo e stimatissimo amico, il piacere che ho provato con tutta la mia famiglia in vedere i vostri caratteri ; che veramente tutti siamo stati in pensiere per voi, per lo silenzio che avete osservato dal momento in cui siete partito. Sento gli incommodi che avete sofferti, e sento ancora con mio contento che n'eravate al fine libero ; ma non posso sentire senza dispiacere che la vostra assenza da Napoli sia prolungata, e che voi stesso non sapete quando ci potremo rivedere. Tutto sara tolerabile sempre che voi starete bene ; che è il voto che tutti facciamo.

Io mene stava in Caserta come sapete, e facea conto di restarvi per sempre, *exosus urbem urbanosque mores*, quando venni chiamato in Napoli, perchè il Rè mi avea nominato suo privato bibliotecario, che in sostanza è un titolo di onore per darmi cento cinquanta ducati al mese. Posteriormente Sua Maestà ha ristaurata l'academia Ercolanese con piccola variazone, chiamandola reale Academia d'istoria e di antichità ; ed ha nominato me per segretario perpetuo, e finalmente m'ha dato la direzione della reale Stamperia. Sin ad ora nè per l'Academia nè per la Stamperia mi veggo fatto assegnamento alcuno, ma sento che vorranno darmi altri cento ducati. Il Rè poi ha avuto la degnazione di chiamarmi due volte al palazzo, e di trattenersi meco lungamente in una conversazione letteraria ; ed avendomi qualche volta veduto al circolo, mi ha fatte mille distinzioni. Non potete immaginarvi in un paese sciocco come questo, quanto si sia ragionato sopra di me, e quanti ossequj vada alla giornata ricevendo da questi stessi che altra volta mi hanno guardato con disdegno. *Risi, et humanas video quoque vices*. Ma questi son gli uomini, cio è animali ridicoli in tutta l'estensione e significazione del vocabolo.

Il padre abate se ne ando a Melfi a predicare, ed ebbe cattivo incontro per istrada ; e ora si aspetta di ritorno ma disabattato, poichè in regno è stato abolito il suo ordine; né questo povero diavolo sa dove si andare. — Donna Giulia *in salicibus*

Maintenant, que vous semble de mon style toscan ? Pour moi, je crois vous écrire tout à fait suivant les règles de la Crusca ; mais si par basard mon bavardage n'appartient à aucune langue que vous puissiez comprendre, qu'importe ? vous connaissez mon affection ; et si vous ne me compreniez pas très bien, vous devineriez du moins combien je voudrais — (mais je ne sais) — vous exprimer davantage. *Portez-vous bien : aimez-moi et ayez de votre santé le plus grand soin.*

suspendit organa sua, e ci ha privati del piacere di sentire la sua voce che parea proprio quella di Diana, che era riserbata a voi solo. Tutti gli amici ricordano ogni giorno con ambizione il vostro nome; tutti vi salutano. Voi intanto attendete a conservar la vostra preciosa salute, e noi continuerete ad amare, siccome fate. *Vale, Tuissimus*, Daniele [1].

AL SIGNOR MARCHESE TACCONI

IN NAPOLI.

Foggia, 10 maggio 1807.

Mi spiacque assai, signor marchese, di dovermene andare come feci da Napoli senza vedervi prima, e ringraziarvi delle tante finezze che usaste a me ed al mio Senofonte; ma Dio volle cosi. Anche i giorni innanzi alla mia precipitossissima partenza, fui più volte da voi, nè mai mi riuscì di trovar voi o gente vostra in casa. Trovai bensì le chiavi dello studio che mi furon al solito date dal guarda portone; ma per quanto cercassi di voi e del padre Andrès, non mi venne fatto di sco-

---

1. Je ne saurais vous exprimer par des paroles, ami très cher et très estimé, le plaisir que j'ai éprouvé, avec toute ma famille, en voyant votre écriture : car véritablement nous avons été tous inquiets à votre sujet, en raison du silence que vous avez gardé depuis votre départ. Je comprends toutes les incommodités dont vous avez souffert, et j'apprends aussi avec plaisir que vous en êtes à la fin délivré, mais je ne puis voir sans peine que votre absence de Naples se prolonge et que vous ne sachiez pas vous-même quand nous pourrons nous revoir. Tout pourra se supporter tant que vous vous porterez bien : c'est le souhait que nous faisons tous.

Je m'étais retiré à Caserte, comme vous savez, et je comptais y rester toujours, *plein de haine pour la ville et les mœurs de la ville*, quand je fus appelé à Naples, parce que le roi m'avait nommé son bibliothécaire particulier; en somme c'est un titre d'honneur qui peut me donner cent cinquante ducats par mois. Postérieurement Sa Majesté a restauré l'académie d'Herculanum avec de légers changements, l'appelant l'Académie royale d'histoire et d'antiquité : et il m'a nommé secrétaire perpétuel, et finalement m'a donné la direction de l'Imprimerie Royale. Jusqu'ici ni pour l'Académie ni pour l'Imprimerie, je ne vois pas qu'on me fixe aucun appointement, mais je crois qu'ils voudront me donner cent autres ducats. Le roi, ensuite, a daigné m'appeler deux fois au palais et s'entretenir longuement avec moi dans une conversation littéraire; et, m'ayant vu plusieurs fois à la réception, il m'a accordé mille marques de distinction. Vous ne pouvez vous imaginer combien dans un pays aussi sot que celui-ci, on a discouru sur mon compte, et combien chaque jour je reçois d'hommages de ceux-là même qui naguère me regardaient avec dédain : *J'ai ri et je ris encore des vicissitudes humaines*. Mais tels sont les hommes : des animaux ridicules dans toute l'extension et la signification du terme.

Le père abbé s'en est allé prêcher à Melfi, et il a fait en chemin une mauvaise rencontre, et maintenant il s'attend à revenir, mais abbé sans abbaye, car dans le royaume on a aboli son ordre : et ce pauvre diable ne sait où aller. — Donna Julia a *suspendu sa lyre aux saules* (*Psaume* 137) et nous a privés du plaisir d'entendre sa voix qui paraissait la voix de Diane et qui était réservée à vous seul. Tous nos amis se rappellent chaque jour avec ambition, votre nom : tous vous saluent. Vous cependant veillez à conserver votre précieuse santé, et continuez à nous aimer comme vous le faites. *Adieu. Tout à vous*, Daniel.

prir nemmeno in che parte vi foste involati dal mondo, nè quando s'aspettasse il vostro ritorno quaggiù. Così mesto e dolente mi convenne partire, lasciando, sulla parete della disabitata stanza, scritto col mio lapis un lacrimoso *vale*, che ancora forse ci potrete vedere accanto all' orologio, e credo sarà l'*ultimum vale* giacchè posso viver poco, se per la noja si muore.

Fate queste mie scuse per l'improvisa scappata, m'ho da giustificare di non avervi scritto più presto; di questo poi ne dovete accusare la mia poca salute. Dacchè sciolsi da Napoli l'infausto legno che per la strada naufrago, (maledetti sian tutti i calessi di piazza), oltre all' indicibile rammarico ch'io provai in dovermi separare dagli amici; presero a farmi guerra e febbri e catarri si pertinacci, che uniti colle fastidiosissime cure del mio brutto carico, non m'han lasciato finora pace nè riposo da poter dar nuove di me a nessuno. Mentre a voi sopratutti mi premeva far presente la grata memoria che ho ed avro sempre delle vostre amorevoli premure verso di me, non so se dico bene, vorrei che vi fosse noto l'animo mio, la mia riconoscenza; ma siccome straniero e transalpino, poco pratico di quest' idioma, non so trovar le parole che naturalmente ci saranno per ispiegare tali affetti. Voi medesimo dunque, signor marchese, ajutatemi un poco per carita; immaginatevi quanto puo esprimer in buon toscano un cuor pieno di gratitudine, e questo sarà appunto quel che vi voglio dire [1].

---

1. A Monsieur le marquis Tacconi, A Naples, Foggia, 10 mai 1807. — J'ai été tout à fait désolé, monsieur le marquis, d'être obligé de quitter Naples, comme je l'ai fait, sans vous voir auparavant et sans vous remercier de tant de bontés que vous avez eues pour moi et pour mon Xénophon : mais Dieu l'a voulu ainsi. Et même, les jours qui ont précédé mon départ si précipité, je fus plusieurs fois chez vous, mais je ne réussis à y trouver ni vous-même ni personne de la maison. Je trouvai bien les clefs du cabinet de travail, qui me furent remises selon l'usage par le concierge, mais quand je voulus m'enquérir de vous et du père Andrès, je ne fus capable de découvrir dans quelle partie du monde vous vous étiez envolés, pas plus que le moment où l'on attendait votre retour ici-bas. C'est ainsi que, triste et dolent, il me fallut partir, laissant, sur la muraille de la chambre inhabitée, écrit avec mon crayon, un larmoyant adieu, que peut-être vous y pourriez encore voir à côté de l'horloge, et qui sera peut-être le « dernier adieu », puisque je ne peux vivre que peu de temps, si l'on meurt d'ennui.

Ces excuses faites pour ma fuite subite, j'ai à me justifier de ne vous avoir pas écrit plus vite ; de cela vous devez accuser mon peu de santé. Depuis que j'emmenai de Naples le funeste véhicule qui fit naufrage en route (maudites soient toutes les calèches de place), outre l'indicible amertume que j'éprouvais à devoir me séparer de mes amis, fièvres et catarrhes se mirent à me faire la guerre avec tant d'opiniâtreté que, joints aux soucis insupportables de mon malencontreux fardeau, ils ne m'ont laissé jusqu'ici ni paix ni repos pour pouvoir donner de mes nouvelles à qui que ce soit. A vous surtout j'avais à cœur de manifester le souvenir reconnaissant que j'ai et que j'aurai toujours de votre zèle obligeant à mon égard ; je ne sais si je dis bien, je voudrais que vous fussent connus mes sentiments, ma reconnaissance ; mais étranger d'au delà des monts, peu familier avec cet idiome-ci, je ne sais trouver

A MADAME PAULINE ARNOU
à Paris.

Lecce, le 25 mai 1807

Comment vous portez-vous, madame ? voilà ce que je vous supplie de m'apprendre d'abord. Ensuite, marquez-moi, s'il vous plaît, ce que vous faites, où vous êtes, en quel pays et de quelle manière vous vivez, et avec quels gens. Vous pourrez trouver ces questions un peu indiscrètes, moi, je les trouve toutes simples, et compte bien que vous y répondrez avec cette même bonté dont vous m'honoriez autrefois. M. Arnou, que j'ai vu à Naples, m'a donné de votre situation des nouvelles qui, à tout prendre, m'ont paru satisfaisantes. Avec de la santé, de la raison et des amis éprouvés, ce que vous avez sauvé des griffes de la chicane vous doit suffire pour être heureuse. Je ne sais si vous avez besoin qu'on vous prêche cette philosophie ; mais moi, qui n'ai pas trop à me louer de la fortune, je ne voudrais qu'être entre vous et Mme Colins ; je crois que nous trouverions pour rire d'aussi bonnes raisons que jamais.

Dès à présent, si j'étais sûr que vous voulussiez vous divertir, je vous ferais mille contes extravagants, mais véritables, de ma vie et de mes aventures. J'en ai eu de toutes les espèces, et il ne me manque que de savoir en quelle disposition ma lettre vous trouvera pour vous envoyer un récit, triste ou gai, tragique ou comique, dont je serais le héros. En un mot, madame, mon histoire (entendez ceci comme il faut) fait rire et pleurer à volonté. Vous m'en direz votre avis quelque jour ; car je me flatte toujours de vous revoir; quoiqu'il ne faille pour cela rien moins qu'un accord général de toutes les puissances de l'Europe. Vous revoir, madame, vous, Mme Audebert, Mme Colins, Mme Saulty, et ce que j'ai pu connaître de votre aimable famille; cette idée, ou plutôt ce rêve, me console dans mon exil, et c'est le dernier espoir auquel je renoncerai.

Depuis quelques mois, nous ne nous battons plus, et, s'il faut dire la vérité, on ne nous bat plus non plus. Nous vivons tout doucement sans faire ni la guerre ni la paix : et moi, je parcours ce royaume comme une terre que j'aurais envie

---

les paroles qui conviendraient naturellement pour expliquer une telle amitié. Vous même, seigneur marquis, aidez-moi donc un peu par charité : imaginez-vous ce que peut exprimer en bon toscan un cœur plein de gratitude, et ce sera précisément ce que je veux vous dire.

d'acheter. Je m'arrête où il me plaît, c'est-à-dire presque partout ; car ici il n'y a pas un trou qui n'ait quelque attrait pour un amateur de la belle nature et de l'antiquité. Ah ! madame ! l'antique ! la nature ! voilà ce qui me charme, moi ; voilà mes deux passions de tout temps. Vous le savez bien. Mais je suis plus fort sur l'antique, ou, pour parler exactement, l'un est mon fort, l'autre mon faible. Eh bien ! que dites-vous ? faudrait-il autre chose que cette impertinence pour nous faire rire une soirée dans ce petit cabinet au fond du billard ?

Je calcule avec impatience le temps où je pourrai recevoir votre réponse ; n'allez pas vous aviser de ne m'en faire aucune. Ces silences peuvent être bons dans quelques occasions ; mais à la distance où nous sommes, cela ne signifierait rien. Je ne feindrai point de vous dire aussi que, fort peu exact moi-même à donner de mes nouvelles, je suis cependant fort exigeant et fort pressé d'en recevoir de mes amis. Voilà la justice de ce monde.

[La levée des mulets obligea Courier à parcourir toute la Pouille, et à pousser jusqu'à Bari et à Lecce ; il revint enfin à Naples vers la mi-juin. A son arrivée, il trouva le général Dedon, commandant de l'artillerie de l'armée, prévenu et indisposé contre lui. Il se défendit peut-être avec trop de vivacité et fut mis aux arrêts.]

A M. LE GÉNÉRAL DEDON

COMMANDANT D'ARTILLERIE.

Naples, le 25 juin 1807.

Monsieur, la supériorité du grade ne dispense pas des procédés, de ceux-là surtout qui tiennent à l'équité naturelle. Les vôtres à mon égard ne sont plus d'un chef, mais d'un ennemi. Je vous croyais prévenu contre moi, et vous ai donné des éclaircissements qui devaient vous satisfaire. Maintenant je vois votre haine, et j'en devine les motifs ; je vois le piège que vous m'avez tendu en me chargeant d'une commission où je ne pouvais presque éviter de me compromettre. Vous commencez par me punir ; vous m'ôtez la liberté, pour que rien ne vous empêche de me dénoncer au roi, et de prévenir contre moi le public. Ensuite vous me citez à votre propre tribunal, où vous voulez être à la fois mon accusateur et mon juge, et me condamner sans m'entendre, sans me nommer mes dénonciateurs, ni produire aucune preuve de ce qu'on avance contre moi. Vous savez trop combien il me serait facile de confondre les impostures de vos vils espions. Vous pouvez réussir à me perdre ; mais peut-être trouverai-je qui m'écoutera malgré vous. Quoi qu'il arrive, n'espérez pas trouver en moi une victime muette. Je saurai rendre la lâcheté de votre conduite aussi publique dans cette affaire qu'elle l'a déjà été ailleurs.

[Vingt copies de cette lettre furent distribuées dans l'armée.]

A M.***

COLONEL D'ARTILLERIE, A NAPLES.

Naples, le 27 juin 1807.

Voilà qui est bouffon : il me tient bloqué et me demande la paix ; c'est l'assiégeant qui capitule. Vous allez voir, mon colonel, si je me pique de générosité. Je ne demande pour moi que la levée de mes arrêts, et de passer à une autre armée ; moyennant quoi je me dédis de tout ce que j'ai dit et écrit au général Dedon. Je ne plaisante point, je signerai qu'il est brave, qu'il l'a fait voir à Gaëte, et que ceux qui disent le contraire en ont menti, moi le premier. Un démenti à toute l'armée, que voulez-vous de plus, mon colonel ? rédigez les articles, et faites-moi sortir. Prisonnier à Naples, il me semble être damné en paradis.

A M. LE GÉNÉRAL DEDON

COMMANDANT L'ARTILLERIE DE L'ARMÉE.

Naples, le 29 juin 1807.

Mon général,

J'ai eu le malheur de vous offenser, et je comprends qu'il est difficile que vous l'oubliiez jamais. Quand même vous auriez la bonté de ne montrer aucun ressentiment de ce qui s'est passé, ma position n'en serait pas moins désagréable ici, où le moindre incident pourrait rallumer des passions plutôt assoupies qu'éteintes. Vous-même, mon général, ne sauriez désirer de conserver sous vos ordres un officier qui, doutant toujours de vos dispositions à son égard, n'apporterait au service ni confiance ni bonne volonté. Je vous prie donc, mon général, de m'obtenir du roi l'ordre que je sollicite depuis si longtemps, de me rendre à la grande armée.

[En attendant l'effet de cette demande, Courier fit sa rentrée dans la bibliothèque du marquis Tacconi. Il y travaillait à la traduction des livres de Xénophon sur le commandement de la cavalerie et sur l'équitation. Cet ouvrage, entrepris dès l'époque de son séjour à Plaisance, et plusieurs fois interrompu, fut à peu près terminé cette année à la fin de novembre. Il n'a été cependant imprimé qu'en 1809 à Paris.

Pour mieux comprendre les préceptes de son auteur sur l'équitation, il en faisait l'essai par lui-même et sur son propre cheval. Celui-ci, qu'il avait bridé et équipé à la grecque, n'était point ferré. Il le montait sans étriers, et courait ainsi dans les rues de Naples, sur les dalles qui forment le pavé à la grande surprise des autres cavaliers, qui n'y marchaient qu'avec précaution.]

A M. DE SAINTE-CROIX

A Paris.

Naples, le... juillet 1807.

Monsieur, vous vous moquez de moi. Heureusement j'entends raillerie, et prends comme il faut vos douceurs. Que si vous parlez tout de bon, sans doute l'amitié vous abuse. Il se peut que je sois coupable[1] de quelque chose; mais cela n'est pas sûr comme il l'est que jusqu'à présent je n'ai rien fait

Ce que je vous puis dire du marquis Rodio, c'est qu'ici sa mort passe pour un assassinat et pour une basse vengeance. On lui en voulait parce qu'étant ministre et favori de la reine, il parut contraire au mariage que l'on proposait d'un fils ou d'une fille de Naples avec quelqu'un de la famille. L'empereur a cette faiblesse de tous les parvenus : il s'expose à des refus ; Il fut refusé là et ailleurs. Le pauvre Rodio depuis, pris dans un coin de la Calabre, à la tête de quelques insurgés, quoiqu'il eût fait une bonne et franche et publique capitulation, fut pourtant arrêté, jugé par une commission militaire, et, chose étonnante, acquitté. Il en écrivit la nouvelle à sa femme, à Catanzaro, et se croyait hors d'embarras, mais l'empereur le fit reprendre et rejuger par les mêmes juges, qui cette fois-là le condamnèrent, étant instruits et avertis. Cela fit horreur à tout le monde, plus encore peut-être aux Français qu'aux Napolitains. On le fusilla par derrière, comme traître, félon, rebelle à son *légitime* souverain. Le trait vous paraît fort ; j'en sais d'autres pareils. Quand le général V*** commandait à Livourne, il eut l'ordre, et l'exécuta, de faire arrêter deux négociants de la ville, dont l'un périt comme Rodio, l'autre l'échappa belle, s'étant sauvé de prison par le moyen de sa

---

1. Peut-être faut-il lire *capable*, malgré la leçon des éditions.

femme et d'un aide de camp. Le général fut en peine et fort réprimandé. Ici nous avons vu un courrier qui portait des lettres de la reine assassiné par ordre, ses dépêches enlevées, envoyées à Paris. L'homme qui fit ce coup, ou l'ordonna du moins, je le vois tous les jours. Mais quoi ! à Paris même, pour avoir des papiers, n'a-t-on pas tué chez lui un envoyé ou secrétaire de je ne sais quelle diplomatie ? L'affaire fit du bruit.

Assurément, monsieur, cela n'est point du temps, du siècle où nous vivons, tout cela s'est passé quelque part au Japon ou bien à Tombouctou, et du temps de Cambyse. Je le dis avec vous, les mœurs sont adoucies ; Néron ne régnerait pas aujourd'hui. Cependant, quand on veut être maître... pour la fin le moyen. Maître et bon, maître et juste, ces mots s'accordent-ils ? Oui, grammaticalement, comme honnête larron, équitable brigand.

J'ai connu Rodio, il était joli homme, peu d'esprit, peu d'intelligence, d'une fatuité incroyable, en un mot, bon pour une reine.

Je passe ici mes jours, ces jours longs et brûlants, dans la bibliothèque du marquis Tacconi, à traduire pour vous Xénophon, non sans peine ; le texte est gâté. Ce marquis est un homme admirable, il a tous les livres possibles, j'entends tous ceux que vous et moi saurions désirer. J'en dispose ; entre nous, quand je serai parti, je ne sais qui les lira. Lui ne lit point ; je ne pense pas qu'il en ait ouvert un de sa vie. Ainsi en usait Salomon avec ses sept ou huit cents femmes ; les aimant pour la vue, il n'y touchait guère, sage en cela surtout ; peut-être aussi, comme Tacconi, les prêtait-il à ses amis.

Nous sommes à présent dans une paix profonde et favorable à mes études, mais cette paix peut être troublée d'un moment à l'autre. Tout tient au caprice de deux ou trois bipèdes sans plumes[1] qui se jouent de l'espèce humaine. Pour moi, ce que je deviendrai, je le sais aussi peu que vous, monsieur. J'ai cent projets, et je n'en ai pas un. Je veux rester ici dans cette bibliothèque, je veux aller en Grèce. Je veux quitter mon métier, je le veux continuer pour avoir des mémoires que j'emploierais quelque jour. De tout cela que sera-t-il ? Ce qui est écrit, dit Homère, aux tablettes de Jupiter. Présentez, je vous prie, mon respect à M⁻ᵐᵉ de Sainte-Croix, et me conservez une place dans votre souvenir.

---

1. Suivant la définition de l'homme donnée par Platon et raillée par Diogène.

A M. ***

OFFICIER D'ARTILLERIE, A AVERSA.

Naples, le ... juillet 1807.

J'ai reçu deux lettres de toi, une du 3, l'autre du 8 ; tu ne réponds point à la mienne d'*un mese fa in circa*[1] par laquelle je te priais de tâcher d'arranger mon compte avec Desgoutins[2]. Ce compte me semble un compte de juif ; à dire vrai je n'y connais rien. Il s'agit de change, et ce n'est pas mon fort que la banque.

Je suis fort aise que tu aies vu monsieur mon parent. Je ne le connais pas, et l'en aime bien mieux. Ceux que je connais de mes parents, je les ai tous *in saccoccia*[3], et ils le méritent. S'ils pensaient, comme disait Lauzun, que j'eusse de l'argent dans les os, ils me les casseraient pour l'avoir. Je me sers d'eux fort bien cependant ; quand j'en veux tirer quelque service, je leur mande que je vais mourir ; je fais mon testament, et aussitôt ils trottent. Ils sont tous plus vieux que moi et plus riches ; mais quoi ? la rage d'hériter. Ils ont eu bon espoir lorsque j'étais en Pouille. Mes lettres arrivaient percées et vinaigrées, tu t'en souviens ; et depuis, dans la guerre de Calabre ; alors ma succession était de l'or en barre. Aussi m'aimait-on fort ; mais toujours un peu moins que si j'eusse été mort. Je conçois la haine des rois pour leur héritier présomptif. Dans le fait, tout cela est mal réglé ; j'arrangerais les choses autrement si j'étais législateur. Les héritages se tireraient au sort, et de même les charges et les commandements ; tout en irait bien mieux. Je te le prouverais si nous étions à nous promener à la Rubertzau[4] : heureux temps !

Tu vois bien que je n'ai pas grand'chose à te marquer. Rien de nouveau ; sinon que je quitte cette armée tout de bon. Je t'ai conté cela dans une longue lettre à laquelle tu ne réponds guère. Je passerai à Milan. Je n'ai point encore mes ordres ; mais quand je les aurais, je ne me presserais pas. Je me trouve bien ici, et si bien que peut-être... Enfin suffit. Tu peux m'écrire. Le fait est que je suis en paradis. Ce pays n'a point d'égal au monde. Il est cependant du bon ton de s'y plaindre, et de regretter Paris.

---

1. Depuis un mois environ. — 2. Quartier-maître du régiment*. — 3. Dans ma poche c'est-à-dire « j'en ai assez » (cf. p. 93, n. 4). — 4. A Strasbourg, 1803*.

150 — *LETTRES DE FRANCE ET D'ITALIE*

Un gueux, qui, quand il vint, n'avait pas de souliers[1],

roule carrosse ici et trouve tout détestable. *On ne vit qu'à Paris*, où l'an passé peut-être il dînait à vingt sous quand on payait pour lui ; et le tout pour faire croire... J'en aurais trop à dire, *basta*[2]. Quand nous nous reverrons.

A MADAME ***

Naples, le 3 septembre 1807.

Vous devriez songer, madame, à ce que je vous ai dit hier, et vous souvenir un peu de moi. Je veux que la chose en elle-même vous soit indifférente ; mais le plaisir de faire plaisir, n'est-ce donc rien ? Entre nous, allons, j'y consens... Cela ne vous fait ni chaud ni froid, ni bien ni mal ; belle raison pour dire non, quand on vous prie. Fi ! n'avez-vous point de honte de vous faire demander deux fois des choses qui coûtent si peu, comme disait Gaussin[3], et pour lesquelles, après tout, vous n'avez aucune répugnance ?

[Courier avait, depuis un mois, l'ordre de quitter l'armée et d'aller joindre son régiment à Vérone. Mais au lieu de s'y rendre, il s'établit à Resina, près de Portici, pour terminer dans la solitude sa traduction de Xénophon. Il y demeura deux mois, revint ensuite passer quelques jours à Naples, et partit enfin pour Rome dans les premiers jours de décembre.]

A MADAME PIGALLE

A Lille.

Resina, près Portici, le 1er novembre 1807.

Vos lettres sont rares, chère cousine ; vous faites bien, et m'y accoutumerais, et je ne pourrais plus m'en passer. Tout de bon je suis en colère : vos douceurs ne m'apaisent point. Comment, cousine, depuis trois ans voilà deux fois que vous m'écrivez ! en vérité, mamzelle Sophie... Mais quoi ! si je vous querelle, vous ne m'écrirez plus du tout. Je vous pardonne donc, crainte de pis.

Oui, sûrement je vous conterai mes aventures bonnes

---

1. Molière, *Tartuffe*, I, 1. — 2. Suffit. — 3. L'actrice de la Comédie française

mauvaises, tristes et gaies, car il m'en arrive des unes et des autres. *Laissez-nous faire, cousine, on vous en donnera de toutes les façons.* C'est un vers de La Fontaine ; demandez à Voisard. Mon Dieu ! m'allez-vous dire, on a lu La Fontaine, on sait ce que c'est que le Curé et le Mort. Eh bien ! pardon. Je disais donc que mes aventures sont diverses, mais toutes curieuses, intéressantes ; il y a plaisir à les entendre, et plus encore, je m'imagine, à vous les conter. C'est une expérience que nous ferons au coin du feu quelque jour. J'en ai pour tout un hiver. J'ai de quoi vous amuser, et par conséquent vous plaire, sans vanité, tout ce temps-là ; de quoi vous attendrir, vous faire rire, vous faire peur, vous faire dormir. Mais pour vous écrire tout, ah ! vraiment vous plaisantez : Mme Radcliffe n'y suffirait pas. Cependant je sais que vous n'aimez pas à être refusée ; et comme je suis complaisant, quoi qu'on en dise, voici, en attendant, un petit échantillon de mon histoire ; mais c'est du noir, prenez-y garde. Ne lisez pas cela en vous couchant, vous en rêveriez, et pour rien au monde je ne voudrais vous avoir donné le cauchemar.

Un jour je voyageais en Calabre. C'est un pays de méchantes gens, qui, je crois, n'aiment personne, et en veulent surtout aux Français. De vous dire pourquoi, cela serait long ; suffit qu'ils nous haïssent à mort, et qu'on passe fort mal son temps lorsqu'on tombe entre leurs mains. J'avais pour compagnon un jeune homme d'une figure... ma foi, comme ce monsieur que nous vîmes au Raincy ; vous en souvenez-vous ? et mieux encore peut-être. Je ne dis pas cela pour vous intéresser, mais parce que c'est la vérité. Dans ces montagnes les chemins sont des précipices, nos chevaux marchaient avec beaucoup de peine ; mon camarade allant devant, un sentier qui lui parut plus praticable et plus court nous égara. Ce fut ma faute ; devais-je me fier à une tête de vingt ans ? Nous cherchâmes, tant qu'il fit jour, notre chemin à travers ces bois ; mais plus nous cherchions, plus nous nous perdions, et il était nuit quand nous arrivâmes près d'une maison fort noire. Nous y entrâmes, non sans soupçon, mais comment faire ? Là nous trouvons toute une famille de charbonniers à table, où du premier mot on nous invita. Mon jeune homme ne se fit pas prier : nous voilà mangeant et buvant, lui du moins, car, pour moi, j'examinais le lieu et la mine de nos hôtes. Nos hôtes avaient bien mines de charbonniers ; mais la maison, vous l'eussiez prise pour un arsenal. Ce n'étaient que fusils, pistolets, sabres, couteaux, coutelas.

Tout me déplut, et je vis bien que je déplaisais aussi. Mon camarade, au contraire : il était de la famille, il riait, il causait avec eux ; et par une imprudence que j'aurais dû prévoir (mais quoi ! s'il était écrit…) il dit d'abord d'où nous venions, où nous allions, qui nous étions ; Français, imaginez un peu ! chez nos plus mortels ennemis, seuls, égarés, si loin de tout secours humain ! et puis, pour ne rien omettre de ce qui pouvait nous perdre, il fit le riche, promit à ces gens pour la dépense, et pour nos guides, le lendemain, ce qu'ils voulurent. Enfin il parla de sa valise, priant fort qu'on en eût grand soin, qu'on la mît au chevet de son lit ; il ne voulait point, disait-il, d'autre traversin. Ah ! jeunesse ! jeunesse ! que votre âge est à plaindre ! Cousine, on crut que nous portions les diamants de la couronne : ce qu'il y avait qui lui causait tant de souci dans cette valise, c'étaient les lettres de sa maîtresse.

Le souper fini on nous laisse ; nos hôtes couchaient en bas, nous dans la chambre haute où nous avions mangé ; une soupente élevée de sept à huit pieds, où l'on montait par une échelle, c'était là le coucher qui nous attendait, espèce de nid, dans lequel on s'introduisait en rampant sous des solives chargées de provisions pour toute l'année. Mon camarade y grimpa seul, et se coucha tout endormi, la tête sur la précieuse valise. Moi, déterminé à veiller, je fis bon feu, et m'assis auprès. La nuit s'était déjà passée presque entière assez tranquillement et je commençais à me rassurer, quand, sur l'heure où il me semblait que le jour ne pouvait être loin, j'entendis au-dessous de moi notre hôte et sa femme parler et se disputer ; et, prêtant l'oreille par la cheminée qui communiquait avec celle d'en bas, je distinguai parfaitement ces propres mots du mari : *Eh bien ! enfin voyons, faut-il les tuer tous deux ?* A quoi la femme répondit : *Oui*. Et je n'entendis plus rien.

Que vous dirai-je ? je restai respirant à peine, tout mon corps froid comme un marbre ; à me voir, vous n'eussiez su si j'étais mort ou vivant. Dieu ! quand j'y pense encore !... Nous deux presque sans armes, contre eux douze ou quinze qui en avaient tant ! et mon camarade mort de sommeil et de fatigue ! L'appeler, faire du bruit, je n'osais ; m'échapper tout seul, je ne pouvais ; la fenêtre n'était guère haute, mais en bas deux gros dogues hurlant comme des loups... En quelle peine je me trouvais, imaginez-le, si vous pouvez. Au bout d'un quart d'heure, qui fut long, j'entends sur l'escalier quelqu'un, et, par les fentes de la porte, je vis le père, sa lampe dans une main, dans l'autre un de ses grands couteaux. Il montait, sa femme après lui ; moi derrière la porte : il ouvrit ; mais avant d'entrer il posa la lampe, que sa femme vint prendre; puis il entre pieds nus, et elle de dehors lui disait à voix basse, masquant avec ses doigts le trop de lumière de la lampe : *Doucement, va doucement.* Quand il fut à l'échelle, il monte, son couteau dans les dents, et venu à la hauteur du lit, ce pauvre jeune homme étendu offrant sa gorge découverte, d'une main il prend son couteau, et de l'autre... Ah ! cousine... Il saisit un jambon qui pendait au plancher, en coupe une tranche, et se retire comme il était venu. La porte se referme, la lampe s'en va, et je reste seul à mes réflexions.

Dès que le jour parut, toute la famille, à grand bruit, vint nous éveiller, comme nous l'avions recommandé. On apporte à manger : on sert un déjeuner fort propre, fort bon, je vous assure. Deux chapons en faisaient partie, dont il fallait, dit notre hôtesse, emporter l'un et manger l'autre. En les voyant, je compris enfin le sens de ces terribles mots : *Faut-il les tuer tous deux ?* Et je vous crois, cousine, assez de pénétration pour deviner à présent ce que cela signifiait.

Cousine, obligez-moi : ne contez point cette histoire. D'abord, comme vous voyez, je n'y joue pas un beau rôle, et puis vous me la gâterez. Tenez, je ne vous flatte point ; c'est votre figure qui nuirait à l'effet de ce récit. Moi, sans me vanter, j'ai la mine qu'il faut pour les contes à faire peur. Mais vous, voulez-vous conter ? prenez des sujets qui aillent à votre air, Psyché, par exemple.

AU MINISTRE DE LA GUERRE

A Naples.

Naples, le 26 novembre 1807.

Monseigneur, depuis six mois je redemande à M. Boismon, caissier de l'artillerie, mille six cents francs que je lui ai confiés à titre de dépôt. Il prétend retenir cette somme par ordre du général Dedon, à cause de certains frais de bureau touchés par moi il y a quatre ans, et qui, dit-il, ne m'étaient point dus. Premièrement je nie le fait : je n'ai jamais touché de frais de bureau que sur des ordonnances particulières du ministre de la guerre.

Mais quand ce qu'il dit serait vrai, fussé-je débiteur de cent mille francs à la caisse de l'artillerie, il n'en serait pas moins obligé de me remettre à ma première réquisition le dépôt dont il s'est chargé. Je ne suis point en compte avec la caisse. L'autorité du général est nulle dans cette affaire. En un mot, ce n'est point à la caisse, mais à M. Boismon que j'ai confié mon argent, et il n'en doit de compte qu'à moi.

Il allègue une autre excuse qui me paraît plus plausible. Quoiqu'il ait le titre de caissier, la caisse n'est pas en son pouvoir ; elle est, dit-il, chez le général, dans sa chambre ; il en a les clefs ; et, par conséquent, lui caissier ne peut me rendre mon argent, que le général n'y consente, à quoi il n'est pas disposé.

Est-ce ma faute à moi, monseigneur, si le caissier n'a pas la caisse ? Pouvais-je faire ces distinctions et deviner que M. Boismon était caissier pour prendre mon argent, mais non pas pour me le rendre ? Je laisse ces subtilités à ceux qui en ont le profit.

Enfin, vous voyez, monseigneur, que le général Dedon couche avec mon argent. Le ravoir à son insu, cela est fort difficile. J'ai fait ce que j'ai pu, et j'y renonce. Obtenir qu'il me le rende n'est possible qu'à vous, monseigneur, et je supplie Votre Excellence de vouloir bien s'employer à cette bonne œuvre.

A M. DE SAINTE-CROIX
A Naples.

Naples, le 27 novembre 1807.

Monsieur, vous me ravissez en m'apprenant que votre besogne avance, et que vous êtes résolu de ne la point quitter que vous ne l'ayez mise à fin. Voilà parler comme il faut. Vous voulez qu'on vous encourage. J'y ferai mon devoir, soyez-en sûr; me promettant pour moi, de ce nouveau travail, autant de plaisir que m'en fit votre première édition. Il n'y avait que vous, monsieur, qui puissiez n'en être pas entièrement satisfait, et faire voir au public qu'il y manquait quelque chose.

La *petite drôlerie*[1], dont vous me demandez des nouvelles,

---

1. Molière, *Bourgeois gentilhomme* I, 11

est assez dégrossie. J'en suis à l'épiderme. C'est là le point justement où se voit la différence du sculpteur au tailleur de pierres. Ce texte a des délicatesses bien difficiles à rendre, et notre maudit patois me fait donner au diable.

Ne me vantez point votre héros[1] ; il dut sa gloire au siècle dans lequel il parut. Sans cela, qu'avait-il de plus que les Gengis-Kan, les Tamerlan ? Bon soldat, bon capitaine, mais ces vertus sont communes. Il y a toujours dans une armée cent officiers capables de la bien commander ; un prince même y réussit, et ce que fait un prince, tout le monde le peut faire. Quant à lui, il ne fit rien qui ne se fût fait sans lui. Bien avant qu'il fût né, il était décidé que la Grèce prendrait l'Asie. Surtout gardez-vous, je vous prie, de le comparer à César, qui était autre chose qu'un donneur de batailles. Le vôtre ne fonda rien. Il ravageait toujours, et, s'il n'était pas mort, il ravagerait encore. Fortune lui livra le monde, qu'en sut-il faire ? Ne me dites pas : *s'il eût vécu !* car il devenait de jour en jour plus féroce et plus ivrogne.

J'ai ici à ma disposition une bonne bibliothèque, et ce m'est un grand secours pour la petite bagatelle que je vous destine, monsieur. Cependant il me manque encore des outils pour enlever certains nœuds. Il faudrait être à Paris, et y être de loisir, deux choses à moi difficiles.

Vous avez grande raison de me dire : *quittez ce vil métier*[2]. Vous me parlez sagement, et je ne veux pas non plus faire comme Molière, à qui toute sa vie ses amis en dirent autant. Il était, lui, chef de sa troupe ; moi, je mouche les chandelles. Ne croyez pas pourtant, monsieur, que j'y aie perdu tout mon temps ; j'y ai fait de bonnes études, et je sais à présent des choses qu'on n'apprend point dans les livres.

Je me rapproche de vous de deux cents lieues. Je vais bientôt à Milan.

[A Rome, Courier retrouva d'anciens amis, avec lesquels il demeura quinze jours, M. d'Agincourt, l'abbé Marini, Mme Dionigi. Il s'arrêta aussi à Florence pour voir les bibliothèques, et visiter M. Akerblad, savant suédois dont il sera question plus tard. Enfin il arriva à Vérone à la fin de janvier. On l'y attendait depuis près de six mois, et il y trouva une lettre du ministre de la guerre qui le mettait aux arrêts et ordonnait la retenue d'une partie de ses appointements.]

---

1. Alexandre le Grand*. — 2. V. page 86.

A S. E. LE MINISTRE DE LA GUERRE

Vérone, le 27 janvier 1808.

Monseigneur, par votre lettre du 3 novembre vous me demandez l'état de mes services. Ayant été en Calabre une fois pris, et trois fois dépouillé par les brigands, j'ai perdu tous mes papiers. Je ne me souviens d'aucune date. Les renseignements que vous me demandez ne peuvent se trouver que dans vos bureaux. Je n'ai d'ailleurs ni blessures ni actions d'éclat à citer. Mes services ne sont rien et ne méritent aucune attention. Ce qu'il m'importe de vous rappeler, c'est que je suis ici aux arrêts par votre ordre, pour avoir dit, à Naples, au général Dedon ce que tout le monde pense de lui.

A M. LE GÉNÉRAL ***
A Naples.

Vérone, le 31 janvier 1808.

Mon général, j'ai chargé M. Desgoutins de vous payer en or 945 francs. Je vous prie d'agréer en même temps mes remerciements. Le service que vous m'avez rendu, quoique venant fort à propos, m'a bien moins touché que les manières pleines de bonté dont vous l'accompagnâtes. Je sens qu'en vous rendant votre argent je ne suis pas quitte envers vous, et malheureusement je ne pourrai jamais vous être bon à rien. Mais ma reconnaissance, tout impuissante qu'elle est, ne me pèse point du tout, et je trouve du plaisir à vous être obligé toute ma vie.

A M. HAXO
CHEF DE BATAILLON DU GÉNIE, A BRESCIA.

Vérone, le 2 février 1808.

J'ai trouvé ici les meilleures gens du monde. Le colonel Faure m'a traité on ne peut pas mieux, et ses arrêts de rigueur me plaisent bien plus que les caresses de certains généraux. Malheureusement il s'en va, et me laisse sous la patte du major, avec lequel je serai peut-être un peu moins à mon aise, surtout si ma retraite¹ finit plus tôt que je ne l'espère : ce service de garnison me donne par avance des nausées.

Je ne suis pas encore établi ; j'occupe provisoirement un logement de lieutenant, dans lequel j'aurais bien de la peine à te recevoir : c'est le seul inconvénient que je lui trouve, car mes hôtes sont les meilleures gens du monde, et le soleil ne paraît guère sur l'horizon que je n'en aie quelque rayon. Tes visites sont les seules que j'aime. Depuis que je t'ai quitté, je n'ai trouvé personne avec qui causer, et n'ai pas entendu un mot qui me soit resté dans la mémoire. Si tu pouvais venir ici quelques jours, nous ferions *mille chiacchiere*², mille promenades aux environs, car je sors tant que je veux, et n'ai rien à faire, c'est-à-dire aucun service ; en un mot, je ne fus jamais plus libre que depuis que je suis prisonnier. Adieu ; donne-moi de tes nouvelles, et ne soyons plus des siècles sans entendre parler l'un de l'autre.

A M. D'AGINCOURT

A Rome.

Florence, le 17 février 1808.

Monsieur, j'aurais bien voulu vous donner plus tôt de mes nouvelles, et surtout avoir des vôtres ; mais vous allez voir que depuis mon départ de Rome j'ai toujours couru, et que je cours encore, sans savoir où je vais. En vous quittant je vins ici, où je restai quinze jours enfermé avec Xénophon dans cette bibliothèque bâtie par Michel-Ange. Il y faisait grand froid, et je regrettai fort Naples. Du reste, je ne vis rien de Florence, pas même la galerie. J'allai ensuite à Milan. J'y passai huit jours tristement perdus à faire des visites et des révérences. De là on m'envoya à Vérone, mais en chemin je m'arrêtai quinze jours à Brescia, parce que j'y trouvai un de mes amis, officier du génie, qui revenait de Constantinople³. Lui échappé de Turquie, et moi de la Calabre, je vous laisse à penser que de contes et quels entretiens ! Ce temps-là se passa donc fort agréablement. Je ne m'ennuyai point non plus à Vérone, où

---

1. Les arrêts*. — 2. Mille bavardages. — 3. Haxo, chef de bataillon du génie*.

je fus un mois seul et libre. Je vis l'amphithéâtre, je vis le musée Maffei. On en a enlevé pour Paris les plus beaux morceaux. Vous crieriez à la barbarie; moi, je crois toujours que tout est bien. Enfin je reçus ordre de me rendre ici avec un général d'artillerie[1]. Mais j'y suis venu avant lui, et je l'attends sans impatience, car ce séjour-ci me plaît fort. Je sollicite pourtant, comme je vous ai dit que c'était mon dessein, un congé pour aller en France, chose qui se trouve plus difficile à obtenir que je n'avais cru. Je voudrais, monsieur, avant de repasser les monts, vous voir encore une fois, et je partirais content. Ce serait trop de dire que je l'espère ; mais je me flatte au moins que cela n'est pas impossible.

Écrivez-moi, je vous prie, autant toutefois que vos yeux vous le permettront. Parlez-moi de votre santé. Vous savoir en bonne santé est la chose du monde que je désire le plus. Je vous ai laissé bien portant, mieux même qu'il y a dix ans. Je n'ai pas fait seul cette remarque, tout le monde l'a observé. Sauvez vos yeux, et tout va bien. Je crois que vous vous serez moqué de la rigueur de cet hiver. Mais moi, Napolitain, transporté tout à coup dans la Gaule cisalpine, je faisais pitié à voir. Permettez que je vous embrasse sans cérémonie.

A MADAME DIONIGI

A Rome.

Florence, le 20 février 1808.

Madame, de Rome, en vous quittant, je vins ici, puis j'allai à Milan, de Milan à Vérone, et de Vérone ici, où j'ai enfin trouvé le moment de vous écrire.

Maintenant je ne saurais vous dire sur quel grand chemin je serai quand vous recevrez cette lettre ; mais quelque part que je sois, il se passe peu d'heures que je ne pense à vous, et comptez qu'à l'instant où vous lisez ceci, je me rappelle toutes vos bontés. Vous jugez bien, madame, que dans ces continuelles courses, si j'ai eu le temps de lire, comme j'ai fait, avec grand plaisir votre ouvrage[2], je n'ai pu songer à le traduire. Ce n'est pas un travail à faire *currente calamo*[3],

---

1. D'Arancey*. — 2. Ouvrage de Mme Dionigi sur la Perspective*. — 3. Au courant de la plume.

moins encore *currente scriptore*[1]. Pour y apporter tout le soin et l'attention nécessaires, il faut du repos, il faut ne penser à autre chose. Puis, vous traduire, c'est un plaisir, et tous les plaisirs, je les veux goûter à mon aise. Je m'arrêterai bientôt à Pise, à Livourne ou ailleurs, et, dès que j'aurai posé le pied quelque part, j'entrerai en fonctions comme votre interprète, et ferai de mon mieux pour transmettre à nos Français vos charmantes leçons.

J'ai vu Lamberti à Milan. Nous causâmes fort de vous; il avait reçu vos lettres, et il voulait que je lui montrasse votre *Perspective*. Je l'aurais satisfait, sachant que c'était votre intention ; mais le cahier était dans ma malle, et ma malle était en chemin. Lamberti est bien à cette cour, bien logé, bien payé, bien vu de tout le monde ; il doit être heureux, et il le mérite.

Ne tardez point trop, je vous prie, à me donner de vos nouvelles ; et si vous êtes paresseuse, comme je le crois, ne vous déplaise, faites-moi écrire par quelqu'un de vos secrétaires. C'est de tous Mlle Henriette dont je lis le mieux l'écriture. Ses vers m'y ont accoutumé, car je les lis souvent, et je les montre aux gens que je veux étonner. J'espère que ses mains ne souffrent plus, et vont reprendre cette plume dont tous les traits sont divins. Si elle a composé quelque chose de nouveau, employez, je vous prie, votre autorité, pour que cela me soit envoyé.

Voudrez-vous bien, madame, présenter mon respect à Mme Caroline ? Il faudrait m'étouffer si j'oubliais jamais le bon traitement qu'elle me fit à Ferentino[2], où j'allais quêtant de porte en porte un peu de pain pour ne pas mourir, comme elle m'apparut, et comme je fus deux heures chez elle, à table jusqu'au ventre, pendant que les excellences, altesses, majestés, enrageaient de faim avec Méot et quarante cuisiniers. Ce fut elle, après Dieu, qui me sauva dans cette extrême misère, *per man mi prese e disse : a questa mensa sarai ancor meco*[3]. Elle sait fort bien que tout cela ne peut sortir de ma mémoire. Permettez aussi que je me rappelle au souvenir de M. Ottavio et de M. votre gendre. Écrivez-moi tous ensemble ou séparément. Rome est le pays du monde que j'aime le mieux et

---

1. L'écrivain toujours courant. — 2. 1er février 1806, en marchant de Rome sur Naples*. — 3. Pétrarque*: « Elle me prit par la main et me dit : A cette table tu seras encore avec moi. »

dans Rome il n'y a point de maison qui me soit aussi chère que la vôtre.

[Après l'arrivée du général d'Arancey à Florence, le sort de Courier fut fixé, et on l'envoya résider à Livourne en qualité de commandant de l'artillerie. Il s'y rendit le 2 mars.]

A MONSIGNOR MARINI
A Rome.

Livourne, le 6 mars 1808.

Monseigneur, depuis mon départ de Rome j'ai couru, sans m'arrêter, toute l'Italie, et n'ai trouvé qu'ici où reposer ma tête. Voilà pourquoi j'ai tant tardé à vous donner de mes nouvelles. Maintenant je me crois pour quelque temps à Livourne, et j'y attends vos lettres comme la meilleure chose que je puisse recevoir, quelque part que je sois.

Je n'ai pas voyagé seul, mais avec mon Xénophon, c'est-à-dire en bonne compagnie. A Florence, j'ai collationné trois misérables manuscrits qui ne m'ont payé de ma peine que par la certitude acquise qu'ils ne contiennent rien qui vaille. Un des vôtres et un de Paris sont les seuls qui m'aient fourni quelques bonnes leçons. Avec ce secours et mes conjectures, j'ai rétabli plusieurs passages, et j'en laisse peu à corriger. En un mot, je crois avoir fait tout ce que pouvait faire un soldat, expliquant aux savants ce qu'ils ne peuvent savoir, suivant la loi : *tractent fabrilia fabri*[1].

Si M. Amati a fini la collation de ce premier livre de l'*Anabasis*[2], et que vous ayez quelque moyen de me faire parvenir son travail, adressez-le-moi ici, je vous prie, ou à Florence à M. le général d'Arancey, commandant l'artillerie. Par la poste, vous voyez bien que ce serait ma ruine. Si vous ne trouvez point d'autre voie, gardez-moi cela, et je tâcherai de le faire venir à moins de frais.

J'espère que vous ne perdrez rien à tous ces changements qui se font dans votre gouvernement. L'empereur fait profession d'aimer et protéger les lettres, et votre réputation

---

1. Que les forgerons fassent des travaux de forgeron ; cf. Hor., *Epîtres*, II, 1, 116. — 2. Dont l'avait chargé M. Courier*

vous garantit de l'oubli de quelque gouvernement que ce soit.

D'ailleurs vous avez un emploi qu'on ne peut ni supprimer, ni donner à d'autres qu'à vous. Ainsi *la volonté du ciel, monseigneur, soit faite en toute chose !* et le ciel ne peut vouloir qu'un homme comme vous soit malheureux dans ce monde-ci, ni dans l'autre.

Écrivez-moi bientôt ; informez-moi, je vous prie, de votre santé, de votre état actuel, et de vos espérances pour l'avenir ; rien au monde ne m'intéresse plus que ce qui vous touche. Vous fûtes ma première connaissance, lorsque je vins à Rome, et depuis je n'ai rien connu de meilleur, ni à Rome ni ailleurs.

A M. LE GÉNÉRAL LARIBOISSIÈRE
A Paris.

Livourne, le 10 avril 1808.

Mon général, M. Pigalle mon parent, qui vous remettra la présente, vous expliquera l'embarras où je me trouve, et l'extrême besoin que j'ai d'un congé, pour des intérêts d'où dépend toute ma petite fortune.

Depuis cinq ans que je suis hors de France, mes affaires vont de mal en pis, et cela, joint aux pertes que j'ai faites dans la dernière campagne, me mène tout doucement à l'hôpital, si mon absence dure davantage. Je vous supplie, mon général, de prendre en pitié un pauvre diable à qui vous avez témoigné autrefois quelque intérêt, et de dire un mot aux gens de qui dépend cette faveur, la plus grande que l'on puisse me faire aujourd'hui.

A M. HAXO
CHEF DE BATAILLON DU GÉNIE, A MILAN.

Livourne, le 27 juillet 1808.

Ayant éprouvé ta fidélité dans l'ambassade de Vérone, je te nomme, ou pour parler diplomatiquement, nous te nommons notre résident à Milan ; et d'abord nous te chargeons d'une négociation importante, difficile, avec des puissances dont les dispositions à notre égard sont suspectes. La lettre ci-jointe t'expliquera de quoi il s'agit. Va voir cet *Orbassan*[1], dis-lui que si je ne vais *au pays*, je suis ruiné sans ressource, et cette fois un ambassadeur aura dit la vérité. Tu as dans ce que je t'ai marqué de Florence d'amples instructions ; mais le point, après tout, c'est un oui ou un non ; veut-il, ne veut-il pas que j'aie ce congé ? En lui écrivant par la poste, comme je ne suis pas un grand seigneur, je n'aurais jamais de réponse. Par toi je saurai à quoi m'en tenir.

S'il t'écoute, tu pourras lui dire que sans ma maladie de Naples (qui n'était point le mal de Naples) j'aurais fait il y a six mois cette demande. Tu lui conteras de mes affaires ce que tu sais et ce que tu ne sais pas pour lui faire entendre que je ne puis, sans perdre tout ce que j'ai au monde, différer davantage à me rendre chez moi. Dis-lui les banqueroutes que j'éprouve, mes gens d'affaires fripons, mes débiteurs sans foi, mes créanciers sans pitié, mes fermiers en prison, mes parents morts ou malades. Hélas ! en disant tout cela, tu n'auras pas le mérite de mentir pour un ami. Ajoute que la guerre peut recommencer ; qu'on peut m'envoyer outre-mer, en Turquie, à tous les diables, auquel cas je n'aurai plus qu'à déserter ou à me pendre.

Mais s'il ne t'écoute pas, ou s'il est insolent au delà de ce que l'usage actuel autorise, alors envoie-le faire f..., *car tel est notre plaisir*. Au reste, si tu réussis, comme tu m'auras servi à cette cour, je te servirai à Paris. *Sur ce, nous prions Dieu, monsieur l'ambassadeur, qu'il vous ait en sa sainte garde.*

A M. LE GÉNÉRAL D'ANTHOUARD

A Milan.

Livourne, le 28 juillet 1808.

Mon général, M. Haxo, chef de bataillon du génie, et mon intime ami, vous remettra la présente. Il vous expliquera, mieux que je ne pourrais faire dans une lettre, les embarras où je me trouve. Il faut que j'aille en France pour savoir si je suis ruiné. Les gens qui pourraient m'en dire des nouvelles ne m'écrivent plus depuis longtemps. J'ai demandé un congé, mais on me le refuse, pour me tenir ici à compter de vieux

---

1. Le général d'Anthouard, aide de camp du vice-roi *. — *Orbassan*, personnage du *Tancrède* de Voltaire.

boulets rouillés. Si Son Altesse savait tout cela, elle aurait pitié de ma peine ; et voyant d'un côté à quoi l'on m'occupe ici, de l'autre combien ma présence est nécessaire chez moi, elle m'enverrait faire... mes affaires, qui seraient terminées en six semaines. Voilà, mon général, ce que j'espère obtenir par votre entremise. On sait avec quelle bonté Son Altesse s'intéresse au sort de tous les officiers, et je me flatte que si vous voulez bien vous charger de mettre à ses pieds mes humbles supplications, je serai bientôt du nombre infini de ceux que la reconnaissance attache à ce prince. Je ne puis que par vous, mon général, me faire entendre à Son Altesse. L'amitié dont vous m'honorez fait toute mon espérance et, réduit comme je le suis à cesser de servir ou à perdre tout ce que j'ai, j'aurais déjà quitté mon inutile emploi pour sauver mon patrimoine, si je n'espérais garder l'un et l'autre par les mêmes bontés dont vous m'avez donné tant de marques.

A M. DE SAINTE-CROIX
A Paris.

Livourne, le 3 septembre 1808.

Monsieur, ne sachant si je pourrai jamais mettre la dernière main à ma traduction des deux livres de Xénophon sur la cavalerie, je prends le parti, sauf votre meilleur avis, de la publier telle qu'elle est, avec le texte revu sur tous les manuscrits de France et d'Italie, et des notes que je n'ai pas eu le temps de faire plus courtes : le tout paraîtra sous vos auspices, si vous en agréez l'hommage. Votre amitié me fait trop d'honneur pour que je résiste à l'envie de m'en parer aux yeux du public, et mon nom a besoin du vôtre pour obtenir quelque attention. Je me flatte, monsieur, que vous verrez avec bonté un essai dont le premier objet fut de vous plaire, et que je n'eusse pas même conduit au point où il est, sans les encouragements que vous m'avez donnés.

Mon dessein est de vous adresser le manuscrit, sous l'enveloppe de M. Dacier, secrétaire perpétuel, etc. Je prendrai des mesures pour qu'il vous parvienne franc de port, à moins que vous ne m'indiquiez vous-même une autre voie.

M. DE SAINTE-CROIX [1]

A Paris.

Portici, le 21 novembre 1807.

Je vous présente ici, monsieur, un travail dont vous avez approuvé l'idée. Je souhaite qu'il se trouve dans l'exécution quelque chose qui vous satisfasse et qui vous paraisse mériter l'attention des gens instruits. En traduisant, pour vous l'offrir, ce que Xénophon a écrit sur la cavalerie, j'ai suivi d'abord le dessein que j'eus toujours de vous plaire, et j'ai cru faire en même temps une chose agréable à tous ceux qui s'occupent ou s'amusent de ces antiquités.

Vous n'aviez pas besoin sans doute qu'on vous traduisît Xénophon ; mais vous aviez besoin d'un texte plus correct que celui des livres imprimés, et c'est là vraiment le présent que je vous ai destiné. J'ai vu et comparé moi-même la plupart des manuscrits de France et d'Italie, où, ayant trouvé beaucoup de vieilles leçons inconnues aux premiers éditeurs de Xénophon, j'ai remis à leur place, dans le texte, celles qui s'y sont pu ajuster exactement, sans aucune correction moderne, laissant aux critiques l'examen de toutes les autres, ou douteuses ou corrompues, que j'ai placées au bas des pages ; et je pense ainsi vous donner ce texte aussi entier que nous saurions l'avoir aujourd'hui, c'est-à-dire fort mutilé, comme tous les monuments antiques, mais non refait, ni restauré, ou retouché le moins du monde, tel en un mot que nous l'ont transmis les siècles passés.

Ma traduction toutefois pourra être utile à ceux même qui liront ces livres en grec ; car il y a, dans de tels écrits, beaucoup de choses qu'un soldat peut expliquer aux savants. J'ai cherché à la rendre exacte. J'aurais voulu qu'on y trouvât tout ce qui est dans Xénophon, et non moins le sens de ses paroles que le sentiment, s'il faut ainsi dire. Ne pouvant atteindre ce but, qui serait au vrai la perfection d'un pareil travail, j'en ai approché du moins autant qu'il était en moi, et même plus heureusement que je ne l'eusse imaginé, en quelques endroits, où vous ne trouverez guère à dire [2] qu'une certaine naïveté propre à cet auteur, charmante et d'un prix infini, mais difficile à conserver dans quelque version que ce soit.

---

1. Lettre qui se trouve en tête de la traduction des deux livres de Xénophon sur la cavalerie*. — 2. C'est-à-dire *regretter l'absence de* ; vieille tournure.

Sur ce point, ceux qui l'ont voulu imiter en sa langue même, selon moi, y ont mal réussi. Je n'avais garde d'y prétendre, mais imputant à bonne fortune tout ce que j'ai pu rencontrer dans notre français d'expressions qui représentaient assez bien le grec de mon auteur, partout où je me suis aperçu que le trait simple et gracieux du pinceau de Xénophon ne se laissait point copier, j'y ai renoncé d'abord, et me suis borné à rendre de mon mieux, non sa phrase, mais sa pensée.

J'aurais fort grossi mes remarques, si sur chaque passage j'eusse voulu noter toutes les erreurs des critiques et des interprètes ; car il n'y a pas une ligne de ces deux traités qui ne se trouve quelque part mal écrite ou mal expliquée. Mais on instruit bien peu, ce me semble, le lecteur en lui apprenant qu'un homme s'est trompé. Ces fautes, que j'ai connues sans les marquer, m'ont obligé de donner en beaucoup d'endroits les preuves, autrement superflues, de mon interprétation. C'est ce qui a produit les notes sur le texte. Celles qui accompagnent la version sont le fruit de quelques observations que le hasard m'a mis à portée de faire. Vous trouverez dans tout cela peu de lecture, nulle érudition, mais vous n'en serez pas surpris, et vous n'attendez pas de moi de ces recherches qui demandent du temps et des livres.

Quant à l'utilité réelle de ces ouvrages de Xénophon, relativement à l'art dont ils traitent, je ne sais ce que vous en penserez. Bien des gens croient qu'aucun art ne s'apprend dans les livres ; et les livres, à dire vrai, n'instruisent guère que ceux qui savent déjà. Ceux-là, lorsqu'il s'en trouve, pour qui l'art ne se borne pas à un exercice machinal des pratiques en usage, peuvent tirer quelque fruit des observations recueillies en temps et lieux différents ; et les plus anciennes, parmi ces observations, sont toujours précieuses, soit qu'elles contrarient ou confirment les maximes reçues, étant, pour ainsi dire, le type des premières idées dégagées de beaucoup de préjugés. Voilà par où ces livres-ci doivent intéresser. Ce sont presque les premiers qu'on ait écrits sur cette matière. Des préceptes qu'ils contiennent, les uns subsistent aujourd'hui, d'autres sont contestés, d'autres sont oubliés, ou même condamnés chez nous ; mais il n'en est point qu'on ne voie encore suivi quelque part, comme je l'ai marqué dans mes notes, et je m'assure que, si on voulait comparer soigneusement à ce qui se lit dans Xénophon, non seulement nos usages actuels, mais les pratiques connues des peuples les plus adonnés aux exercices de la cavalerie, on y trouverait mille rapports dont je n'ai pu m'aviser, et tous curieux à observer, ne fût-ce que comme matière à réflexions.

A MADAME MORIANA DIONIGI
A Rome.

Livourne, le 12 septembre 1808.

Madame, pour m'empêcher de vous aller voir, il est venu exprès, je crois, un général inspecteur de l'artillerie. Ces inspecteurs sont des gens que l'on envoie examiner si nous faisons notre devoir. Le leur est de nous ennuyer, et celui-ci s'en acquitte parfaitement à mon égard. Quand il ne serait pas de sa personne un insupportable mortel, ce que vous nommez en votre langue *un soldataccio*[1], sa visite, tombant au travers de mes plus agréables projets, ne pouvait que m'assommer. Les malédictions ne remédient à rien ; mais, madame, ces jours destinés à vous voir, les passer avec l'animal le plus... *Madonna mia*, donnez-moi patience ! nous avons attendu deux mois son arrivée, et je ne sais combien encore nous attendrons son départ, douce espérance dont il nous flatte chaque jour. Je compte pourtant en être délivré cette semaine, et déjà mes pensées reprennent leur direction naturelle vers Rome. Mais avant de faire les démarches nécessaires pour pouvoir m'y rendre, il faut savoir si vous y êtes. N'est-ce pas dans cette saison que vous allez ordinairement à Ferentino ? Venir de si loin et ne vous pas trouver, ce serait pis que l'inspecteur. Je pars maintenant pour Florence ; maintenant, c'est-à-dire aussitôt que l'animal aura les talons tournés. J'en serai de retour dans quinze jours ; faites, madame, que je retrouve ici une lettre de vous qui m'apprenne où vous êtes, et je ferai en sorte, moi, qu'alors rien ne m'empêche de me rendre à Rome, si je suis assuré de vous y trouver.

Votre académie de Saint-Luc a donc enfin fait son devoir[2]. Je l'en félicite. Elle ne fera pas souvent de pareilles acquisitions. Mlle Henriette, dans son Arcadie, avait quelque chose d'un peu païen ; mais vous, madame, sous la bannière de Saint-Luc, vous sanctifierez toute la famille par votre foi et par vos œuvres.

---

1. Un méchant soldat. — 2. Cette académie avait reçu Mme Dionigi parmi ses membres.

En vous écrivant ceci, madame, d'une écriture qui n'a point de pareille au monde, j'ai le plaisir de penser que vous vous unirez tous pour tâcher de me lire, et qu'ainsi je vous occuperai tous au moins pendant quelques minutes. Il me semble vous voir les uns après les autres *aguzzar le ciglia*[1] sur ce griffonnage, sans en pouvoir rien déchiffrer. Croyez-moi, laissez cela. Aussi bien qu'y trouveriez-vous ? des assurances très sincères de mes sentiments qui vous sont connus, et dont je me flatte que vous ne douterez jamais.

A M. LE GÉNÉRAL D'ARANCEY
COMMANDANT L'ARTILLERIE EN TOSCANE.

Livourne, le 13 septembre 1808.

Mon général, il serait très à propos de concerter entre vous et le général Meunier le service des compagnies de gardecôtes. Vous les croyez comprises dans mon commandement, et m'en rendez responsable, tandis que tous les jours ces troupes reçoivent des ordres dont je n'ai connaissance que par la voix publique. On déplace les détachements et les officiers sans que j'en sois instruit. En un mot, le général Meunier commande directement cette troupe et ne la croit en aucune façon dépendante de l'artillerie. Le préfet s'en fait une espèce de gendarmerie. J'attends, comme vous, avec impatience leur organisation définitive.

Mon service ici est peu de chose, et cependant fort pénible. Il me manque tout ce qui rend aux autres la besogne facile. Pour le matériel, je n'ai point de garde ; pour le personnel, trois compagnies sans officiers (entre nous) ni sous-officiers ; point d'écrivains : on m'a ôté le seul qui sût faire quelque chose. Le général Sorbier a bien senti tout cela, et en est convenu, quelque peu disposé qu'il fût à me rendre justice. Il a paru fort aise de trouver prêt le travail que j'avais fait pour lui, et m'en aurait tenu compte si son grade et l'usage actuel ne dispensaient de tout procédé. J'aurais pris beaucoup moins de peine, et peut-être m'eût-il ménagé davantage, si je l'eusse connu plus tôt. Je ne puis, ou pour mieux dire, il ne me convient pas de vous expliquer d'où vient l'animosité qu'il a contre

---

[1]. Dante, *Inf.*, xv, 20 : Fixer des yeux perçants.

moi ; mais elle a paru d'une manière singulière, et, je crois, malgré lui. Il me traita d'abord assez bien pour un homme de son caractère, et, durant les deux premiers jours qu'il passa ici, il me fit l'honneur de s'entretenir avec moi presque amicalement. Mais, un soir, en présence de quelques officiers, j'eus le malheur de lui dire les propres mots que voici : *Je crois, mon général, qu'un homme ne peut être à la fois canonnier et cavalier, non plus que cavalier et fantassin, et que, par conséquent, l'artillerie à cheval, les dragons, sont des armes bâtardes, des troupes organisées sous de faux principes.* Ce discours le jeta dans un accès de frénésie alarmant. Mon sang-froid achevant de le mettre hors de lui, il me dit beaucoup de choses que son état excusait, et comme, lorsqu'on a tort avec ses subalternes, on se garde surtout de se dédire, je crois bien qu'il vous aura répété une partie des invectives qu'il m'adressa directement, et que son rapport au ministre s'en sera ressenti. Quant au ministre, les notes du général Sorbier me nuiront assurément, et j'en suis fort affligé, mais c'est un mal sans remède. Pour vous, mon général, qui n'êtes pas ministre, votre jugement sur mon compte ne saurait dépendre des passions du général Sorbier. Après avoir obtenu en Calabre les éloges, la confiance, l'amitié de tous les généraux (hors d'un seul que personne ne loue), vous savez de quelle manière j'ai été traité. Je ne m'en plains pas, et je crois ces dégoûts inévitables à quiconque est comme moi mauvais courtisan. Mais j'espère que ce défaut, dont je travaille à me corriger, me nuira peu auprès de vous, et je vous connais trop juste pour juger un officier autrement que sur sa conduite.

[Sur l'invitation de M. Akerblad, Courier se rendit dans ce temps-là à Florence pour y visiter des manuscrits grecs. Il vit à ce sujet M. Chaban, commissaire du gouvernement français ; mais son service le rappela bientôt à Livourne, où il était déjà de retour le 20 septembre.]

AL SIGNOR DEL FURIA

CONSERVATORE DELLA BIBLIOTECA LAURENZIANA IN FIRENZE.

... Le varianti del Sofocle sono ottime e del tutto ignote al Brunck. Or su dunque preghi ella que' signori, a nome mio e delle Muse, di terminare la collazzione del Filottete. Finito tal lavoro, che poco puo durare, dovranno dar di piglio al Plutarco Riccardiano, e col qui aggiunto tometto mandarmene un saggio. Non ci scrivano pero in margine le varianti, per non far vergogna col loro bel carattere alle glasguensi stampe, ma si contentino di farne un foglio o quinterno separato. Poi si compiacerà ella, coll' usata gentilezza, di spedirmi quà tutto, per mezzo del signor generale d'Arancey.

Mi creda, signor Furia, non usiamo fra noi ceremonie de' tempi bassi, ma tutto all' uso del secolo d'oro. Ἔρρωσο.
All' Aristippo suedese Εὐπράττειν[1].

RÉPONSE.

Firenze, 7 ottobre 1808.

Stimatissimo signor colonello,

Eccole la nota collazzione del Filottete, eseguita con tutta la diligenza ed accuratezza dai signori Ab. Bencini et Selli. Ella la esaminerà e si compiacerà di avvisarci se deesi continuare tal lavoro per l'ordine e per la determinazione del quale starà a lei il definire, persuaso che ci faremo un pregio di cooperare alle sue dotte fatiche. Debbo altresi avvertirla che i versi dei cori di questa tragedia, nella loro divisione o metro, non combinano per lo più coll' edizione dello Stefano ; ma si è creduto di non dover per ora attendere a una tal cosa, giacchè il suo preciso desiderio era per le parole, non per il metro. Se poi le piacerà che nella collazzione debba avvertirsi ancora a questo, ce ne dia un avviso.

Frattanto mi creda, quale colla più distinta stima e rispetto passo all' onore di dichiararmi,

Suo obbligatissimo servitore,

FRANCESCO DEL FURIA[2].

---

1. A M. Del Furia, conservateur de la bibliothèque Laurentienne à Florence.— Les variantes de Sophocle sont excellentes et absolument ignorées de Brunck. Priez donc ces messieurs en mon nom et au nom des Muses de terminer la collation du *Philoctète*. Ce travail fini, qui ne peut durer longtemps, ils devront se mettre au Plutarque de la collection Riccardi, et m'en adresser un échantillon avec le petit volume joint à l'envoi. Mais qu'ils n'écrivent pas en marge les variantes pour ne pas faire honte avec leurs beaux caractères aux impressions de Glasgow, mais qu'ils se contentent d'en faire une feuille ou un cahier séparé. Puis vous aurez la bonté, avec votre habituelle courtoisie, de m'expédier là le tout, par l'intermédiaire du général d'Arancey.

Croyez-moi, monsieur Furia, n'usons pas entre nous des cérémonies de la basse époque ; mais tout selon la coutume du siècle d'or : *Portez-vous bien*.

A l'Aristippe suédois (Akerblad) *prospérités*.

2. Réponse. Florence, 7 octobre 1808. Très estimé colonel. Voici la collation du *Philoctète*, exécutée avec toute la diligence et le soin possibles par MM. l'abbé Bencini et Selli. Vous l'examinerez et vous aurez la bonté de nous aviser s'il faut continuer un tel travail : ce sera à vous d'en définir l'ordre et les conditions ; persuadé que nous considérerons comme

A M. CHABAN
COMMISSAIRE DU GOUVERNEMENT, A FLORENCE.

Livourne, le 30 septembre 1808.

Monsieur, les ordres que j'ai reçus m'ont obligé de partir si précipitamment que j'eus à peine le temps de porter chez vous ma carte, à une heure où je ne pouvais espérer de vous trouver, manière de prendre congé de vous bien contraire à mes projets. Car, après les marques de bonté dont vous m'avez honoré, j'étais dans le dessein de vous faire ma cour, et de profiter des dispositions favorables où je vous voyais pour rassembler et sauver ce qui se peut encore trouver dans vos bibliothèques de moines. Mais, puisque mon service m'empêche de partager cette bonne œuvre, je veux au moins y contribuer par mes prières. Je vous conjure donc de vouloir bien ordonner que tous les manuscrits de la *Badia* soient transportés à la bibliothèque publique de Saint-Laurent, et que l'on cherche ceux qui manquent d'après le catalogue existant. Je reconnus, il y a peu de temps, que déjà quelques-uns des plus importants avaient disparu ; mais il sera facile d'en trouver des traces et d'empêcher que ces monuments ne passent à l'étranger, qui en est avide, ou même ne périssent dans les mains de ceux qui les recèlent, comme il est arrivé souvent.

C'est le zèle de l'antiquité qui m'engage, monsieur, à vous présenter cette humble requête. Je souhaite fort, je l'avoue, attirer votre attention sur ces objets, que la multitude des affaires vous peut faire perdre de vue. Songez qu'avec deux lignes vous allez conserver les titres de noblesse des Grecs et des Romains, et vous attirer les bénédictions de tout ce qu'il y aura jamais d'antiquaires et d'érudits dans tous les siècles des siècles.

A M. D'AGINCOURT
A Rome.

Livourne, le 15 octobre 1808.

Monsieur, je suis encore à Livourne, et les apparences sont

---

un honneur de collaborer à vos doctes fatigues. Je dois aussi vous avertir que les vers des chœurs de cette tragédie, dans leur division et dans leur mètre, ne coïncident pas, le plus souvent, avec l'édition d'Estienne ; mais on a cru ne pas devoir pour l'heure faire attention à cela, puisque vous désirez précisément les mots et non les vers. Si par suite vous voulez que dans la collation on s'attache aussi à cela, veuillez nous en aviser.

Cependant croyez qu'avec l'estime et le respect les plus distingués, j'ai l'honneur de me déclarer votre très humble serviteur. FRANCESCO DEL FURIA.

que j'y passerai l'hiver. Je demandais, comme je crois vous l'avoir marqué, un congé pour aller en France ; mais on *m'éconduit tout à plat*. J'en demande un pour Rome ; ce sera, si je l'obtiens, un bon dédommagement de celui qu'on me refuse ; car en France j'ai des parents, à Rome j'ai des amis, et je mets l'amitié bien loin devant la parenté, ou, pour mieux dire, c'est la seule parenté que je connaisse. Sur ce pied-là, vous m'êtes bien proche ; aussi, sans mes affaires, je vous jure que je ne penserais guère à Paris, et Rome serait encore pour moi la première ville du monde.

S'il faut vous expliquer maintenant comment le refus fait à ma première demande n'exclut pas la seconde, la voici : la permission d'aller en France dépendant du ministre, que je n'ai pu fléchir *precando*[1] ; l'autre dépend ici de quelqu'un que je gagnerai *donando*[2]. Je viendrais aussi bien à bout du satrape ou de ses suppôts, mais il faudrait être là.

Pour vous dire ce que je fais ici, je mange, je bois, je dors, je me baigne tous les jours dans la mer, je me promène quand il fait beau ; car nous n'avons pas votre ciel de Rome. Je lis et relis nos anciens, et ne prends souci de rien que d'avoir de vos nouvelles. Mme Dionigi m'a mandé quelquefois que vous vous portiez bien. C'est tout ce que je vous souhaite, car c'est la moitié du bonheur ; et l'autre moitié, *mens sana*[3], vous est acquise de tout temps. Dieu vous *doint*[4] seulement, comme disaient nos pères, la santé du corps, et vous serez heureux autant qu'on saurait l'être. Cela ne vous peut manquer, avec votre tempérament et la vie que vous menez, et dans le lieu que vous habitez. Votre habitation, monsieur, est choisie selon toutes les règles que donne là-dessus Hippocrate, et auxquelles je m'imagine que vous n'avez guère pensé. Ce n'est pas non plus ce qui fait que cette demeure me plaît tant, mais c'est qu'on vous y trouve.

Je songe tout de bon à quitter mon vilain métier ; mais, ne sachant comment vont mes affaires en France, je ne veux pas rompre, je veux me dégager tout doucement et laisser là mon harnais, comme un papillon dépouille peu à peu sa chrysalide et s'envole.

Permettez, monsieur, que je vous embrasse en vous suppliant de me conserver votre amitié, qui m'est plus chère que chose au monde. En vérité, tout mon mérite, si j'en ai,

---

1. En priant. — 2. En donnant. — 3. Un esprit sain. — 4. Ancien subjonctif : *qu'il donne*.

c'est de vous avoir plu, et de connaître ce que vous valez.

A M. CORAÏ [1]
A Paris.

Livourne, le 18 octobre 1808.

Monsieur, nul présent ne pouvait me flatter plus que celui dont je me vois honoré, je ne sais si je dois dire par vous ou par MM. Zozima, qui m'ont remis vos trois admirables volumes [2]. De quelque part que me viennent ces livres, il faut assurément qu'on les ait faits pour moi. Tout de bon, monsieur, si votre projet eût été de me plaire et de faire une chose entièrement selon mes idées, vous n'auriez pu mieux rencontrer. Voilà justement ce que j'attendais de vous et de vous seul. Je souffrais trop à voir Isocrate, la plus nette perle du langage attique, entouré de latin d'Allemagne ou de Hollande. En lisant vos notes, du moins je ne sors pas de la Grèce, et j'entre beaucoup mieux dans le sens de l'auteur qu'avec une glose latine ou vulgaire. Chaque langue veut être expliquée par elle-même, parce que les mots ni les phrases ne se correspondent jamais d'une langue à une autre, et c'est la raison qui me fait dire que nous n'avons point de dictionnaire grec. Ce serait un beau travail ; mais qui osera l'entreprendre ? Il faudrait pour cela, ce qui ne se trouvera jamais, plusieurs hommes comme vous et comme MM. Zozima. En vérité, ceci leur fait grand honneur, car ce n'est pas seulement leur nation qu'ils gratifient d'un don si précieux, mais, chez toute nation, tous ceux qui s'intéressent à la belle littérature. Ce qu'ils font pour encourager ces études dans leur pays n'est pas de ce siècle-ci. Soyons de bonne foi, les rois nuisent aux lettres en les protégeant ; leurs caresses étouffent les Muses. Il y a bien eu quelquefois de grands talents, malgré les pensions et les académies ; mais on a toujours vu de simples particuliers favoriser les arts avec plus de sagesse et de discernement que n'eût pu faire aucun prince ; et c'est de quoi ces messieurs donnent un nouvel exemple.

Courage donc, monsieur, suivez votre belle entreprise, et soyez persuadé que, même parmi nous, il se trouvera des gens qui vous applaudiront comme vous le méritez. Le nombre en

---
1. Adamantinos Coraï (1748-1833), philologue et patriote grec, se fixa à Paris en 1788. —
2. Un exemplaire d'Isocrate, publié par Coraï aux frais de MM. Zozima, Grecs de nation*.

sera petit, mais choisi. Vous aurez peu de lecteurs, mais vous en aurez toujours ; et comme ces modèles, que vous nous dévoilez, seront étudiés tant qu'il y aura des arts et du goût, votre nom, attaché à des monuments si célèbres, passera sûrement à la postérité.

[Courier a dû écrire la lettre ci-dessus très peu de temps après la réception du livre de M. Coraï, et ses félicitations paraissent être le tribut payé à une première lecture. La lettre qui suit, et qui est adressée à M. Akerblad, exprime sur le livre de M. Coraï une opinion plus réfléchie et un peu différente. M. Akerblad ne fut point de l'avis de Courier : sa réponse, qu'on donne après la lettre de celui-ci, explique et défend la manière adoptée par M. Coraï dans les notes.]

A M. AKERBLAD [1]

A Florence.

Livourne, le 2 novembre 1808.

Je lis l'*Isocrate* de Coraï et ses notes, que vous n'avez pas. Entre nous, c'est peu de chose : il pouvait faire et il a fait beaucoup mieux que cela. Ce que j'y trouve de meilleur, c'est l'exemple qu'il donne d'expliquer le grec en grec, exemple qu'il faudrait suivre, et même dans les lexiques. Mais je ne puis du tout approuver sa préface *mixtobarbare*[2]. Ah ! docteur Coraï ! un frontispice gothique à un édifice grec ! au temple de Minerve, le portail de Notre-Dame ! Pourquoi la préface et les notes, s'adressant aux mêmes lecteurs, ne sont-elles pas dans la même langue ? Ce que j'en dis n'est point par humeur, car je n'en perds pas un mot ; seulement j'ai de la peine à croire que ce soit ainsi qu'on parle, et je pense qu'il fait un peu comme l'écolier de Rabelais : *nous transfretons la Sequane pour viser les meretricules*[3]. Celui-là latinisait, et Coraï hellénise.

Ses notes sont pleines de longueurs et d'inutilités. Ne comprendra-t-on jamais que des notes ne doivent point être des dissertations, que les plus courtes sont les meilleures, que l'explication des mots regarde les lexicographes, celle des phrases les grammairiens ? N'est-ce point assez de travail pour un éditeur d'avoir à choisir entre les variantes, à dé-

---

1. Jean-David Akerblad, archéologue et orientaliste suédois (vers 1760-1819). — 2. Mélange de grec ancien et de grec moderne. — 3. Rabelais, *Pantagruel*, II, vi.

couvrir et marquer les altérations du texte, les fautes de copistes qui sont de tant d'espèces, erreurs, omissions, additions, corrections, etc. ? A chaque note trois mots suffisent, et les anciens critiques n'y employaient que des signes, d'où est venu le nom même de notes. Bref, dans tout ce qu'on nous donne, je ne vois que des matériaux pour les éditeurs futurs, s'il s'en trouve jamais de raisonnables. Pas un livre pour qui veut lire.

Notre ami se plaît à écrire son grec, et je le lui passerais si ce plaisir ne l'entraînait trop souvent loin de sa route. Tant de hors-d'œuvre, dans une œuvre où tout ce qui n'est pas nécessaire nuit ! Tant d'étymologies de la langue moderne, curieuses si vous voulez, mais étrangères à Isocrate ! Tout en se mêlant d'indiquer les beautés et les défauts, il est à mille lieues de ce qu'on appelle goût. M. Heyne, et quelques autres qui ont eu la même prétention, ne l'ont pas mieux justifiée. Après tout, est-ce là leur affaire ? On ne leur demande point si Isocrate a bien écrit, mais ce qu'il a écrit, recherche que Coraï néglige un peu cette fois. Croiriez-vous qu'il n'a pas seulement vu les manuscrits de Paris ? Voilà un péché d'omission, dont je ne sais si le pape même le pourrait absoudre. Il s'en rapporte aux variantes de l'abbé Auger, qui s'en était aussi rapporté à quelque autre, n'ayant garde de déchiffrer les manuscrits, lui qui ne lisait pas trop couramment la *lettre moulée*. D'après cela, je vous laisse à penser ce que c'est que ce travail, *robaccia*[1]. J'en suis fâché ; car je m'attendais que nous aurions par lui quelque chose de bon de ces manuscrits ; mais il y faut renoncer, car qui diable s'en occupera si Coraï les néglige ? C'est dommage ; sur un texte si intéressant, il pouvait se faire grand honneur et à nous grand plaisir.

Quel écrivain que cet Isocrate ! Nul n'a mieux su son métier ; et à quoi pensait Théopompe, lorsqu'il se vantait d'être le premier qui eût su écrire en prose ? Ce n'est pas non plus peu de gloire pour Isocrate que de tels disciples. Je lui trouve cela de commun avec votre grand Gustave, que tous ceux qui, en même temps que lui, excellèrent dans son art, l'avaient appris de lui. Voilà un étrange parallèle, et dont il ne tiendrait qu'à vous de vous moquer, ou même de vous plaindre diplomatiquement.

Donnez-moi des nouvelles de M. Micali, de nos manuscrits

---

[1]. De la mauvaise marchandise.

et de vous. Trois points comme pour un sermon. Mais celui-là ne peut m'ennuyer.

RÉPONSE DE M. AKERBLAD

Florence, le 16 novembre 1808.

... Je suis enchanté de voir que ni vos occupations militaires, ni les alertes que vous donnent de temps en temps les Anglais, ni même les tremblements de terre, n'ont pu vous détourner de vos études chéries, et j'admire votre belle et constante passion pour les muses grecques ; passion qui ne vous quitte pas, même dans la ville la plus indocte de l'Italie, et où l'on n'entend parler que de lettres de change et de marchandises coloniales.

Vous êtes donc bien fâché contre ce pauvre Coraï, pour vous avoir fait une préface en grec vulgaire à votre Isocrate. Mais de grâce, en quelle langue fallait-il donc qu'il s'adressât aux jeunes gens de sa nation ? Rien ne me semble plus naturel que de leur parler dans leur propre idiome ; aussi, lorsqu'il a fait des éditions d'auteurs grecs pour vous autres messieurs les Français, il n'a pas manqué de faire les préfaces dans votre langue. Je conviens que le bonhomme est un peu long dans ses prolégomènes ; mais vous avouerez aussi que son introduction grammaticale à la tête du premier volume contient des observations excellentes, des vues neuves, sinon pour les hellénistes de l'Europe, au moins pour ses compatriotes, qui ne connaissent de grammaires que celles de Lascaris et Gaza, et qui ignorent absolument tout ce que la philosophie moderne a perfectionné dans la méthode grammaticale. Quant aux notes de Coraï, je ne connais pas celles de l'Isocrate ; les autres, je les trouve parfois un peu longues, mais toujours remplies de remarques excellentes. D'ailleurs, un volume in-8º de notes pour tout l'Isocrate ne me paraît pas trop. Eh ! que diable diriez-vous donc des notes de feu notre ami Villoison sur Longus, de celles d'Orville sur Chariton, d'Abresch sur Aristénète, etc ? Le baron de Locella lui-même, quoique homme du monde, et qui devait avoir un peu plus de goût que ses collègues, n'a-t-il pas fait un gros volume in-4º de ce petit roman de Xénophon d'Éphèse, sans vous parler de mille autres commentateurs encore plus lourds que ceux que je viens de nommer. Ce qu'il y a de plus plaisant, c'est que les motifs qui vous font prononcer contre le bon Coraï sont précisément ceux qui me donnent envie de lire ses notes. Ses étymologies de la langue moderne, ses explications de grec en grec, etc., me font vivement désirer de posséder cet ouvrage, et je vous prie, mon aimable commandant, de vous informer s'il se vend à Livourne, et à quel prix.

Si vous aviez lu la première partie des prolégomènes de Coraï, vous n'auriez aucune crainte que la langue vulgaire dont il se sert ne soit pas entendue de ses compatriotes, puisque lui-même désapprouve hautement la manière de quelques écrivains de sa nation de mêler l'ancien grec avec l'idiome usuel, manière qu'il appelle fort bien *macaronique*. Quant à une autre réprimande que vous lui faites d'avoir écrit sa préface dans une langue et les notes dans une autre, voici ma réponse : La préface est pour les Grecs de toutes les classes, les notes uniquement pour ceux qui savent lire Isocrate dans sa propre langue. Enfin le dernier et le plus fort des reproches que vous lui faites, c'est de n'avoir pas examiné par lui-même les manuscrits de Paris. Voilà un péché bien grave selon vous ; quant à moi, je ne le regarde que comme une peccadille. On perd un temps bien précieux avec ces maudits manuscrits, qui le plus souvent ne vous donnent pas une leçon nouvelle qui soit bonne, et je regrette bien deux ou trois mois que j'ai passés dans la bibliothèque Laurentiana à confronter Orphée, et quelques autres vétilles grecques. Le manuscrit de Pausanias n'a fourni que deux ou trois variantes assez bonnes, encore avaient-elles été devinées d'avance par les éditeurs. Que cela ne vous décourage cependant pas de venir ici collationner le beau manuscrit de Sophocle, qui vous donnera, je l'espère ou du moins je le souhaite, une ample moisson de variantes.

Le comité dont nous devions être membres, vous et moi, n'a jusqu'à présent rien trouvé de fort intéressant dans les couvents supprimés, qu'un recueil de lettres inédites de Machiavelli, de Guicciardino et d'autres hommes célèbres. On n'a pas encore visité la bibliothèque *della Badia* ni celle de *San Marco*. Si je suis encore ici lorsque cette visite se fera, je me mettrai à la queue des commissaires pour voir à mon aise ces deux bibliothèques, qui étaient autrefois presque inaccessibles. Il doit s'y trouver une ample collection de manuscrits, si les moines ne les ont pas soustraits.

Furia et le gros abbé[1] travaillent toujours à l'édition d'Ésope qui les occupe depuis trois ans. Votre serviteur a fait la sottise de lire tout d'une haleine les érotiques grecs, ce qui a manqué le brouiller avec cette littérature qui, depuis un an, faisait ses délices, tant il a trouvé mauvais ces romanciers. C'est bien cela que vous appelez *robaccia*. Quel écrivain, dites-vous, que cet Isocrate ! quels écrivailleurs, dis-je, moi, que ce Xénophon d'Éphèse, cet Achille Tatius, etc. ! Je veux me remettre à lire Thucydide ou Démosthène pour oublier ces platitudes-là.

On dit qu'on ne veut pas de vous en Espagne, mais qu'il pourrait vous arriver d'aller à Vérone : je voudrais qu'on vous envoyât ici ou à Rome pour jouir de votre aimable et savante société, et c'est avec ces vœux que j'aime à finir ma longue lettre.

A M. D'AGINCOURT

A Rome.

Livourne le 17 novembre 1808.

J'ai reçu dans le temps, monsieur, les belles gravures[2] que vous m'avez adressées. Rien, je vous assure, ne pouvait me faire plus de plaisir. Tout le monde doit les trouver belles ; mais pour ceux qui, comme moi, en connaissent les originaux, elles ont le mérite de les représenter avec une parfaite exactitude, mérite rare et peut-être unique dans ce genre de travail. En un mot, que peut-on dire de plus ? elles sont belles et fidèles. Si je ne vous en ai pas fait plus tôt mes remerciements, c'est que j'espérais toujours aller à Rome vous revoir, vous, monsieur, et votre pays que j'ai tant de raisons d'aimer ; et à vrai dire, je l'espère encore ; mais, abusé tant de fois, je ne veux plus compter sur rien, et je me décide enfin à vous apprendre, autant que faire se peut dans une lettre, combien je suis sensible à de telles marques de votre souvenir et de votre amitié.

Je ne sais si vous avez dessein de publier tous vos vases : ce serait un beau présent à faire aux artistes et aux amateurs, de l'antiquité, et pour ma part je vous y engage fort ; mais, si vous prenez ce parti, croyez-moi, monsieur, supprimez les commentaires infinis, les explications forcées, le luxe typo-

---

1. Bencini. — 2. De l'*Histoire d l'art par les monuments*, que Séroux d'Agincourt venait de commencer.

graphique et tout l'étalage au moyen duquel ces sortes d'ouvrages se vendent plus cher et valent moins. Quant aux explications, je vous avoue, pour moi, que si je ne trouve pas d'abord le sujet de ces tableaux, je m'en passe fort bien, et j'aime mieux cela que de contraindre mon esprit à y reconnaître quelques traits ou d'Homère ou d'Euripide. Vous pensez comme moi, je crois, et vous vous contentez de voir, dans la plupart des monuments qui nous restent de l'antiquité, la représentation toute simple de quelque scène de la vie commune.

A M. DE SAINTE-CROIX

A Paris.

Livourne, le 27 novembre 1808.

Monsieur, suivant vos instructions, j'ai remis moi-même à M. de Gérando mon Xénophon[1], qui se recommande fort à vos bontés. Vous me faites grand plaisir de ne pas dédaigner un hommage aussi obscur que le mien. Si j'ai quelque mérite, c'est d'avoir pu vous plaire, et c'est par là que je suis sûr de prévenir au moins le public en ma faveur.

Il m'importe, comme vous dites fort bien, que mon travail paraisse le plus tôt possible, non seulement à cause de M. Gail, mais encore par d'autres raisons. Je vous prie donc de le livrer à quelque libraire, aux conditions que vous jugerez convenables, ou même sans condition. Je voudrais bien être assez riche pour faire les frais de l'impression et pouvoir ainsi disposer de tous les exemplaires ; ce serait une espèce de demi-publicité qui me conviendrait fort, mais je n'ai jamais un sou ; et puis, ne se moquerait-on pas avec quelque raison d'un officier qui emploierait sa solde à se faire imprimer ? Il faut donc trouver un libraire qui se charge de tout. Vanité d'auteur à part, je ne puis croire qu'il y perde. Si le grec ne se vend guère (car entre nous les lecteurs sont cinq ou six en Europe), il se vend cher ; il y a toujours un certain nombre d'amateurs sur lesquels on peut compter, et la traduction, qui se peut séparer du texte, aura plus de débit, ne fût-ce que comme ouvrage militaire. Au reste, monsieur, en cela comme en tout le reste, vous savez beaucoup mieux que moi ce qui se peut faire et ce qui convient, et puisque mon Xénophon a le bonheur

---

1. Les deux livres sur la cavalerie, traduits à Naples*.

de vous intéresser, je ne suis pas inquiet de son entrée dans le monde.

Pour le grec, l'édition devrait être soignée par quelqu'un qui l'entendît et qui voulût prendre la peine d'y ajouter les accents. J'ai l'habitude très condamnable de les omettre en écrivant. M. Boissonade, avec qui j'ai eu quelques liaisons, pourrait se charger de cet ennui, s'il voulait m'obliger aussi sensiblement que Grec puisse obliger un Grec. J'hésite d'autant moins à l'en prier que je puis lui rendre la pareille, étant tout à son service pour quelque collation ou notice de manuscrits qu'il lui faille de Rome ou d'ici, je veux dire de Florence. Qu'il considère un peu de quelle conséquence il est pour les destinées futures de Xénophon que cette édition soit correcte, puisque, étant la quintessence de tous les manuscrits, sans addition ni suppression, changement ni correction aucune, fidélité rare et peut-être unique, elle servira de base à toutes celles qu'on fera jamais de ce texte. Ce n'est donc pas pour moi, mais pour Xénophon, que je lui demande cette grâce, en un mot, *pour l'amour du grec*[1].

Je n'ai point vu l'édition publiée en Allemagne il y a quatre ou cinq ans, et je ne la connais que par les lettres de feu M. de Villoison, qui m'en parlait fort avantageusement. Si l'éditeur, M. Weiske, a donné quelques soins au texte de ces deux traités, il se peut que nos conjectures se rencontrent souvent. Je ne sais même (car j'ai appris que j'étais nommé dans sa préface) s'il n'a point publié quelques-unes de mes notes, que M. Villoison a pu lui communiquer.

Je crois sans peine, monsieur, tout ce que vous me marquez de M. Larcher, quelque admirable que cela soit. Sa vie est comme ses ouvrages, fort au-dessus des forces communes. Je pense lui être plus redevable que personne, car tout mon grec me vient de lui. Si j'en sais peu, sans lui je n'en saurais point du tout. Ce fut son Hérodote qui m'ouvrit le chemin à ces études, auxquelles je dois les meilleurs moments de ma vie. Cela vous explique pourquoi je ne cite que lui dans mes notes. Malheureusement j'ai cité quelquefois Hérodote sans pouvoir consulter sa traduction, seulement d'après mes extraits. Je travaillais en courant la poste, et le plus souvent sans livres. Dieu veuille qu'il n'y paraisse pas trop ! mais quoi ? je faisais en soldat la besogne d'un soldat ; car il y fallait un

---

1. Molière, *Femmes savantes*, III, III.

homme du métier ; et qui n'eût connu que les livres n'aurait pu entendre ceux-là. Je reviens à M. Larcher pour vous prier de lui présenter mon respect. En vérité, je ne sais par où je puis être digne de l'amitié de deux hommes comme vous et lui, si ce n'est par mon inviolable attachement.

Je comprends la perte que vous venez de faire[1], monsieur, et j'ose à peine vous en parler. Je suis bien peu propre à vous consoler, moi qui, depuis dix ans atteint d'une douleur pareille[2], la sens comme le premier jour. Je crois pourtant qu'il ne faut pas se plaire à son chagrin ni se nourrir d'une amertume qui affligerait, si elles nous voyaient, les personnes mêmes que nous regrettons.

LETTRE DE M. AKERBLAD A M. COURIER

Florence, le 2 décembre 1808.

Hier nous avons fait la fameuse descente domiciliaire chez les bénédictins pour nous emparer de leurs manuscrits ; mais ils nous ont prévenus, les gaillards ! Vingt-six des plus précieux de ces manuscrits ont disparu, et entre autres le beau Plutarque que nous avons vu ensemble, et que vous devez vous rappeler. Je n'en accuse pas l'abbé du couvent, mais le bibliothécaire ; ce petit père Bigi, au regard faux, est, à n'en pas douter, le voleur. Il dépend de nous deux de le faire pendre : nous n'avons qu'à attester avoir vu entre ses mains un seul des manuscrits qui manquent ; mais, je vous l'avoue, je suis bon chrétien, et je ne veux pas la mort du pécheur. D'ailleurs il me semble cruel de perdre un pauvre diable pour avoir volé une vingtaine de bouquins qui, eussent-ils même été transportés à la bibliothèque de Saint-Laurent, y seraient sans doute restés vierges et intacts, comme ils l'ont été depuis deux siècles dans celle des révérends pères. Au reste consolez-vous ; parmi les quatre-vingt-dix manuscrits grecs qui sont restés, il y en a plusieurs de fort précieux : deux ou trois Platons, autant de Sophocles, un Thucydide du XIIe siècle, sans parler des saint Grégoire et saint Chrysostome, parfaitement beaux. Voyez si tout cela vous tente, et, dans ce cas, venez, et vous aurez de quoi vous amuser. En attendant, écrivez-nous au

---

1. M. de Sainte-Croix venait de perdre sa fille*. — 2. La perte de son père et ensuite de sa mère*.

moins, et mandez-moi votre avis à l'égard du voleur et de sa punition. Quant à moi, je vote pour le carcan avec un énorme saint Chrysostome au cou.

A M. D'AGINCOURT
A Rome.

Livourne, le 15 décembre 1808.

Monsieur, je profite tant que je puis de votre expérience et de vos lumières pour moi-même, et dans l'occasion j'en fais part à mes amis, comme vous allez voir. M. de Sainte-Croix, savant dont le mérite peut vous être connu, me mande qu'il souffre de la vessie. Aussitôt je lui écris ce que je vous ai vu faire en cas pareil, et comment la diète de Pythagore vous a sauvé de ce vilain mal ; et puis (voyez si je compte sur votre complaisance), ne pouvant lui dire cela qu'en gros, je lui promets d'obtenir de vous une note plus circonstanciée de votre régime et de ses effets, et des causes qui vous obligèrent d'y recourir. C'est une bonne œuvre que vous ferez, monsieur, de dicter pour moi et pour lui ces dix ou douze lignes. Notez dicter, non écrire ; il ne faut pas, pour soulager la vessie de M. de Sainte-Croix, rendre vos yeux plus malades ; mais, au contraire, il faudrait qu'il m'envoyât, lui, quelque recette éprouvée contre le mal d'yeux, et qu'ainsi je pusse vous guérir et vous conserver l'un par l'autre.

J'ai bien une autre demande à vous faire que celle-là, une commission importante, difficile, dont je ne sais comment vous allez vous tirer. Voici ce que c'est : je voudrais avoir une bonne copie de l'empereur, de Canova. Quand je dis copie, vous m'entendez ; c'est un abrégé qu'il me faut, proportionné à ma bourse, de la grandeur à peu près de cette figure de l'Antin [1] qu'on dessine dans les écoles, de quoi orner un appartement. En voilà trop, et vous voyez mieux que moi ce que je veux. C'est pour un grand seigneur d'aujourd'hui ou d'hier, qui ne se connaît guère à cela ni à rien, mais qui reçoit chez lui toute la France. L'ouvrage serait en lieu d'être vu, et pourrait ainsi faire quelque honneur à l'artiste ; il faudrait donc qu'il fût bien fait et tôt, pour paraître à Paris avant l'original, s'il se pouvait. C'est là le point. M. Marin, qui, je l'espère, ne m'aura point oublié, est après vous, monsieur, le seul homme

---
1. *Sic* : sans doute l'*Antinoüs* du Belvédère.

auquel je puisse me recommander pour le succès de cette affaire. Je vous prie de vouloir bien, en lui faisant mes compliments, l'intéresser un peu pour moi, et l'assurer que toutes mes langues seront employées à le louer d'un si grand bienfait.

J'étais tenté de faire encore cette guerre d'Espagne, et je l'ai demandé ; mais on m'a refusé. Une si belle occasion de *m'aller faire estropier sur les pas des Césars*[1] ne reviendra plus pour moi ; car si Dieu ne change mes résolutions, je mettrai bientôt mon armure au croc. Je sais à présent ce que c'est que la guerre et les guerriers ; je m'en vais, et dis comme Athalie : *J'ai voulu voir, j'ai vu*[2].

Vos lettres, vraiment, me font un grand plaisir, et la dernière toujours plus que les autres ; mais je n'ose vous en demander à cause de votre vue. Il m'en faut cependant ; écrivez-moi donc, mais peu, seulement pour me prouver que vos yeux voient et que vos mains agissent. Adressez à Milan, où je serai dans un mois.

A M. DE SAINTE-CROIX
A Paris.

Livourne, e 15 décembre 1808.

Monsieur, j'apprends avec bien du chagrin le cruel mal qui vous tourmente ; et quoique vous soyez en lieu où nul bon conseil ne saurait vous manquer, quoiqu'il y ait aussi une sorte d'indiscrétion à conseiller les malades, je veux pourtant vous dire ce que j'ai vu qui se rapporte à votre état, un fait dont la connaissance ne peut, je crois, vous être qu'utile.

M. d'Agincourt, à Rome, est connu de tous ceux qui ont voyagé en Italie, comme amateur très distingué des arts et de la littérature, et vous aurez pu aisément entendre parler de lui. Je le laissai, il y a dix ans, souffrant peut-être plus que vous, du même mal, et je viens de le revoir à l'âge de soixante-douze ans, non seulement sans douleur, mais en tout, je vous assure, plus jeune qu'alors, n'étaient ses yeux dont il se plaint. Voilà de quoi je suis témoin, et voici le régime que commençait M. d'Agincourt quand je le quittai, il y a dix ans, et qu'il suit encore. Il ne mange que des végétaux cuits à l'eau simple, sans aucun assaisonnement ni sel ; mais sa principale nourriture est la *polenta* ou bouillie de farine de

---

1. Boileau, *Satires*, VIII, 94. — 2. Racine, *Athalie*, II, VII.

maïs, qu'on appelle en Languedoc *millasse*. D'ailleurs, abstinence totale de toute autre boisson que l'eau. Comme j'entretiens avec lui une correspondance fondée sur l'amitié dont il m'honore, je lui écris aujourd'hui pour avoir l'histoire de son mal et de sa guérison. Une pareille note, ou je me trompe fort, vous sera toujours bonne à quelque chose. Cette diète lui fut indiquée, à M. d'Agincourt, non par les médecins, mais par M. le chevalier Azara[1], qui l'avait vue en Espagne pratiquée avec succès, et s'en souvenait, dont bien prit, comme vous voyez à son ami. Qui empêche que je ne sois pour vous le chevalier Azara ? Alors, vraiment, je me louerais de mes courses en Italie.

Je vous livre, monsieur, sans réserve, mon œuvre[2], et mon nom, si on veut absolument le mettre en tête du volume. J'aimerais mieux cependant, par des raisons particulières que je puis appeler raisons d'État, n'être point nommé. Tâchez, je vous prie, de m'obtenir cela ; du reste le plus tôt sera le mieux. Si je pouvais avoir une vingtaine d'exemplaires... Mais tout est entre vos mains, et je suis trop heureux qu'une amitié qui m'est si honorable et si chère vous engage à prendre ce soin.

Voici de quoi ajouter à mes notes[3] ; vous voyez comme je travaille : tout ce qu'on appelle décousu, bâton rompu, n'est rien en comparaison. Une ligne faite à Milan, l'autre à Tarente, l'autre ici ; Dieu sait comme tout cela joindra.

[Courrier avait, depuis les premiers jours de novembre, reçu l'ordre de quitter Livourne et la Toscane, et de se rendre à Milan ; il l'exécuta enfin, après l'arrivée de l'officier qui devait le remplacer, et partit de Florence le 4 février 1809.]

A M. GRIOIS

MAJOR DU 4ᵉ RÉGIMENT D'ARTILLERIE A CHEVAL, A VÉRONE.

Milan, le 10 mars 1809.

Ma foi, mon major, je vous quitte, et c'est à regret en vérité. L'honnêteté n'entre pour rien dans ce que je vous dis là ; je vous regrette tous, mes camarades ; j'ai passé avec vous des moments agréables. Cependant, pour avoir du bon temps, je crois qu'il vaut mieux être libre.

Le diable s'était mis dans mes affaires en France. Je demande un congé pour aller voir ce que c'était ; on me le refuse. J'avais déjà demandé à passer en Espagne, comptant bien que je

---

1. Don J. N. d'Azara, envoyé d'Espagne à Rome, puis à Paris. — 2. Xénophon*. — 3. Sur Xénophon*.

pourrais, en allant ou revenant, faire un tour au pays. Ah ! ah ! on ne m'écouta seulement pas. Aujourd'hui c'est ma démission dont je régale Son Excellence, et pour cela je ne crois pas qu'il y ait de difficultés[1].

Vous me devez de l'argent : quand je dis vous, c'est le régiment. On a reçu sans doute depuis un an mon traitement de la Légion d'honneur ; avisez, je vous prie, aux moyens de me faire toucher cela ici, vous m'obligerez. Adieu ! major ; adieu, Hasard, et tous mes camarades connus et inconnus ; adieu ! mes amis ; buvez frais, mangez chaud, faites l'amour comme vous pourrez. Adieu !

A M. AKERBLAD

Milan, le 12 mars 1809.

Ma première lettre est pour vous ; du moins n'ai-je encore écrit à personne que je puisse appeler ami : et ceci soit dit afin de vous faire sentir l'obligation où vous êtes de me répondre, toute affaire ou toute paresse cessant.

En arrivant ici j'ai demandé un congé, on me l'a refusé ; j'ai donné ma démission. J'ai fait, comme vous voyez, ce que j'avais projeté : cela ne m'arrive guère. Je projette maintenant d'aller à Paris ; mais j'attendrai pour partir que la neige soit un peu fondue sur les Alpes, et je veux les repasser avant qu'il en vienne d'autre ; car je ne puis plus vivre que dans le beau pays *ovè il si suona*[2].

Ma lettre sans doute vous trouvera encore à Florence et au lit, je m'imagine ; car voilà un retour de froid qui va vous faire rentrer dans le duvet jusqu'au nez : *non tibi Svezia parens*[3].

Si vous étiez enfant du Nord, vous vous ririez de nos frimas, et tout vous semblerait zéphyr en Italie. Donnez-moi bientôt de vos nouvelles ; partez-vous toujours pour Rome ? j'y serai, je crois, avant vous, si Dieu nous maintient l'un et l'autre dans les mêmes dispositions.

Lamberti a fini son *Iliade*, et il va la porter à l'empereur.

C'est un homme heureux, Lamberti s'entend. Il a du métier littéraire les agréments sans les peines ; il vit avec ses amis, il travaille seulement pour n'être pas désœuvré. Son

---

1. Sa démission fut acceptée le 15 mars*. — 2. Où résonne le *si* (le *oui* italien). — 3. La Suède n'est pas ta mère.

chagrin (car il en faut bien), c'est cette farine sur son visage,

Qui fait fuir à sa vue un sexe qu'il adore.

Aimez-vous les vers ? en voilà. Le pauvre Lamberti gémit de n'oser se montrer aux belles après s'être vu leur idole ; bon homme au demeurant, d'un caractère aimable, il sait assez de grec et beaucoup d'italien ; il a un frère qu'on vient de faire sénateur du royaume : je ne doute pas qu'il ne le mérite autant pour le moins que Roland, qui était sénateur romain, au dire d'Arioste. J'ai appris à cette occasion que le royaume avait un sénat ; mais je ne sais trop au vrai ce que c'est qu'un sénateur.

A une lecture de Monti (c'était encore Homère, traduit par lui Monti; et toujours de l'Homère[1]! je crois que j'en rêverai), il a lu justement le livre où sont les deux comparaisons de l'âne et du cochon, et j'ai été témoin d'une grave discussion; savoir si l'on peut dire en vers, et en vers héroïques, *asino* et *porco* : l'affirmative a passé tout d'une voix, sur l'autorité d'Homère appuyé de son traducteur et de son éditeur présents. Notifiez cet arrêt à vos lettrés toscans, et à tous auxquels il appartiendra : la chose intéresse beaucoup de gens qui ne pourraient sans cela espérer de voir jamais leurs noms dans la haute poésie.

A MADAME DIONIGI

A Rome.

Milan, le 22 mars 1809.

J'ai reçu, madame, vos deux lettres adressées l'une à Livourne, l'autre ici, avec le programme du bel ouvrage que vous destinez au public. Je vous en demanderais pour moi un exemplaire, si je savais où le mettre, si j'avais un cabinet ; mais j'habite les grands chemins, et ce qui ne peut entrer dans une valise n'est pas fait pour moi. Comptez cependant que je ne négligerai rien pour vous procurer de nouveaux souscripteurs ; cela me serait difficile ici, je ne connais personne ; mais à Paris, je suis un peu plus répandu ; et je pourrai là, quand j'y serai, c'est-à-dire bientôt, vous servir d'autant mieux que j'y trouverai force gens à qui votre nom est connu.

---

[1]. On doit à l'érudit L. Lamberti une belle édition d'Homère, et au célèbre poète Vincenzo Monti une traduction de l'*Iliade*.

Vous avez bien sans doute ici des admirateurs, mais comment les rencontrerais-je, si je ne vois pas une âme ? M. Lamberti, qui tient de vous la même mission, la prêchera beaucoup mieux, et annoncera aux Lombards les merveilles de vos œuvres, non pas avec plus de zèle, mais avec plus de succès que je ne pourrais faire.

Pour la traduction de votre *Perspective*[1], c'est mon affaire, et le titre de votre interprète me plaît et m'honore également. J'y avais déjà mis la main, comme je crois vous l'avoir marqué, mais je ne sais si je pourrai retrouver dans une foule de papiers ce que j'en avais ébauché. Si cela s'est perdu, j'y ai peu de regrets ; car à présent je suis convaincu que pour faire cette version d'une manière digne de vous, il faut que j'y travaille avec vous. C'est un bonheur que j'aurai, si Dieu me fait vivre, cet automne ; car voici mon plan pour l'année courante, sauf les événements. Je vais en France donner un coup d'œil à mes affaires ; je passerai là la saison des grandes chaleurs, et, au départ des hirondelles, le désir de vous voir et de vous traduire me fera repasser les monts *e non sentir l'affanno*[2].

Je ne suis plus soldat. J'ai demandé d'abord, mais je n'ai pu obtenir, qu'on m'envoyât en Espagne ; j'espérais voir en passant la fumée de ma chaumière. J'ai voulu depuis avoir un congé pour des intérêts très pressants, on me l'a refusé de même, et je donne ma démission. Je ne pouvais guère, ce me semble, quitter de meilleure grâce, ni plus à propos, un métier dans lequel il ne faut pas vieillir. Dès que les neiges des Alpes seront un peu fondues, je partirai pour Paris. Mais c'est bien à regret, je vous assure, que je tourne le dos à l'Italie, et je ne resterai là-bas que le temps qu'il faudra pour m'arranger de manière à n'y revenir de si tôt ; car désormais, madame, ce n'est qu'en Italie que je trouve de la douceur à vivre. L'inclination, comme vous savez, se moque de la nature, ou plutôt devient une seconde nature. La patrie est où l'on est bien[3], où on a des amis comme vous ; et si mon bonheur est à Rome, il est clair que je suis Romain. Ceci a un air de raisonnement ; mais soit raison ou autre chose, je ne puis plus vivre que dans le beau pays *ove il si suona*.

J'ai vu à Pise M. le professeur Santi, qui m'a fort prié de

---

1. Ouvrage de Mme Dionigi sur la Perspective, en italien*. — 2. Et ne pas sentir la gêne. — 3. C'est l'adage latin : *Ubi bene, ib. patria.*

vous présenter son respect. Lamberti me donne la même commission : il achève un très beau livre qui sera dédié et présenté à l'empereur. C'est un Homère savamment revu et corrigé par lui, Lamberti, et imprimé par Bodoni.

Il y a ici un peintre que vous connaissez, madame ; qui du moins se vante de vous connaître. Il se nomme M. Bossi[1], et copie maintenant pour le gouvernement la fameuse *Cène* de Léonard, entreprise qui demandait un homme à talent. Ce Léonard ne se laisse pas copier à tout le monde ; mais pour comprendre le mérite de ce que fait Bossi, il faut voir comment il a su rétablir dans sa copie les parties de la fresque détruites par le temps, et elles sont considérables. Ma foi, sans lui nous n'aurions qu'une idée bien imparfaite de ce beau tableau, dont il ne reste presque rien, et qui allait être dans peu totalement perdu. Mais comment retrouve-t-on une peinture effacée ? Voilà ce qui vous surprendrait : il a découvert, je ne sais où, les cartons et les études de Léonard même. Pour la couleur, il s'est aidé de certaines copies faites dans le temps que l'original était entier. Bref, c'est comme une nouvelle édition de la *Cène*. N'aimez-vous pas mieux, madame, cet ancien chef-d'œuvre ainsi reproduit, que tant de nouveaux tableaux tout au plus médiocres ? Quant à moi, cela me plaît fort, et je voudrais quelque chose de semblable pour vos belles fresques de Rome, où l'on ne voit tantôt plus rien.

J'ai assisté à une grande lecture de poésie. C'était encore Homère et traduit par Monti. Je pensais vraiment en rendre compte à Mlle Henriette ; mais à elle je ne puis lui parler que d'elle-même, au risque toutefois d'un peu de désordre dans mes idées. Si je m'embrouille, après tout, je n'étonnerai personne, étant coutumier du fait, soit que je parle à elle ou d'elle ; enfin je veux lui demander des nouvelles de ses mains, que je me figure à présent bien maltraitées par le froid. C'est un cruel mal que ces *geloni*[2], comme vous les appelez ; ces tyrans de Sicile ne respectent rien. Voyez-vous, madame ? déjà je commence à déraisonner ; le mieux sera, je crois, que je m'en tienne là, et que je finisse en vous assurant de mon très humble respect.

---

1. Giuseppe Bossi (1777-1815), peintre et écrivain d'art. — 2. Engelures.

LETTRE DE M. SYLVESTRE DE SACY

Paris, le 3 mars 1809.

Monsieur, il n'est pas surprenant que vous n'ayez trouvé à Milan aucune lettre de M. de Sainte-Croix ; malheureusement l'état d'infirmité dans lequel il était depuis longtemps s'est changé en une maladie putride qui aujourd'hui ne nous laisse presque aucun espoir de le conserver. Un des derniers objets dont il m'a parlé avant que la maladie eût pris tant de violence, c'est le manuscrit[1] que vous lui avez fait parvenir. J'ai vu, en son nom, M. Lenormant, qui consent volontiers à imprimer votre ouvrage, mais seulement au mois de juin. Je désire bien vivement que nous soyons trompés dans l'espèce de certitude que nous avons de l'issue fâcheuse de la maladie de notre respectable ami ; mais si nous avons le malheur de le perdre, Mme de Sainte-Croix me remettra votre manuscrit, et je le tiendrai à votre disposition...

A M. SYLVESTRE DE SACY

A Paris.

Milan, le 13 mars 1809.

Monsieur, les tristes présages que me donnait votre lettre du 3 courant sur la maladie de M. de Sainte-Croix, ne se sont que trop vérifiés, comme on me le marque aujourd'hui de la part de Mme de Sainte-Croix. Je n'ose encore lui écrire ; mais je vous supplie, monsieur, de lui présenter mon respect, et de lui dire, si cela se peut sans irriter sa douleur, toute la part que j'y prends. Je comprends la vôtre, monsieur, sachant combien vous étiez lié avec un homme si respectable, et la haute estime qu'il avait pour vous. Quant à moi, il n'y avait personne dont l'amitié me fût ni mieux prouvée ni plus chère ; et même, depuis la mort de M. de Villoison, qui nous fut ravi aussi cruellement, c'était presque la seule liaison que j'eusse conservée en France parmi les gens de lettres. Il se plaisait

---

[1]. Les deuxlivres de Xénophon sur la cavalerie, imprimés depuis chez Eberhart à la fin de 1809*.

à m'encourager dans ces études dont vous avez pu voir quelques essais, et c'était à lui que je confiais des amusements et des goûts qu'on ne peut avoir pour soi seul. Enfin, par mille raisons, je ne pouvais faire de perte qui me fût plus sensible. — C'est déjà un bonheur pour moi que mon manuscrit passe dans vos mains ; mais je voudrais qu'avec cela M. de Sainte-Croix vous eût transmis une partie de l'amitié dont il m'honorait; pour avoir quelque droit à la vôtre, si ce peut m'être là un titre, permettez-moi de le faire valoir, en y joignant l'admiration que m'inspirent vos rares connaissances. Je n'en puis juger par moi-même que très imparfaitement. Mais je voyage depuis longtemps, et partout je vous entends louer par des gens que tout le monde loue. Ainsi je suis sûr de votre mérite dans les choses mêmes qui passent ma portée. Voilà d'où me vient, monsieur, le désir de vous connaître plus particulièrement, et l'ambition de vous plaire. Je compte être bientôt à Paris, où j'espère vous faire ma cour un instant. En attendant, si vous daignez jeter un coup d'œil sur mon travail et me donner quelques avis, venant d'un homme comme vous, nulle faveur ne me pourrait être plus précieuse. Je suis très flatté de l'intérêt que vous y voulez bien prendre, et fort aise que M. Lenormant, à votre considération, se charge de l'impression. C'était assurément tout ce que je pouvais souhaiter. Je me flatte peut-être, mais vous voilà, je crois, un peu engagé à protéger mon Xénophon à son entrée dans le monde. J'ose vous prier, monsieur, de ne le point perdre de vue ; car plutôt que de le voir livré à la barbarie des protes, j'aimerais mieux l'étouffer d'abord. Il vous sera aisé, ce me semble, de trouver quelqu'un qui se charge de surveiller l'impression, et de voir vous-même d'un coup d'œil si tout est dans l'ordre. Comme mon voyage à Paris est encore une chose incertaine, et que, dans tous les cas, mon séjour y sera très court, occupé d'ailleurs de soins fort différents, je ne pourrai même avoir une pensée qui se rapporte à de tels objets ; et, sans vos bontés, je renoncerais à rendre cet ouvrage public.

[Courier, devenu libre, se mit bientôt en route pour Paris, où il arriva le 14 avril. Napoléon venait d'en partir pour aller soutenir une nouvelle guerre contre l'Autriche. Le bruit des victoires d'Abensberg et d'Eckmühl réveilla dans le cœur de notre officier d'artillerie le désir qu'il avait toujours nourri de faire une campagne dans une armée qu'il commandât. Il employa donc de nouveau ses amis et obtint, le 7 mai, l'ordre de se rendre en Allemagne pour y attendre que l'empereur eût prononcé sur sa rentrée au service. Il ne partit cependant pour Strasbourg que le 28, parce que ses affaires l'obligèrent à aller passer quelques jours à Luynes. Enfin il arriva le 15 juin à Vienne, où le quartier général était établi depuis un mois.]

A M. ET MADAME CLAVIER
A Paris.

Strasbourg, le 2 juin 1809.

Monsieur et madame, vous serez bien aises, je crois, de savoir que j'arrivai ici hier. (Voilà un affreux hiatus dont je vous demande pardon.). J'arrive sain, gaillard et dispos, et je repars demain avec un aide de camp du roi Joseph d'Espagne. C'est un jeune homme, à ce que je puis voir, dont les aïeux ont fait la guerre, et qui daigne être colonel. Il veut me protéger à toute force. J'y consens, pourvu qu'il m'emmène. Vous ririez trop si je vous contais sa surprise à la vue de mon bagage. Il faut dire la vérité, il n'y en eut jamais de plus mince. J'y trouve pourtant du superflu, et j'en veux faire la réforme.

Mille amitiés, mille respects. Je ne puis encore vous donner d'adresse.

A MADAME LA COMTESSE DE LARIBOISSIÈRE
A Paris.

Vienne, en Autriche, le 19 juin 1809.

Madame, vous approuverez sûrement la liberté que je prends de vous écrire, car j'ai à vous parler du général et de monsieur votre ls. Leur santé à tous deux est telle que vous la pouvez souhaiter. Monsieur votre fils m'a tout l'air d'être bientôt un des plus jolis officiers de l'armée. Il le serait par sa figure quand il n'aurait que cet avantage ; mais j'ai causé avec lui, et je puis affirmer qu'il raisonne de tout parfaitement. Où preniez-vous donc, s'il vous plaît, qu'il avait l'air un peu trop *page ?* Je n'ai rien vu de plus sensé. En un mot, madame, si son frère, comme on me l'assure, ne lui cède en rien pour le mérite, vous êtes heureuse entre toutes les mères. Je vous parle le langage de l'Évangile ; ainsi je pense que vous me croirez.

Quant au général, l'empereur sait l'occuper si bien qu'il

n'aura de longtemps le temps d'être malade. C'est une chose qui nous étonne tous, que sa tête et sa santé résistent à tant d'affaires. Cependant il trouve des forces pour tout. On ne sait vraiment quand il dort, et l'heure de ses repas n'est guère plus réglée que celle de son sommeil. Avec tout cela, madame, il se porte mieux que jamais, et n'a sûrement rien à désirer, sinon d'être plus près de vous.

Ces renseignements authentiques, venant d'un témoin oculaire et digne de foi, ne vous déplairont pas, je crois ; voilà par où je me flatte de vous faire agréer ce griffonnage. A mon arrivée ici, je me suis d'abord mis fort bien avec le général, en lui donnant de vous, madame, des nouvelles exactes, récentes et satisfaisantes, sans me vanter, puisque je vous ai vue bien mieux qu'il ne vous avait laissée. L'idée m'est venue de vous faire ma cour par le même moyen, en vous marquant fidèlement l'état où se trouvent deux personnes qui vous sont si chères.

A présent votre bonté ordinaire fera que vous serez bien aise d'apprendre où en sont mes affaires. Vous savez, madame, que le général Songis s'en est allé, que M. de Lariboissière le remplace dans le commandement de l'artillerie de l'armée. Je crois en vérité que c'est moi qui ai arrangé tout cela. L'empereur n'eût pas fait autrement s'il n'eût songé qu'à m'obliger. En arrivant je suis allé droit au général, sans même savoir que l'autre fût parti. Le lendemain mon affaire fut présentée à l'empereur, qui s'avisa de demander ce que c'était que ce chef d'escadron, et pourquoi il avait quitté. Le général répondit comme il fallait, sans blesser la vanité. Bref, la conclusion fut que je reprendrais sur-le-champ du service. Il n'y manque plus que je ne sais quel décret que doivent faire ceux qui les font, et puis la signature, et me voilà en pied. Vous dirai-je maintenant, madame, ma pensée tout naturellement ? J'aimais M. de Lariboissière par une ancienne inclination, qui commença dès que je le connus (outre l'estime que personne ne peut lui refuser). Maintenant la reconnaissance s'y joint ; et si cet attachement d'un officier à son chef fait quelque chose au service, il n'y aura point dans l'armée d'officier qui serve mieux que moi.

[Courier, qui s'était flatté de rester pendant toute la campagne attaché au général de Lariboissière, fut fort désappointé en recevant l'ordre de passer au quatrième corps d'armée. Il le joignit cependant dans l'île de Lobau, et fut employé aux batteries qui tirèrent, le 4 juillet, pour protéger le passage du Danube ; il donne lui-même, dans une lettre du 5 septembre 1810 qu'on trouvera ci-après, le détail de ce qui lui arriva à cette occasion].

Après la victoire de Wagram, il regarda la guerre comme terminée, et, ne se croyant pas de nouveau engagé au service militaire par ce qui s'était passé depuis que sa démission avait été acceptée, il quitta l'armée et arriva à Strasbourg le 15 juillet.]

A MADAME DIONIGI

A Rome.

Strasbourg, le 18 juillet 1809.

Écrivez-moi, madame, dès que vous aurez reçu cette lettre, car voilà bien du temps que je n'ai eu de vos nouvelles. J'ai tant couru jusqu'à présent que je ne pouvais vous donner d'adresse certaine ; maintenant, sans être plus stable, je dépends plus de moi-même, et puis mieux savoir ce que je deviendrai, sauf les hasards ordinaires de la vie. Adressez vos lettres à M. Courier, à Strasbourg, poste restante ; elles me parviendront, quelque part que je sois, et je serai en Suisse, selon toute apparence. Je vais là pour fuir la rage de la canicule, en me rapprochant de vous. Je passerai dans ces montagnes tout le temps des chaleurs. J'en descendrai au mois d'octobre. Alors il fera bon chez vous, et j'irai vous voir, non pas seulement cet hiver, mais tous les hivers. C'était là mon ancien projet, mon plus beau château en Espagne, et le plus cher de mes rêves, que rien ne m'empêche aujourd'hui de réaliser.

Ma dernière lettre à vous était, je crois, de Milan. J'ai toujours voyagé depuis. J'ai traversé en plus d'un sens la France et l'Allemagne. J'arrive maintenant de Vienne. J'ai vu de près les grands événements, et j'ai à vous faire des récits sans fin, quand nous nous reverrons, s'entend ; car de vous en écrire seulement la dixième partie, mille plumes n'y suffiraient pas.

S'il y avait quelque chose que je pusse espérer de M. Amati, je le prierais d'achever enfin le petit travail dont il s'est chargé pour moi[1], et de l'avoir prêt pour le temps de mon arrivée à Rome. Je sais bien qu'il me le promettra sans la moindre difficulté, mais je sais aussi le fond qu'on peut faire sur ses promesses. Vous, madame, qui devez avoir quelque crédit sur son esprit, mêlez-vous un peu de cette affaire, et obtenez de lui

---

1. Collationner l'*Anabase* de Xénophon.

qu'il remplisse ses engagements, sans quoi je vois bien qu'il y faut renoncer.

Je finis comme j'ai commencé, en vous priant de m'écrire. C'est pour cela seul que je vous écris, moi ; car je suis sûrement le plus paresseux de tous vos correspondants, et vous n'auriez guère de mes nouvelles si je pouvais me passer des vôtres.

A M. D'AGINCOURT
A Rome.

Zurich, le 25 juillet 1809.

Monsieur, je donnerais tout au monde pour avoir à cette heure une ligne de vous qui m'assurât seulement que vous vous portez bien. Voilà en vérité mille ans que je n'ai eu de vos nouvelles. Vous allez dire que c'est ma faute. Non. Quand je vous aurais écrit, jamais vos réponses ne m'eussent atteint dans les courses infinies que j'ai faites après être parti de Livourne. C'est de là que je vous adressai, ce me semble, ma dernière lettre. Le seul récit de mes voyages depuis ce temps-là vous fatiguerait. Figurez-vous que si j'ai eu un moment de repos, si je me suis arrêté quelque part, ç'a toujours été sans l'avoir prévu. Ne pouvant jamais dire un jour où je serais le lendemain, quelle adresse vous aurais-je donnée ? Maintenant je suis libre, ou je crois l'être, c'est tout un, et je vais... devinez où ? à Rome. Cela n'est-il pas tout simple ? Débarrassé de mille sottises qui me tiraillaient en tous sens, je reprends aussitôt ma tendance naturelle vers le lieu où vous résidez. Voilà une phrase de physicien que quelque jolie femme prendrait pour de la cajolerie ; mais vous, monsieur, vous savez bien que c'est la pure vérité. Il est heureux pour moi sans doute que vous habitiez justement le pays que je préfère à tout autre ; mais fussiez-vous en Sibérie, dès que je me sens libre, j'irais droit à vous.

J'ai dû vous marquer, si tant est que je vous aie écrit de Milan, comme arrivé là je quittai sagement mon vilain métier. Mais à Paris, un hasard, la rencontre d'un homme que je croyais mon ami,

Et, je pense,
Quelque diable aussi me poussant[1],

---

1. La Fontaine, VII, 1, *les Animaux malades de la peste.*

je partis pour l'armée d'Allemagne, dans le dessein extravagant de reprendre du service. La fortune m'a mieux traité que je ne méritais, et, tout près d'être lié au banc, m'a retiré de cette galère. Je vous conterai cela quelque jour. Ce n'est pas matière pour une lettre. Dès que les chaleurs cesseront, je descendrai de ces montagnes pour aller passer l'hiver avec vous. Cependant écrivez-moi, si peu que vous voudrez, mais écrivez-moi. Deux mots de votre main me seront un témoignage de l'état de vos yeux, et suffiront pour m'apprendre comment vous vous portez.

A M. ET MADAME THOMASSIN

A Strasbourg.

Lucerne, le 25 août 1809.

Monsieur et madame, les marques d'amitié que j'ai reçues de vous à mon passage par votre bonne ville me persuadent que vous serez bien aises d'avoir de mes nouvelles, et de savoir un peu ce que je deviens. En vous quittant, j'allai à Bâle ; je n'y vis que la maison fort intéressante de M. Haas, auquel j'étais adressé par M. Levraut ; l'occasion qui se présenta de me rendre à Zurich d'une manière très convenable à ma fortune[1], c'est-à-dire presque gratis, me décida pour ce voyage. Ce fut là que je commençai à me trouver en Suisse, pays vraiment admirable dans cette saison. La beauté tant vantée des sites fit sur moi l'effet ordinaire, me surprit et m'enchanta. Il y avait là un prince russe avec sa femme et ses enfants, tous fort bonnes gens, quoique princes ; parlant français mieux que les nôtres, ce que vous croirez aisément. Leur connaissance que je fis me fut utile et agréable. Nous vîmes le lac en bateau, les environs en voiture (où les voitures pouvaient aller), le reste à pied ; tout me convenait à cause de la compagnie ; on riait à n'en pouvoir plus, on causait gaiement. J'osai bien leur parler de leur vilain pays, dont je recueillis là en passant quelques notions assez curieuses. Je fus ainsi deux jours avec eux

---

1. Avec un commis voyageur de Sedan*.

sans m'ennuyer ; après quoi toute cette famille, prince, princesse, petits princes, valets et servantes fort jolies, tout cela partit en trois carrosses pour les eaux de Baden, et partira peut-être quelque jour en un seul tombereau pour la Sibérie. Ce fut la réflexion que je fis sans la leur communiquer.

Sur le lac, Dieu m'est témoin que je pensai à mes amis des bords du Rhin, vous compris et en tête, si vous le trouvez bon, et voici comment j'y pensai tout naturellement : je regardais les eaux de ce lac transparentes comme le cristal ; celles de la Limate en sortent et vont se jeter dans le Rhin. Vous voyez, monsieur et madame, comme mes pensées, en suivant l'onde fugitive, arrivaient doucement à vous. Les vôtres n'auraient-elles pas pu remonter quelquefois le cours de l'eau ? Cela n'est pas si naturel ; aussi n'oserai-je m'en flatter.

Après le départ de mes Russes, je ne fus pas longtemps sans trouver une autre occasion aussi peu coûteuse que la première pour venir à Lucerne, en reprenant ma direction vers l'Italie. Arrivé dans cette ville, je voulus, avant d'aller plus loin, reconnaître le pays, où je vis beaucoup d'ombrages, point de vignes, des sapins, et, du côté du midi, un rempart de montagnes toujours couvertes de neiges. J'en conclus que c'était là un lieu très propre à passer le mois d'août, et l'asile que je cherchais contre la rage de la canicule, comme parle Horace[1]. Le hasard me fit connaître un jeune baron qui venait d'hériter d'une jolie maison de campagne sur le bord du lac, à demi-lieue de la ville ; nous allâmes ensemble la voir, et sur l'assurance qu'il me donna de n'y jamais mettre le pied, j'y acceptai le logement d'où je vous écris, que j'occupe depuis un mois, et que je compte occuper jusqu'à la fin de septembre ; car je ne crois pas que l'Italie, dans la partie où je veux aller, soit habitable avant ce temps.

Ma demeure est à mi-côte, en plein midi, au-dessus d'une vallée tapissée de vert, mais d'un vert inconnu à vous autres mondains, qui croyez être à la campagne auprès des grandes villes. J'ai en face une hauteur qu'on appellerait chez vous montagne, toute couverte de bois, et ces bois sont pleins de loups dont je reçois chaque matin les visites dans ma cour, comme M. de Champcenetz recevait ses créanciers ; plus loin je vois dans les grandes Alpes l'hiver au-dessus du printemps; à droite d'autres montagnes entrecoupées de vallons; à gauche

---

1. *Rabiem canis*, *Ep.*, I, x, 16.

le lac et la ville, et puis encore des montagnes ceintes de feuillages et couronnées de neige. Ce sont là ces tableaux qu'on vient voir de si loin, mais auxquels nous autres Suisses nous ne faisons non plus d'attention qu'un mari aux traits de sa femme après quinze jours de ménage.

Quant à ma vie, j'en fais trois parts : l'une pour manger et dormir, l'autre pour le bain et la promenade, la troisième pour mes vieilles études dont j'ai apporté d'amples matériaux. Le jardinier et sa femme qui me servent n'entendent pas un mot de français : ainsi j'observe strictement le silence de Pythagore et à peu près son régime. Je ne vais jamais à la ville, où je ne connais personne, et où je ne suis connu que des femmes par une aventure assez drôle.

Je me baigne tous les jours dans le lac, et le plus souvent dans un endroit qui est un port pour les bateaux. Dimanche dernier, au soleil couchant, je m'étais déshabillé pour me jeter à l'eau. Les eaux de ces lacs, par parenthèse, sont toujours très froides, et le baptême n'en est que plus salutaire. Mais on n'en use point ici, et je crois même qu'il n'y a personne dans tout le pays qui sache nager. Moi qui n'ai point d'autre plaisir, je m'en donne du matin au soir, et je m'en trouve très bien. J'avais donc défait ma toilette. Un bouquet d'arbres, une espèce de lisière de taillis le long du rivage, m'empêcha de voir quelques barques qui venaient côte à côte prendre terre où j'étais, et qui, survenant tout à coup, me mirent au milieu de vingt femmes, dans le costume d'Adam avant le péché. Ce fut, je vous assure, une scène, non pas une scène muette, mais des cris, des éclats de rire ; je n'ouïs jamais rien de pareil ; les échos s'en mêlant redoublèrent le vacarme. Ces dames se sauvèrent où elles purent, et moi je m'enfuis sous les ondes, comme les grenouilles de La Fontaine. Je fus prier les Nymphes de me cacher dans leurs grottes profondes ; mais en vain. Il me fallut bientôt remettre le nez hors de l'eau ; bref, les Lucernoises me connaissent, et c'est peut-être ce qui m'empêche de leur faire ma cour.

Je corrige un Plutarque qu'on imprime à Paris. C'est un plaisant historien, et bien peu connu de ceux qui ne le lisent pas en sa langue ; son mérite est tout dans le style. Il se moque des faits, et n'en prend que ce qui lui plaît, n'ayant souci que de paraître habile écrivain. Il ferait gagner à Pompée la bataille de Pharsale, si cela pouvait arrondir tant soit peu sa phrase. Il a raison. Toutes ces sottises qu'on appelle histoire ne peuvent valoir quelque chose qu'avec les ornements du goût.

Voilà, monsieur et madame, comme se passe mon temps, fort doucement, je vous assure, mais avec une rapidité qui m'effraierait, si j'y songeais. Je ne fais pas cette folie. Je ne songe qu'à vivre pour vous revoir un jour, et je m'y prends, ce me semble, assez bien. Ce qui rend mes heures si rapides, c'est que je ne suis guère oisif. Je puis dire comme Caton : Je ne fus jamais si occupé que depuis que je n'ai plus rien à faire. Enfin, si j'avais de vos nouvelles, je ne désirerais rien, et il y aurait au monde un homme content de son sort. Écrivez-moi donc bientôt.

Parlez-moi de ce bouton de rose que vous élevez sous le nom d'Hélène. Vous êtes là en vérité une trinité fort aimable et bien mieux arrangée que l'autre. Vous êtes aussi *consubstantiels* et indivisibles. Chacun de vous est nécessaire à l'existence de tous trois. Agréez, je vous en supplie, l'assurance très sincère de mon respect et de mon attachement.

A M. ET MADAME CLAVIER
A Paris.

Lucerne, le 30 août 1809.

Monsieur et madame, ne vous ai-je pas écrit deux ou trois fois au moins ? N'ai-je pas mis moi-même mes lettres à la poste ? Ne vous ai-je pas marqué mon adresse bien exacte ? C'est à moi que je fais ces questions, car je suis moins sûr de moi que de vous ; et je m'accuserais volontiers de votre silence. Le fait est que je ne reçois pas un mot. A toute force, il se pourrait que vous m'eussiez écrit, car dans mes longues erreurs[1] j'ai perdu des lettres. Les vôtres sont, sans flatterie, celles que je regrette le plus, si tant est que vous m'ayez écrit, comme je tâche de le croire. Mandez-moi au moins ce qui en est, et si je dois m'en prendre à vous, à la poste ou à moi, qui, par quelque étourderie, *sicut meus est mos*[2], me serai privé du plaisir d'avoir de vos nouvelles. Quand je dis plaisir, c'est un besoin. Comptez que je ne puis m'en passer, et dépêchez-vous, s'il vous plaît, de m'adresser quelques lignes de la moins paresseuse de vos quatre mains. Ce sont quatre torts que vous avez si

---

1. Courses vagabondes (sens vieilli). — 2. Horace, *Sat.*, I, IX, 1 : selon mon habitude.

vous êtes restés tant de temps sans me donner signe de souvenir.

Quand j'aurai des preuves que vous recevez mes lettres, je vous conterai par quelle chance je me trouve ici. Je m'y trouve bien, et j'espère me trouver encore mieux à Rome, où je passerai l'hiver. Je ne suis plus soldat, Dieu merci ; je suis ermite au bord du lac, au pied du *Righi*. Je ne vois que bergers et troupeaux, je n'entends que les chalumeaux et le murmure des fontaines, et, dans l'innocence de ma vie, je ne regrette rien de cette Babylone impure que vous habitez ; s'entend, je n'en regrette que vous, qui êtes purs si vous m'avez écrit.

Vous ferez bien parvenir, je crois, mes respects à Mme de Salm, quelque part qu'elle soit. Je lui écrirais si j'osais, si je savais où adresser ma lettre. Je pensai fort à elle sur les bords de ce lac de Zurich, où j'étais il n'y a pas huit jours : je pensai à elle d'une façon toute pastorale. Je regardais les eaux du lac transparentes comme le cristal ; celles de la Limate en sortent et vont se jeter dans le Rhin : vous voyez comme mes pensées, en suivant l'onde fugitive, allaient par le Rhin à la Roër. Mais quel séjour pour une Muse que le Rhin et la Roër ! comment mettra-t-elle ces noms-là sur sa lyre ? cela est fâcheux pour ces pauvres fleuves, on ne les chantera point en beaux vers : on les abandonnera aux Buache et aux Pinkerton[1]. Que ne s'appelaient-ils Céphise ou Asopus ?

N'avez-vous jamais ouï parler du marquis Tacconi, à Naples, grand trésorier de la couronne, grand amateur de livres, et mon grand ami, que l'on vient de mettre aux galères ? Il avait 100.000 livres de rente, et il faisait de faux billets ; c'était pour acheter des livres, et il ne lisait jamais. Sa bibliothèque magnifique était plus à moi qu'à lui ; aussi suis-je fort fâché de son aventure. Tudieu, comme on traite la littérature en ce pays-là ! L'autre roi fit pendre un jour toute son académie, celui-ci envoie au bagne le seul homme qui eût des livres dans tout le royaume. Mais, dites-moi, auriez-vous cru que la fureur bibliomaniaque pût aller jusque-là ? L'amour fait faire d'étranges choses ; ils aiment les livres charnellement, ils les caressent, les baisent.

Ce qui suit sera, s'il vous plaît, pour le docteur Coraï. M. Basili, à Vienne, m'a rendu mille services, dont je remercie de tout mon cœur M. Coraï, et dont le moindre a été de me

---

1. C'est-à-dire à des géographes.

donner de l'argent. Je devais remettre cet argent à son correspondant de Paris ; mais, comme je n'ai de mémoire que pour les choses inutiles, j'ai d'abord oublié le nom de ce correspondant, qui doit pourtant s'appeler M. Martin Pesch, ou Puech, ou Pioche ; bref, on ne le trouve point à Paris. M. Coraï peut et doit même savoir le nom et l'adresse de ce monsieur ; qu'il ait donc la bonté de me l'envoyer bien vite : non pas le monsieur, mais l'adresse. J'ai écrit maintes lettres à M. Basili, mais il y a un sort sur toute ma correspondance ; et puis je crains que dans ce temps-ci mes lettres ne lui parviennent pas. Enfin cela ne finira point, si Dieu et vous, gens charitables, n'y mettez la main ; et M. Basili, qui m'a obligé on ne peut pas plus galamment, aurait assurément droit d'être mécontent.

Une idée qui me vient à présent ; seriez-vous à Lyon par hasard ? mais non, vos lettres se sont perdues : car vous m'avez écrit, ou vous m'écrirez sitôt la présente reçue.

[Courier quitta Lucerne le 27 septembre, après y avoir passé deux mois. Ce fut pendant ce séjour qu'il fit la traduction libre de la vie de Périclès par Plutarque. De Lucerne il se rendit à Altorf, traversa à pied le mont Saint-Gothard, et vint par Bellinzona et Lugano à Milan, où il arriva le 3 octobre.]

A M. ET MADAME THOMASSIN

A Strasbourg.

Milan, le 12 octobre 1809.

Monsieur et madame, je ne sépare point ce que Dieu a joint, et je réponds à vos deux lettres par une seule. Ces deux bonnes lettres me sont parvenues avec celles que vous avez retirées pour moi de la poste. Mais celles-là, en vous priant de me les renvoyer à Lucerne, je n'entendais point du tout vous en faire payer le port. La plupart des gens obligent peu, lors même qu'il ne leur en coûte rien, et beaucoup vendent cher de médiocres services ; vous, vous obligez et payez ; ma foi il y a plaisir d'être de vos amis. Je devrais au moins ne pas abuser de tant de bonté, mais comment m'y prendre pour tirer encore de votre maudite poste deux ou trois lettres que j'y dois avoir d'ancienne date ? Écrire au directeur, comme j'avais fait avant de recourir à vous, je n'aurai ni lettre ni réponse. Il faut donc toujours vous importuner ; mais, cette fois, sans rien débourser. Envoyez, je vous prie, à ce bureau quelqu'un qui, fouillant dans le fatras des lettres *poste restante*, y déterre les miennes et fasse mettre au dos : *Chez messieurs Molini et Landi, libraires à Florence ;* puis vous joindrez à cette bonté celle de m'en donner avis.

Les lettres de Mme Thomassin sont ce que l'on m'avait dit, c'est-à-dire, après sa conversation, tout ce qu'il y a de plus aimable. Mais dussé-je être impertinent, je critiquerai celle que j'ai reçue ; aussi bien n'y suis-je pas trop ménagé.

Ce que j'y trouve à dire d'abord, c'est qu'elle est trop courte ; et puis c'est que madame n'y parle guère que de moi. Étais-je en droit d'espérer qu'elle me parlât d'elle-même, et de ce qui l'entoure ? Je ne sais, mais il me semble... Enfin pourquoi ne m'a-t-elle pas dit où en est son bâtiment ? J'aurais bien pu avoir aussi des nouvelles de la vache, du jardin, et d'autres choses. Franchement, comme vieille connaissance, j'avais droit à ces détails, et tout ce qui eût allongé sa lettre la rendait d'autant meilleure.

Vous voulez donc bien, madame, vous intéresser à mes courses ; je n'en ai fait jusqu'au 30 septembre qu'aux environs de mon ermitage. J'ai vu dans les hautes Alpes ces gens qui vivent de lait et ignorent l'usage du pain ; ils paraissent heureux. Je vous dirai l'année prochaine ce qui en est ; car je compte passer l'été avec eux, et descendre après en Alsace. J'ai fait sur mon lac de Lucerne des navigations infinies. Ses bords n'ont pas un rocher où je n'aie grimpé pour chercher quelque point de vue, pas un bois qui ne m'ait donné de l'ombre, pas un écho que je n'aie fait jaser mille fois ; c'était ma seule conversation, et le lac mon unique promenade. Ce lac a aussi ses nymphes ; il n'y a si chétif ruisseau qui n'ait la sienne, comme vous savez. J'en vis une un jour sur la rive. Je ne plaisante point. J'étais descendu pour examiner les ruines du fameux château de Habsbourg[1] ; mais je vis autre chose que des ruines. Une jeune fille jolie, comme elles sont là presque toutes, cueillait des petits pois dans un champ ; leur costume est charmant, leur air naïf et tendre, car en général elles sont blondes, leur teint un mélange de lis et de roses ; celle-là était bien du pays. J'approchai. Je ne pouvais rien dire, ne sachant pas un mot de leur langue ; elle me parla, je ne l'entendis point. Cependant, comme en Italie, où beaucoup d'affaires se traitent par signes, j'avais acquis quelque habitude de cette façon de s'exprimer, je réussis à lui faire comprendre que je la trouvais

---

1. Le château de Habsbourg (Argovie) est à près de 50 km. du lac du Lucerne !

belle. En fait de pantomime, sans avoir été si loin l'étudier, elle en savait plus que moi. Nous causâmes ; je sus bientôt qu'elle était du village voisin, qu'elle allait dans peu se marier, que son amant demeurait de l'autre côté du lac, qu'il était jeune et joli homme. Vous seriez-vous doutée, madame, que tout cela se pût dire sans parler ? Pour moi, j'ignorais toute la grâce et l'esprit qu'on pouvait mettre dans une pareille conversation ; elle me l'apprit. Cependant je partageais son travail, je portais le panier, je cueillais des pois, et j'étais payé d'un sourire qui eût contenté les dieux mêmes ; mais je voulus davantage.

Toute cette histoire ne me fait guère d'honneur : me voilà pourtant, je ne sais comment, engagé à vous la conter, et vous, madame, à la lire. J'obtins de cette belle assez facilement qu'elle ôtât un grand chapeau de paille à la mode du pays ; ces chapeaux, dans le fait, sont jolis ; mais il couvrait, il cachait.... et le fichu, c'était bien pis ; à peine laissait-il voir le cou. Je m'en plaignis, j'osai demander que du moins on l'entr'ouvrît. Ces choses-là, en Italie, s'accordent sans difficulté ; en Suisse, c'est une autre affaire. Non seulement je fus refusé, mais on se disposa dès lors à me quitter. Elle remit son chapeau, remplit à la hâte son panier, et le posa sur sa tête. Quoique la mienne ne fût pas fort calme, j'avais pourtant très bien remarqué que ce fichu auquel on tenait tant ne tenait lui-même qu'à une épingle assez négligemment placée, et profitant d'une attitude qui ne permettait nulle défense, j'enlevai d'une main l'épingle et de l'autre le fichu, comme si de ma vie je n'eusse fait autre chose que déshabiller les femmes. Ce que je vis alors, aucun voyageur ne l'a vu, et moi je ne profitai guère de ma découverte, car la belle aussitôt s'enfuit, laissant à mes pieds son panier et son chapeau qui tomba ; et je restai le mouchoir à la main. Quand elle s'arrêta et tourna vers moi ses yeux indignés, j'eus beau la rappeler, prier, supplier, je ne pus lui persuader ni de revenir ni de m'attendre. Voyant son parti pris, qu'y faire ? Je mis le fichu sur le panier avec le chapeau, et je m'en allai, mais lentement, trois pas en avant et deux en arrière, comme les pèlerins de l'Inde. A mesure que je m'éloignais, elle revenait, et quand je revenais elle fuyait. Enfin je m'assis à quelque distance, et je lui laissai réparer le désordre de sa toilette, et puis je me levai, et je sus encore lui inspirer assez de confiance pour me laisser approcher. Je n'en abusai plus. Nous ramassâmes ensemble la récolte éparse à terre, et je plaçai moi-même sur sa tête le panier que ses doigts seuls soutenaient de chaque côté ; alors figurez-vous ses deux mains occupées, mêlées avec les miennes, sa tête immobile sous ce panier, et moi si près... j'avais quelques droits, ce me semble ; l'occasion même en est un. J'en usai discrètement. Maintenant, madame, si vous demandez ce que c'est que le château de Habsbourg, en vérité je ne l'ai point vu, non que je n'y sois revenu plus d'une fois. Je revins souvent au pied de ces tours, mais sans jamais voir ce que j'y cherchais.

Quand je m'aperçus que les feuilles se détachaient des arbres, et que les hirondelles s'assemblaient pour partir, je coupai un bâton d'aubépine que je fis durcir au feu, et me mis en chemin vers l'Italie. Je fus deux jours dans les neiges, mourant de froid, car je n'avais pris aucune précaution ; et je ne dégelai qu'à Bellinzona. Dieu et les chèvres de ces montagnes savent seuls par où j'ai passé. Il ne faut pas parler là de routes. Mon guide portait mon bagage. Il n'y en eut jamais de plus léger ; aussi pouvais-je à peine le suivre. Ces montagnards ont des jambes qui ne sont qu'à eux. Mon dessein n'était pas de m'arrêter ici ; mais j'y ai trouvé un ami[1], et cet ami-là est un homme qui a du savoir et du goût, deux choses rarement unies. Me voilà donc à Milan jusqu'à ce que le froid m'en chasse. Je compte être à Florence dans les premiers jours de novembre, à Rome bientôt après. Vous appelez cela courir, mais au vrai je ne sors pas de chez moi. Ma demeure s'étend de Naples à Paris. Je goûte avec délices les douceurs de l'indépendance. Quoique dans le vilain métier que j'ai fait si longtemps je fusse bien moins esclave qu'un autre, je ne connaissais point du tout la liberté. Si l'on savait ce que c'est, les rois descendraient du trône, et personne n'y voudrait monter.

Toutes ces ratures dans ma lettre vous prouveront, monsieur et madame, que je vous écris en conscience, comme disait Fontenelle, c'est-à-dire que je soigne mon style, et que je fais de mon mieux pour vous parler français. Ce long bavardage n'est pas de nature à se pouvoir transcrire. Que je vous fasse une autre lettre, il y aura d'autres sottises ; autant vaut vous envoyer ce griffonnage-ci tel qu'il est.

Faites, je vous en supplie, que je trouve de vos nouvelles à Florence, et de celles de votre ange. Sa charmante figure m'est bien présente à l'esprit, et je pourrai l'année prochaine

---

1. Lamberti*.

vous dire exactement de combien elle sera embellie. C'est un grand bonheur pour vous et pour elle qu'on soit délivré des horreurs de la petite vérole : ayant plus à perdre qu'une autre, elle eût eu et vous eût causé d'autant plus d'inquiétudes. Cette petite vérole est pourtant bonne à quelque chose, c'est une excuse pour les laids. Moi, par exemple, ne puis-je pas dire que sans elle j'étais joli garçon ?

LETTRE DE M. AKERBLAD

Rome, le 21 juin 1809.

J'ai enfin su, par une lettre de M. de Sacy, que vous avez fait une apparition à Paris, et je m'empresse de vous écrire ces lignes que je lui adresse. Il aura soin de vous déterrer dans la grande ville et de vous les faire tenir.

Sachez que depuis plus d'un mois j'ai dans ma maison une quarantaine de bouquins qui vous appartiennent, et que j'ai retirés de chez l'honnête D. Vincenzo, contre mon reçu. L'ouvrage que réclame Visconti, l'antiquaire, est du nombre, et j'ai déjà prévenu son frère, le libraire, que ce livre est chez moi à sa disposition.

Votre Amati est un peu mécontent de vous, n'ayant pas depuis longtemps palpé de votre argent. Le bonhomme prétend que les dix piastres que vous lui avez données, à votre dernier départ de Rome, n'étaient qu'une ancienne dette, pour certains soins qu'il avait donnés à votre *Cavalerie* de Xénophon. L'*Anabasis* est, selon lui, un marché à part, et d'une tout autre importance. En effet, j'ai vu son travail, et il faut avouer qu'il s'est surpassé lui-même, tout comme il a surpassé votre attente et vos désirs ; car, au lieu de variantes d'un seul manuscrit, vous en avez de quatre, et le tout forme une énorme liasse grand in-folio. Vous trouverez des accents, des virgules, des lettres, des mots, des phrases, enfin des lignes et des périodes entières, qui, pour la première fois, vont prendre leur place dans l'édition que vous nous donnerez un jour de l'expédition de Cyrus. Cela vous fera une gloire immortelle, dit Amati, qui y renonce généreusement en votre faveur, à condition que vous lui donnerez force beaux sequins. Ne voulant pas m'en rapporter à son avis là-dessus, j'ai prié Marini d'estimer son travail, et il dit qu'en conscience vous ne pouvez lui donner moins de *vingt louis*. Voyez si ce prix vous convient ; car s'il vous effraie trop, il y aurait moyen de vendre ces variantes en Allemagne, où Amati jouit déjà d'une certaine réputation, à cause d'une découverte qu'il croit avoir faite, que le traité Περὶ ὕψους[1] n'est pas de Longin, mais de Denys d'Halicarnasse. Ses preuves, qui me semblent assez faibles, ont cependant fait du bruit en Allemagne, et le pauvre Amati est tout glorieux d'avoir fait parler de lui et de sa découverte ces savantissimes professeurs. En attendant, si vous voulez garder son travail, envoyez au moins un à-compte à ce pauvre *græculus esuriens*[2], qui est plus maigre que jamais.

On dit ici que vous avez quitté le service : d'autres prétendent que vous méditez d'y rentrer. Je vous reconnais là. Quoi qu'il en soit, tâchez de venir dans notre ville, *libre* et *impériale*, où je désire bien de vous revoir.

A M. AKERBLAD
A Rome.

Milan, le 14 octobre 1809.

Monsieur, j'ai trouvé ici votre lettre du 21 juin. Grand merci de vos soins obligeants pour mes livres, papiers, collations de manuscrits, etc. Mes affaires philologiques sont aussi bien entre vos mains que jadis les affaires politiques du roi votre maître. Je doutais que vous fussiez maintenant en Italie, et je vois avec grand plaisir que je puis encore espérer de vous retrouver à Rome, où, partant demain, j'arriverai un mois après cette lettre ; car je m'arrêterai tout autant à Florence, comme chargé par M. Clavier de certaines recherches relatives à son *Pausanias*. Je fouillerai aussi pour mon compte dans les vénérables bouquins.

Amati est bon de se figurer que je vais l'enrichir ; je ne peux ni ne veux dépenser un sou pour le grec ; voici tout ce que je peux faire : le libraire qui imprimera, Dieu sait quand, cet *Anabasis*, payera le travail d'Amati. Je ne donnerai le mien qu'à cette condition.

J'ai quelque souvenance d'avoir été soldat, mais cela est

---

1. Sur le sublime. — 2. Juvénal, *Sat.*, III, 78 : un Grec affamé.

si loin de moi qu'en vérité je le puis ranger parmi les choses oubliées. J'étais, comme on vous l'a dit, rentré dans le tourbillon, comptant imprudemment sur l'amitié d'un comte[1] avec qui je me trouvai loin de compte. Catherine de Navarre[2], dit-on, fut fille amoureuse et drue, qui eut un mari débile, et comme on lui demandait, le lendemain de ses noces, des nouvelles de la nuit, elle répondit en soupirant : *Ah ! ce n'est pas mon compte !* Elle entendait le comte de Soissons, dont le mérite lui était connu. Il m'est arrivé le contraire : je pensais trouver un ami, mais hélas ! c'était un comte. Vous saurez tout quand je vous verrai... Dites de moi, si vous voulez :

Il prit, quitta, reprit la cuirasse et la haire[3].

Pauvre hère, mais content, si jamais homme le fut.

LETTRE DE M. CLAVIER

Paris, le 3 septembre 1809.

Nous vous avons écrit quatre fois, mon cher Courier, et n'avons pas eu de réponse. Heureusement qu'Alexandre Basili, de Vienne, a écrit à M. Coraï, et lui a mandé que vous aviez quitté l'armée. Dites-nous donc comment il se fait qu'après avoir été si empressé de reprendre du service, après avoir même un peu rêvé ambition, vous l'ayez quitté de nouveau si brusquement : je crains bien que vous n'ayez fait encore quelque coup de tête.

Vous ne me demandez pas de nouvelles de votre Xénophon, et vous avez raison ; car j'ai honte de vous dire que le texte grec n'est pas encore fini d'imprimer. Stone, avec beaucoup de bonne volonté, a très peu de caractères grecs, et n'a point de compositeur pour cette langue ; c'est donc son prote, homme très intelligent, qui compose lui-même ; et comme il a d'autres occupations, cela ne va pas vite.

Vous voilà donc entièrement libre et parcourant la belle Italie : si, en visitant les bibliothèques, vous trouvez quelque manuscrit de Pausanias qui vaille la peine d'être collationné, je vous prie de m'en donner avis. Je vous enverrai la

---

1. Lariboisière. — 2. Catherine de Bourbon, sœur de Henri IV, épousa Henri de Lorraine, duc de Bar. — 3. Voltaire, *Henriade,* IV (il s'agit du duc de Joyeuse).

liste des principales lacunes qui se trouvent dans cet auteur, et les manuscrits qui auront les mêmes ne méritent guère d'être collationnés, puisqu'ils seront sans doute semblables à ceux que j'ai ici. Je me suis remis à ce travail, quoique je ne prévoie guère quand je pourrai le finir. J'y fais tous les jours de nouvelles corrections ; mais malheureusement il y a beaucoup plus de lacunes qu'on ne croit, et ce n'est que par le secours des manuscrits qu'on peut les remplir. J'ai vu à Paris un Grec qui a demeuré longtemps à Florence, et qui m'a dit y avoir vu, je crois, dans la bibliothèque victorienne, un manuscrit de Pausanias du IXe siècle, plus ancien, par conséquent, que tous ceux que nous connaissons ; comme vous y passerez sans doute, veuillez vous en informer...

A M. CLAVIER[1]

A Paris.

Milan, le 16 octobre 1809.

Vite, monsieur, envoyez-moi vos commissions grecques. Je serai à Florence un mois, à Rome tout l'hiver, et je vous rendrai bon compte de tous les manuscrits de Pausanias. Il n'y a bouquin en Italie où je ne veuille perdre la vue pour l'amour de vous et du grec. Laissez-moi faire ; je projette une fouille à l'abbaye de Florence qui nous produira quelque chose. Il y avait là du bon pour vous et pour moi dans une centaine de volumes du IXe et du Xe siècle. Il en reste ce qui n'a pas été vendu par les moines. Peut-être y trouverai-je votre affaire. Avec le *Chariton* de d'Orville est un Longus que je crois entier, du moins n'y ai-je point vu de lacune quand je l'examinai ; mais en vérité il faut être sorcier pour le lire. J'espère pourtant en venir à bout à *grand renfort de bésicles*, comme dit maître François[2]. C'est vraiment dommage que ce petit roman d'une si jolie invention, qui, traduit dans toutes les langues, plaît à toutes les nations, soit mutilé comme il l'est. Si je pouvais vous l'offrir complet, je croirais mes courses bien employées et mon nom assez recommandé aux Grecs présents et futurs. Il me faut peu de gloire ; c'est assez pour

---

1. Cette lettre est imprimée dans la lettre à M. Renouard, qui précède les *Pastorales* de Longus, édition 1821*. — 2. Rabelais, I, 1.

moi qu'on sache quelque jour que j'ai partagé vos études, et que j'eus part aussi à votre amitié.

Le succès de votre *Archéologie* n'ajoute rien à l'idée que j'en avais conçue :

> Je ne prends point pour juge un peuple téméraire[1].

Ce que vous m'en avez lu me parut très bon, et ce fut dans ces termes que j'en dis ma pensée à Mme Clavier d'abord, et depuis à d'autres personnes. Je ne suis point de ces gens qui

> Trépignent de joie ou pleurent de tendresse[2]

à la lecture d'un ouvrage : cela est très bon, fut mon premier mot ; le meilleur éloge est celui dont il n'y a rien à rabattre.

Ce que vous appelez un autre coup de tête est l'action la plus sensée que j'aie faite en ma vie. Je me suis tiré heureusement d'un fort mauvais pas, d'une position détestable, où je me trouvais par ma faute pour m'être sottement figuré que j'avais un ami, ne me souvenant pas que dès le temps d'Aristote il n'y avait plus d'amis : ὦ φίλε, οὐκ ἔτ' εἰσὶ φίλοι[3]. Celui-là, suivant l'usage, me sacrifiait pour une bagatelle, et me jetait dans un gouffre d'où je ne serais jamais sorti. Comme soldat, je ne pouvais me plaindre ; mon sort même faisait des jaloux, et je m'en serais contenté *si j'eusse été Parménion*[4] ; mais mon ambition était d'une espèce particulière, et ne tendait pas à vieillir

> Dans les honneurs obscurs de quelque légion[5].

J'avais des projets dont le succès eût fait mon malheur. La fortune m'a mieux traité que je ne méritais. Maintenant je suis heureux, nul homme vivant ne l'est davantage, et peut-être aucun n'est aussi content : je n'envie pas même les paysans que j'ai vus dans la Suisse : j'ai sur eux l'avantage de connaître mon bonheur. Ne me venez point dire : *attendons la fin*[6] ; sauf le respect dû aux anciens, rien n'est plus faux que cette règle : le mal de demain ne m'ôtera jamais le bien d'aujourd'hui. Enfin si je n'atteins pas le *mentem sanam in corpore sano*[7], j'en approche du moins depuis un temps.

---

1. Racine, *Athalie*, II, iv. — 2. Boileau, *Art poétique*, I, 196. — 3. O mon ami, il n'y a plus d'amis. — 4. Darius, après Issos, fit à Alexandre des propositions avantageuses. « J'accepterais si j'étais Alexandre, » s'écria Parménion. — « Et moi aussi, si j'étais Parménion », répondit Alexandre. — 5. Racine, *Britannicus*, I, ii. — 6. La Fontaine, *Fables*, I, le *Chêne et le Roseau*. — 7. Juvénal, *Sat.*, X, 356 : une âme saine dans un corps sain.

Mme de Sévigné est donc aux Rochers ; je veux dire Mme Clavier en Bretagne : je vous plains, son absence est pire que celle de toute autre. Présentez-lui, je vous prie, dans votre première lettre, mes très humbles respects.

J'irais voir Mme Dumoret, appuyé de votre recommandation et d'un ancien souvenir qu'elle peut avoir de moi, si j'étais homme à tenir table, à jouer, à prendre enfin un rôle dans ce qu'on appelle société ; mais Dieu ne m'a point fait pour cela. Les salons m'ennuient à mourir, et je les hais autant que les antichambres. Bref, je ne veux voir que des amis ; car j'y crois encore en dépit de l'expérience et d'Aristote. Je n'en suis pas moins obligé à votre bonne intention de m'avoir voulu procurer une connaissance agréable.

A M. CLAVIER
A Paris.

Milan, le 21 octobre 1809.

Dans ma dernière lettre je ne vous ai point indiqué d'adresse pour me faire parvenir votre dernier ouvrage, que je suis fort impatient de lire, et de faire lire à ceux qui en sont dignes en deçà des monts. Voici maintenant par quelle voie vous pourrez me l'envoyer. M. Bocchini, rue des Filles-Saint-Thomas, n° 20, est le correspondant de notre ami Lamberti (lequel Lamberti, par parenthèse, vous ἀσπάζει φιλοφρόνως[1], car c'est sur sa table que je vous fais *ces lignes*, et il me charge expressément de vous *riverire caramente*[2]). M. Bocchini se chargera de tout ce que vous voudrez me faire parvenir sous l'adresse de M. Lamberti. Tâchez, je vous prie, de m'envoyer aussi les volumes de *Plutarque* de M. Coraï, à mesure qu'ils paraîtront, et de plus l'*Eunapius* de M. Boissonade. J'ai fort envie d'avoir tout cela : le prix en sera payé chez Mme Marchand en présentant cette lettre. — Notez, s'il vous plaît, que votre dernière lettre, la seule que j'aie reçue, ne me donne point l'adresse de je ne sais quel banquier correspondant de M. Basili, auquel banquier je dois payer... Voyez, je vous supplie, mon autre lettre datée de Lucerne, et aidez-moi par charité à payer mes

---

1. Vous salue avec affabilité. — 2. Présenter ses affectueuses salutations.

dettes, avec les intérêts, qui courent (notez encore ce point) à je ne sais combien pour cent. Si Dieu n'y met ordre, il faudra que je me cache à la triacade[1] prochaine, comme les enfants de famille faisaient chez vos Athéniens. Je pars dans deux ou trois jours pour Florence, et je vous embrasse. Mes très humbles respects à Mme Clavier, quelque part qu'elle soit ; ἔρρωσο[2].

[Courier quitta Milan le 27 octobre et arriva à Florence le 4 novembre. Dès le lendemain il se rendit à la bibliothèque de San Lorenzo, pour examiner avec soin un manuscrit de Longus, *Daphnis et Chloé*, qu'il avait vu l'année précédente, et que faute de temps il n'avait pu que feuilleter. Il le trouva complet, et les jours suivants il en copia la valeur d'environ dix pages du premier livre qu'il savait manquer dans toutes les éditions existantes de cet ouvrage, et même dans tous les manuscrits connus. La copie était terminée, lorsque, par malheur, il fit sur une des pages du morceau inédit une tache d'encre qui couvrait une vingtaine de mots. Pour calmer autant qu'il était en lui le déplaisir que cet accident causa à M. F. del Furia, bibliothécaire, il lui remit le certificat suivant, que l'on montre encore aujourd'hui avec le manuscrit :

« Ce morceau de papier, posé par mégarde dans le manuscrit pour servir « de marque, s'est trouvé taché d'encre : la faute en est toute à moi, qui ai « fait cette étourderie ; en foi de quoi j'ai signé. »

COURIER.

« Florence, le 10 novembre 1809. »

Le surlendemain, M. Renouard, libraire de Paris, qui se trouvait alors à Florence, et qui s'intéressait à la découverte de ce fragment, comptant le publier lui-même, arriva dans la bibliothèque. Les conservateurs lui présentèrent le manuscrit auquel la feuille souillée d'encre était encore attachée. Il demanda la permission d'essayer de la décoller, et y réussit assez heureusement. Il faut lire la notice de seize pages qu'il publia à ce sujet au mois de juillet 1810.]

LETTRE DE M. KERBLD

Rome, le 25 novembre 1809.

MON TRÈS CHER COMMANDANT,

Nous espérions à chaque instant vous voir arriver à Rome mais votre retard me persuade que vous avez trouvé dans les bibliothèques de Florence de quoi vous occuper ; et en effet M. Landi, dans sa dernière lettre, me parle d'une découverte que vous avez faite de quelques morceaux inédits de

---

1. Le mois prochain. — 2. Portez-vous bien.

Longus, et d'une entreprise littéraire formée entre vous et M. Renouard[1], sur cette découverte. Voilà ce qui s'appelle bien débuter au moins, et le pauvre Furia doit être furieux de voir un Welche venir pondre dans son nid. Si vous tardez de venir à Rome, faites-moi le plaisir de me dire ce que c'est que cette découverte. Dans Longus il n'y a qu'une seule lacune, si je me rappelle bien ; et de la remplir ne serait pas d'une assez grande importance pour faire penser à une nouvelle édition.

Quand j'ai su que vous étiez rentré dans le tourbillon, je m'attendais de vous revoir général ou au moins colonel, avec une jambe ou un bras de moins, n'importe : jugez combien j'ai dû être surpris d'apprendre que vous ne serez jamais rien, pas même baron de l'empire, et que vous étiez revenu en Italie, sain et sauf, à la vérité, mais sans les deux épaulettes à graines d'épinards. Je vous gronderai d'importance quand vous serez ici ; mais venez, la bibliothèque du Vatican est bien plus riche, et le dragon Cherini ne viendra pas cet hiver : le révérend père Altieri est un bon enfant, qui vous laissera fouiller dans les bouquins tant que vous voudrez.

A M. AKERBLAD
A Rome.

Florence, le 5 décembre 1809.

Il est vrai, φίλων ἄριστε[2], que je ne suis point baron, quoique je vienne d'où on les fait. Je n'étais pas destiné à décrasser ma famille, qui en aurait un peu besoin, soit dit entre nous ; il est vrai aussi que je n'allais à l'armée d'Allemagne que pour voir ce que c'était. Je me suis passé cette fantaisie, et je puis dire comme Athalie : *J'ai voulu voir, j'ai vu.* Je suivais un général[3] que j'avais vu longtemps bon homme et mon ami, et que je croyais tel pour toujours ; mais il devint comte. Quelle métamorphose! le bon homme aussitôt disparut, et de l'ami plus de nouvelles ; ce fut à sa place un protecteur : je ne l'aurais jamais cru, si je n'en eusse été témoin, qu'il y eût tant de différence d'un homme à un comte. Je sus adroitement me sous-

---

[1]. Libraire de Paris, qui se trouvait à Florence lors de la découverte du fragment de Longus*. — [2]. Le meilleur de mes amis. — [3]. Lariboissière.

traire à sa haute protection, et me voilà libre et heureux à peu près autant qu'on peut l'être.

Que me parlez-vous, je vous prie, d'entreprise littéraire ? Dieu me garde d'être jamais entrepreneur de littérature ; je donne mes griffonnages classiques aux libraires, qui les impriment à leurs périls et fortune, et tout ce que j'exige d'eux, c'est de n'y pas mettre mon nom, parce que,

> Je vous l'ai dit et veux bien le redire [1],

ma passion n'est point du tout de figurer dans la gazette ; je méprise tout autant la trompette des journalistes que l'oripeau des courtisans. Si j'étais riche, je ferais imprimer les textes grecs pour moi et pour vous, et pour quelques gens comme vous, *tutto per amore* [2]. Mais, hélas ! je n'ai que de quoi vivre ; et, pour informer cinq ou six personnes en Europe des trouvailles que je puis faire dans les bouquins d'Italie, il me faut mettre un libraire dans la confidence, et ce libraire fait *chiasso* [3] pour vendre. Il n'est question, je vous assure, ni d'entreprise ni de début.

> Corrigez, s'il vous plaît, ces façons de parler [4],

je ne débute point, parce que je ne veux jouer aucun rôle. Je ne prends ni ne prendrai jamais masque, patente, ni livrée.

Au lieu de me quereller pour avoir jeté là le harnais, que ne me dites-vous au contraire, comme Diogène à Denis : *Méritais-tu, maraud, cet insigne bonheur de vivre avec nous en honnête homme ?* et ne devais-tu pas plutôt être condamné toute ta vie aux visites et aux révérences ?

> Faire la cour aux grands, et dans leurs antichambres,
> Le chapeau dans la main, te tenir sur tes membres [5].

Voilà en effet ce qu'eût mérité ma dernière sottise d'être rentré sous le joug ; ce n'est ni humeur ni dépit qui m'a fait

> Quitter ce vil métier [6] ;

je ne pouvais me plaindre de rien, et j'avais assez d'appui, avec ou sans mon comte, pour être sûr de faire à peu près

---

1. Je vous l'ai déjà dit et vous le dis encore (Corneille, *Polyeucte*, V, III). — 2. Tout pour l'amour. — 3. Fait du bruit. — 4. Molière dit, mais dans une pièce en prose, *le Mariage forcé*, sc. v : « Seigneur Sganarelle, changez, s'il vous plaît, cette façon de parler. » — 5. Régnier, satire IV, vers 20*. — 6. V. pages 86 et 155.

le même chemin que tous mes camarades. Mais mon ambition était d'une espèce particulière ; je n'avais pas plus d'envie d'être baron ou général que je n'en ai maintenant de devenir professeur ou membre de l'Institut. La vérité est aussi que, comme j'avais fait la campagne de Calabre par amitié pour Reynier, qui me traitait en frère, je me mettais avec cet homme-ci pour une folie qui semblait devoir aller plus loin, *tutto per amore*. Je vous suivrais de même contre les Russes si on vous faisait maréchal de Suède, et je vous planterais là si vous vous avisiez de prendre avec moi des airs de comte.

On me dit que Mme de Humboldt est encore à Rome, et que vous habitez tous deux la même maison. Présentez-lui, je vous prie, mon très humble respect. M. de Humboldt n'est-il pas à présent en Prusse ? Donnez-moi bientôt de leurs nouvelles et des vôtres.

N'allez pas retourner, avant que je vous voie, dans votre pays, vilain pays d'aimables gens. Je ne sais bonnement pour moi quand je partirai d'ici ; mais toujours ce sera pour vous aller joindre. A dire vrai, j'ai cent projets et je n'en ai pas un. Dieu seul sait ce que nous deviendrons. Adieu.

A M. CLAVIER
A Paris.

Florence, le 8 février 1810.

Vous ne m'écrivez plus, monsieur ; je m'en prends à Mme Clavier, et tout en lui présentant mon respect, c'est elle que je querellerai de votre silence. Au fait, quand elle était loin de vous, j'avais de vos nouvelles ; depuis son retour, pas une ligne.

Je vous félicite de tout mon cœur sur votre entrée à l'Institut, qui, ce me semble, avait plus besoin de vous que vous de lui. Cela vous était dû depuis longtemps. Mais c'est beaucoup d'obtenir tôt ou tard justice.

Je ne me trompais pas quand je vous marquai, dans ma dernière lettre, que je trouverais ici un Longus complet. Monsieur Renouard, témoin de cette découverte, vous contera comme il m'en a vu copier environ dix pages qui manquent aux imprimés, plus des phrases par-ci par-là, et des variantes inestimables. Vous verrez tout cela imprimé dans peu et traduit selon mon petit pouvoir.

LETTRES DE FRANCE ET D'ITALIE

Si vous ne voulez ou ne pouvez m'écrire, gardez-moi au moins, je vous prie, un souvenir d'amitié. Je mets aux pieds de Mme Clavier mes hommages respectueux.

P. S. — C'est Renouard qui se charge de l'impression du Longus. Il a, dit-il, des gens capables de cette besogne. Dieu le veuille! et, s'il dit vrai, avril ne se passera point que vous n'en ayez le premier exemplaire.

LETTRE DE M. RENOUARD

Paris, le 6 février 1810.

Monsieur, vous avez sans doute reçu la lettre que je vous ai écrite il y a quelques jours, et vous aurez vu que j'attends, non sans beaucoup d'impatience, le bienheureux fragment et tout ce qui s'ensuit : j'espère que vous allez m'envoyer bientôt tout cela, et je me repose sur votre activité et votre bonne amitié ; mais il est question de bien autre chose. Connaissez-vous le bel article mis par nos honnêtes messieurs[1] dans le *Corriere Milanese ?* En voici une copie pour votre édification. Comme ces excellentes personnes n'ont pas été jusqu'à signer leur petit libelle, il me semble que le remède est à côté du mal, et qu'on peut leur ménager un expédient pour chanter la palinodie, sans compromettre leur dignité et leur grande réputation de sincérité et probité. Il suffirait qu'ils voulussent bien (sur la demande que leur en ferait M. le préfet) signer une déclaration, portant que l'article inséré dans le journal est faux dans presque tous les détails, expliquant par quel accident la tache a été faite au manuscrit, et par qui. Je suis persuadé qu'ils ne s'y refuseront pas, et ce sera une affaire terminée. Dans le cas contraire, j'ai tout prêt un factum moitié sérieux, moitié plaisant, dans lequel ces messieurs ne seront pas trop ménagés. Mais je vous avoue que cet expédient ne me plairait guère, et que je ne suis aucunement curieux de ce petit bruit qu'on fait en se querellant...

---

1. Les bibliothécaires de Florence, Furia et Bencini*.

214 — *LETTRES DE FRANCE ET D'ITALIE*

EXTRAIT

DU CORRIERE MILANESE DU 23 JANVIER 1810.

Firenze, 14 gennaio 1810.

Ebbe qui luogo non ha guari un tratto vandalico che prova fino a qual punto la cupidigia possa acciecare, sui veri interessi della letteratura, quegli uomini medesimi che professano di concorrere a' suoi progressi. Un libraio francese, che viaggiava in questi ultimi tempi in Italia, si reco a visitare la biblioteca Laurenziana ; i conservatori di questo celebre stabilimento gli comunicarono parecchi manoscritti, e fra gli altri quello di Longo sofista. I giornali hanno annunziato, in quell'epoca, che nel percorrerlo, lo ritrovo più completo di quello sul quale erano state fatte le edizioni del leggiadro romanzo di Dafni e Cloe, tradotto dal nostro Annibal Caro. Questo libraio copio adunque colla più gran cura il frammento che non era stato pubblicato per anche, e quindi restitui il manoscritto. I conservatori nel riceverlo s'accorsero che tutta la parte fin'ora inedita era ricoperta d'inchiostro e sene lagnarono : il libraio si scuso col dire che sfortunatamente il suo calamaio eravisi rovesciato sopra. La sua scusa fu menata buona da' conservatori, che sperarono d'altronde di far isparire la macchia cogli esperimenti conosciuti ; ma, dopo parecchie prove, riconobbero vani tutti i loro sforzi, poichè la macchia era stata fatta con un inchiostro indelebile che non trovasi ne alla biblioteca, ne in alcun officio.

In tal maniera quest' avido libraio, per essere il solo possessore del frammento di Longo non per anco pubblicato, si è privato d'ogni mezzo comprovante l'autenticità dell'edizione che si propone di farne [1].

---

[1]. Extrait du «Courrier milanais» du 23 janvier 1810. Florence, le 14 janvier 1810. — On a commis ici, il n'y a pas longtemps, un acte de vandalisme qui montre à quel point la convoitise peut aveugler, sur les véritables intérêts de la littérature, ces hommes mêmes qui font profession de concourir à ses progrès. Un libraire français qui voyageait ces derniers temps en Italie alla visiter la bibliothèque Laurentienne ; les conservateurs de ce célèbre établissement lui communiquèrent quelques manuscrits et, entre autres, celui du sophiste Longus. Les journaux ont annoncé, à ce moment-là, qu'en le parcourant, il le trouva plus complet que celui sur lequel avaient été faites les éditions du charmant roman de *Daphnis et Chloé*, traduit par notre Annibal Caro. Ce libraire copia donc avec le plus grand soin le fragment qui n'avait pas encore été publié et ensuite restitua le manuscrit. Les conservateurs, en le recevant, s'aperçurent que toute la partie jusque-là inédite était recouverte d'encre ; ils s'en plaignirent ; le libraire s'excusa en disant que par malheur son encrier s'était renversé dessus. Son excuse fut prise comme bonne par les conservateurs, qui espérèrent d'ailleurs faire disparaître la tache par les procédés connus ; mais après quelques tentatives ils reconnurent la vanité de tous leurs efforts, attendu que la tache avait été faite avec une encre indélébile qui ne se trouve ni à la bibliothèque, ni dans aucun service.

A M. RENOUARD
A Paris.

Florence, le 3 mars 1810.

J'ai reçu, monsieur, vos deux lettres relatives à la tache d'encre. Je ne vois plus M. Fauchet[1]; mais je doute fort qu'il voulût entrer pour rien dans cette affaire. Vous comprenez que chacun évite de se compromettre avec la canaille. C'est le seul nom qu'on puisse donner à l'espèce de gens qui aboient contre nous. Pour moi, je ne m'en aperçois même pas. Les gazettes d'Italie sont fort obscures, et ne peuvent vous faire grand bien ni grand mal. Au reste, je ne souffrirai pas qu'on vous pende pour moi, et je suis toujours prêt à crier : *Me, me, adsum qui feci*[2]. Je déclarerai, quand vous voudrez, que moi tout seul j'ai fait la fatale tache, et que je n'ai point eu de complices.

Je vous envoie par la poste la traduction complète imprimée ici[3]. Cela ne se pouvait autrement. Notre première idée était folle. Le morceau déterré devait paraître à sa place, et je crois que vous en conviendrez.

On ne peut mettre assurément moins de génie dans un ouvrage qu'il n'y en a dans cette version. Voulez-vous avoir une idée de ma finesse comme traducteur ? Vous savez les vers de Guarini[4] : *sentirsi morir*, se sentir mourir, *è non poter dir*, et ne pouvoir dire, *morir mi sento*, je me sens mourir. Voilà comme j'ai fait tout du long du Longus. Si cette innocence ne désarme pas la critique, il n'y a plus de quartier à espérer pour personne. Au reste, ceci n'est pas public : c'est une pièce

---

C'est ainsi que cet avide libraire, pour être le seul possesseur du fragment de Longus non encore publié, s'est privé de tout moyen de prouver l'authenticité de l'édition qu'il se propose d'en faire.

1. Le préfet*. — 2. Virgile, *Enéide*, IX, 426 : C'est moi, moi qui l'ai fait. — 3. Tandis que M. Renouard attendait le fragment inédit et sa traduction pour les publier à Paris, Courier avait changé d'avis et résolu de donner lui-même une édition complète du texte grec et une autre de la traduction d'Amyot, retouchée et complétée. Celle-ci se trouvant prête la première, il l'avait fait imprimer à Florence chez Piati, en février 1810, et tirer à soixante exemplaires seulement, in-8°. Voici la note qu'il avait mise en tête de cette édition :
« Le roman de Longus n'a encore paru complet en aucune langue. On a conservé ici de l'ancienne traduction d'Amyot tout ce qui est conforme au texte, et pour le reste on a suivi le manuscrit grec de l'Abbaye, qui contient l'ouvrage entier. On s'est aidé aussi de la version de Caro dans les endroits où il exprime le sens de l'auteur. Le texte complet de Longus paraîtra bientôt imprimé : alors quelqu'un pourra en faire une traduction plus soignée, car ceci n'est presque qu'une glose mot à mot, faite d'ailleurs pour être vue de peu de personnes*. — 4. Ces vers sont de Métastase.

de société qu'il n'est pas permis de siffler. Si cependant quelqu'un s'en moque, je dirai comme d'Aubigné, *attendez ce loyer de la fidélité*[1].

A. M. FIRMIN DIDOT
A Rome.

Florence, le 3 mars 1810.

Monsieur, je mets à la poste une brochure qui sûrement vous fera plaisir. Vous ne serez pas fâché, je crois, de savoir qu'il existe un Longus complet, et ma traduction, toute sèche et servile qu'elle est, vous donnera une idée de ce qui manque dans les imprimés. Je pars pour Rome, où je verrai d'autres manuscrits de Longus. En les comparant avec la copie que j'emporte de celui-ci, j'aurai un texte qui peut-être ne serait pas indigne de vos presses. Vous pourriez même lui faire encore plus d'honneur, si l'envie vous prend d'animer de quelques couleurs ces traits que j'ai calqués sur l'original. Enfin mandez-moi ce que vous en penserez; et, s'il vous *duit*[2], nous pourrons donner au public un joli volume contenant le texte et les variantes des manuscrits de Rome et de Florence ; j'entends celles qui valent la peine d'être notées.

J'ai eu bien peu le plaisir de voir monsieur votre fils[3], et personne cependant ne m'intéresse davantage. Toute la Grèce en parle et fonde sur lui de grandes espérances. Donnez-moi bientôt, je vous prie, de ses nouvelles et des vôtres, et trouvez bon que je finisse, sans cérémonie, en vous assurant de mon sincère attachement.

A M. BOISSONADE
A Paris.

Florence, le 3 mars 1810.

Monsieur, on vous remettra une brochure avec ce billet : vous verrez d'abord ce que c'est. La trouvaille que j'ai faite

---

1. Dernier vers du Sonnet au roi sur le chien Citron. — 2. Plaît. — 3. Ambroise Firmin Didot (1790-1876), fils de Firmin Didot (1764-1836), devint en effet, en même temps qu'éditeur, un helléniste de mérite.

est assurément jolie : vous aurez le texte dans peu, et vous vous étonnerez que cela ait pu échapper aux d'Orville, Cocchi, Salvini et autres, qui ont publié différentes parties du manuscrit original ; car c'est le même d'où ils ont tiré Chariton, Xénophon d'Éphèse, et en dernier lieu les fables d'Ésope, qu'on vient d'imprimer ici. Ne dites mot, je vous prie, de tout cela dans vos journaux. Ce n'est ici qu'une ébauche qui peut-être ne mérite pas d'être terminée ; mais bonne ou mauvaise, elle n'est pas publique ; car, de soixante exemplaires, il n'y en aura guère que vingt de distribués. C'est une pièce de société qu'il n'est pas permis de siffler. Une grande dame[1], de par le monde, qui est maintenant à Paris pour le mariage de son frère, me fit dire, étant ici, qu'elle en accepterait la dédicace : je m'en suis excusé sur l'indécence du sujet. M. Renouard pourra vous conter cela ; il était présent quand on me fit cette flatteuse invitation.

J'entends dire que votre *Eunapius* s'imprime bien lentement. Donnez-moi, je vous prie, monsieur, de ses nouvelles et des vôtres. Personne ne s'intéresse plus que moi à vos travaux.

A MADAME LA PRINCESSE DE SALM-DYCK[2]

A Paris.

Florence, le 3 mars 1810.

Madame, vous recevrez avec ce billet une brochure où il y a quelques pages de ma façon, façon de traducteur s'entend. C'est un roman (comme Oronte dit : *c'est un sonnet*[3]), non pas nouveau, mais au contraire fort antique et vénérable. J'en ai déterré par hasard un morceau qui s'était perdu : c'est là ce que j'ai traduit, et par occasion j'ai corrigé la vieille version, qui, comme vous verrez,

Dans son vieux style encore a des grâces nouvelles[4].

Si cela vous amuse, ne faites aucun scrupule, pour quelques traits un peu naïfs, d'en continuer la lecture. Amyot, évêque et l'un des pères du concile de Trente, est le véritable auteur

---

1. La princesse Elisa, sœur de Napoléon*. — 2. Constance-Marie de Theis (1767-1845) épousa Pipelet de Leury en 1789, puis en 1799 le prince Joseph de Salm-Dyck. Elle a composé des drames, des épîtres, etc. — 3. *Le Misanthrope*, I, 11. — 4. Boileau, *Art poétique*, II, 170.

de cette traduction, que j'ai seulement complétée : vous ne sauriez pécher en lisant ce qu'il a écrit.

Je vous supplie, madame, de vous rappeler quelquefois qu'il y a delà les monts un Grec qui vous honore, pour ne rien dire de plus ; et, si vous êtes paresseuse, comme je le crois, ne vous déplaise, ordonnez à M. Clavier de me donner de vos nouvelles.

LETTRE DE M. CLAVIER

Paris, le 19 janvier 1810.

... Il a paru à Florence une nouvelle édition des fables d'Ésope, d'après un manuscrit très ancien ; je vous prie de me l'envoyer si vous en trouvez l'occasion. Les Molini de Florence me doivent le prix de douze exemplaires d'Apollodore ; veuillez leur en parler, je prendrai volontiers des livres pour cela.

Je vous félicite de votre découverte, et je ne doute pas que vous n'en fassiez d'autres si vous vous donnez la peine de fouiller dans les manuscrits de Florence et de Rome, où depuis longtemps il y a peu de gens habiles en grec.

Je travaille, dans ce moment, à un nouveau dictionnaire de grands hommes[1], où je me suis chargé de faire toute l'histoire ancienne, tant civile que littéraire, les Romains exceptés. Beaucoup de membres de l'Institut prennent part à cet ouvrage.

... Vous aviez sans doute appris que Gail a été reçu de l'Institut avant moi : c'est une *excellente* acquisition ; il est le seul qui nous fasse rire. Il nous a lu une dissertation pour prouver que l'ironie règne dans le *Banquet* de Xénophon, et il s'est fort offensé de ce que je lui ai dit qu'on le contredirait d'autant moins là-dessus que personne jusqu'ici ne s'était avisé de prendre cet ouvrage au sérieux. Il nous a aussi prouvé que Xantippe[2] était une excellente femme, douce, pleine d'attention pour son mari, et que tous les bruits qui avaient couru sur son compte étaient de pures calomnies. C'est bien généreux de sa part que de faire l'apologie des méchantes femmes. Ses sottises ont tellement déconcerté tous ses partisans qu'il se trouve maintenant que personne ne lui a donné sa voix.

---

1. La *Biographie universelle* de Michaud. — 2. La femme de Socrate.

A M. ET MADAME CLAVIER
A Paris.

Florence, le 13 mars 1810.

Monsieur, voici ce que dit Molini. Il va vous envoyer les fables d'Ésope, qui, par parenthèse, sont tirées du même manuscrit que mon Longus. Il vous enverra en même temps le compte de ce qu'il a vendu de votre Apollodore.

Vous êtes bien bon de vous occuper des grands hommes ; j'en ai vu de près deux ou trois; c'étaient de sots personnages.

Lisez *Daphnis et Chloé*, madame ; c'est la meilleure pastorale qu'ait jamais écrite un évêque[1]. Messire Jacques la traduisit, ne pouvant mieux, pour les fidèles de son diocèse ; mais le bon homme eut dans ce travail d'étranges distractions, que j'attribue au sujet et à quelques détails d'une naïveté rare. Pour moi, on m'accuse, comme vous savez, de m'occuper des mots plus que des choses ; mais je vous assure qu'en cherchant des mots pour ces deux petits drôles, j'ai très souvent pensé aux choses. Passez-moi cette *turlupinade*, comme dit Mme de Sévigné, et ne doutez jamais de mon profond respect.

Il y a bien plus à vous dire. Amyot fut un des pères du concile de Trente ; tout ce qu'il a écrit est article de foi. Faites à présent des façons pour lire son Longus. En vérité, il n'y a point de meilleure lecture : c'est un livre à mettre entre les mains de mesdemoiselles vos filles tout de suite après le catéchisme.

[Courier quitta Florence le 24 mars, et vint à Rome. Il ne resta en ville que peu de jours, et alla s'établir à Tivoli avec ses livres pour travailler dans la solitude, et mettre la dernière main au texte de Longus, qu'il se proposait de publier. Au mois d'août il revint à Rome pour le faire imprimer : l'édition fut faite à ses frais et l'ouvrage tiré à cinquante-deux exemplaires seulement, qu'il envoya à ses amis et aux hellénistes de sa connaissance, français, italiens et allemands.]

---

1. Jacques Amyot, traducteur de Longus, était évêque d'Auxerre.

A M. LAMBERTI
A Milan.

Rome, le 9 mai 1810.

Je ne m'étonne pas qu'on vous ait bien reçu à Paris, avec ce que vous y portiez, et connu comme vous l'êtes en ce pays-là, où l'on aime les gens tels que vous. Cet accueil vous doit engager à y retourner, et ainsi j'espère que nous pourrons nous y revoir quelque jour.

Si les Molini de Florence ne vous ont point envoyé la brochure[1] qu'ils m'ont promis de vous faire tenir, écrivez-leur, ou faites-la réclamer par M. Fusi. Il y a un exemplaire pour vous, un pour Bossi et un pour le sénateur Testi.

La tache d'encre au manuscrit est peu de chose, et les sottises qu'on a mises à ce sujet dans les journaux ne méritent pas que Renouard s'en inquiète si fort. Un papier qui me servait à marquer dans le volume l'endroit du supplément s'est trouvé, je ne sais comment, barbouillé d'encre en dessous, et, s'étant collé au feuillet, en a effacé une vingtaine de mots dans presque autant de lignes : voilà le fait. Mais le bibliothécaire est un certain Furia qui ne se peut consoler, ni me pardonner d'avoir fait cette petite découverte dans un manuscrit qu'il a eu longtemps entre les mains, et dont il a même publié différents extraits : et voilà la rage.

Vos notes sur Homère seront assurément excellentes, et pour ma part je suis fort aise que vous les vouliez achever. Mais, de grâce, après cela, ne penserez-vous point tout de bon à ces Argonautes[2] ? Songez que quatre beaux vers tels que vous les savez faire valent mieux que quatre volumes de notes critiques. Assez de gens feront des notes, et même de bonnes notes ; mais qui saura rendre dans nos langues modernes les beautés de l'antique ? Il faut pour cela les sentir d'abord, c'est-à-dire avoir du goût, et puis entendre les textes, et puis savoir sa propre langue ; trois choses rares séparément, mais qui ne se trouvent presque jamais unies. Et de fait, excepté votre *Œdipe*, avons-nous, je dis nous Français et Italiens, une bonne traduction d'un poème grec ? Celui d'Apollonius intéresserait davantage le public, et aurait plus de lecteurs

---

1. La traduction de *Daphnis et Chloé*, imprimée à Florence. — 2. Les *Argonautiques* d'Apollonius de Rhodes.

que la tragédie. Le sujet en est beau, les détails admirables, et l'étendue telle que vous ne pouvez terminer avec soin toutes les parties sans vous engager dans un travail infini. En un mot, c'est une très belle chose à faire et que vous seul pouvez faire. Ne me venez point dire : Ce ne sera qu'une traduction. La toile et les principaux traits, voilà ce que vous empruntez ; mais les couleurs seront de vous. Vous en avez une provision de couleurs, et des plus belles ; faites-en donc quelque chose. Je vous dirai plus : j'aime mieux cela qu'un poème sur un sujet neuf, entreprise que je ne conseillerais à personne.

Mon dessein est toujours de vous aller voir avant les grandes chaleurs : mais n'y comptez pas ; car je change souvent d'idée, n'en ayant de fixe que celle de vous aimer, et de vous faire traduire Apollonius. Adieu. Je vous recommande cette toison[1]. Chantez-nous un peu de la toison. Si ce sujet-là ne vous anime, cher Lamberti, qu'êtes-vous devenu ?

A M. MILLINGEN [2]

A Rome.

Tivoli, le dimanche 13 mai 1810.

Mardi, mardi ; de grâce, monsieur, accordez-moi jusqu'à mardi en faveur de la postérité. Madame, obtenez, je vous en prie, de M. Millingen que nous ne partions que mardi, c'est-à-dire mercredi ; car je ne puis être à Rome que mardi au soir.

Alexandre, sur le point de prendre je ne sais quelle ville, suspendit l'assaut jusqu'à ce qu'un peintre eût achevé son tableau. Alors apparemment on n'était pas pressé de toucher les contributions. Mais enfin ce grand homme se priva pendant huit jours du plaisir de massacrer. Passez-vous jusqu'à mardi du plaisir de courir la poste.

N.B. — Il paraît que M. Millingen n'attendit pas, car ce voyage de Courier à Naples n'eut pas lieu.

---

1. La Toison d'or.— 2. James Millingen (1774-1845), archéologue et numismate anglais fixé en Italie.

A MADAME DE HUMBOLDT
A Rome.

Tivoli, le 16 mai 1810.

Madame, ne sachant si j'aurai le plaisir de vous voir avant votre départ, je vous supplie de vouloir bien emporter à Vienne un petit volume qui vous sera remis avec ma lettre. C'est une vieille traduction d'un vieil auteur en vieux français, que j'ai complétée de quelques pages et réimprimée, non pour le public, mais pour mes amis amateurs de ces éruditions, et sans balancer j'en ai destiné le premier exemplaire à M. de Humboldt. J'ai cacheté le paquet, cet ouvrage n'étant pas de nature à être lu de tout le monde. Il n'y a rien contre l'État, pas le moindre mot que l'Église puisse taxer d'hérésie ; mais une mère pourrait n'être pas bien aise que ce livre tombât dans les mains de sa fille, quoique l'auteur grec, dans sa préface, déclare avoir eu le dessein d'instruire les jeunes demoiselles, apparemment pour épargner cette peine aux maris.

Ne remarquez-vous point, madame, comme je vous poursuis sans pouvoir vous atteindre ? Je pensais vous trouver à Rome ; mais, en y arrivant, j'apprends que vous êtes partie pour Naples, et quand je vais à Naples vous revenez à Rome, d'où vous repartirez sans doute la veille de mon retour.

Ce guignon-là, j'espère, ne me durera pas toujours ; et si vous me fuyez ici, je vous joindrai peut-être quelque jour à Berlin ; car dans mes rêves de voyages je veux aller partout, mais là surtout où je puis espérer de vous voir, madame, et de voir une famille comme la vôtre.

A M. DE HUMBOLDT[1]
A Vienne.

Tivoli, 16 mai 1810.

Mme de Humboldt veut bien se charger, monsieur, d'une petite brochure qui, en sortant de la presse, vous était destinée, mais que je n'ai pu, faute d'occasion, vous faire parvenir plus tôt. J'ai eu le bonheur de trouver un manuscrit

---

1. Guillaume de Humboldt (1767-1835), le linguiste et philosophe prussien, venait d'être nommé ambassadeur à Vienne.

complet de Longus, dont le roman, fort célèbre, et tant de fois imprimé dans toutes les langues, était défiguré par une grande lacune au milieu du premier livre ; et en traduisant ce qui manquait dans les éditions, j'ai corrigé par occasion la vieille version d'Amyot. C'est là ce que je vous prie d'agréer, en attendant le texte que j'aurai l'honneur de vous offrir bientôt.

J'ai appris par la voix publique, avec une joie extrême, le bel emploi dont le roi vous a nouvellement honoré. Cette justice que vous rend Sa Majesté n'étonne point de la part d'un prince accoutumé à distinguer et récompenser le mérite. Tout le mal que j'y trouve, c'est que cela m'ôte l'espoir de vous revoir de sitôt en France ni en Italie ; mais aussi, dans le vieux projet que je nourris depuis longtemps d'aller à Berlin, je me promets à présent un plaisir de plus, celui de vous y voir placé comme vous le méritez.

J'ai quitté le service, et, usant de ma liberté, je cours à peu près comme un cheval qui a rompu son lien, fort content de mon sort, je vous assure, et n'ayant guère à me plaindre que de Mme de Humboldt, qui part de Rome quand j'y arrive, et quitte Naples justement quand je me dispose à y aller. J'en suis de fort mauvaise humeur, et ne me console que par cette idée, dont je me flatte toujours, de vous revoir l'un et l'autre dans votre patrie.

Je n'ai pu faire usage à Paris de la lettre que j'avais de vous pour M. votre frère[1]. Imaginez, monsieur, que depuis que je vous laissai à Rome, il y a deux ans, j'ai entrevu Paris deux fois sans pour ainsi dire y poser le pied. Je n'y suis pas resté en tout plus de cinq ou six jours ; et quelque empressé que je fusse de faire une si belle connaissance, je n'en pus trouver le moment : aussi n'était-ce pas un homme à voir en courant. J'ai donc mieux aimé garder votre lettre comme un titre qui m'autorise à espérer de lui quelque jour la même bonté dont vous m'honorez. C'est pour moi un droit bien précieux, et que je ne céderais en vérité à qui que ce fût.

---

1. Alexandre de Humboldt (1769-1859), le voyageur, l'auteur du *Cosmos*.

M. RENOURD
A Rome.

Tivoli, le 24 mai 1810.

Pour vous mettre l'esprit en repos sur la grande affaire de la tache d'encre, je ferai imprimer à Naples, où je me rends dans peu de jours, le morceau inédit, en forme de lettre à un de mes amis. Je marquerai d'un caractère particulier les mots effacés par ma faute dans le bouquin original, et j'y joindrai une note à peu près en ces termes : *Les majuscules indiquent des mots qu'on ne peut plus lire aujourd'hui dans le manuscrit, parce qu'un papier qui servait de marque en cet endroit, s'étant trouvé barbouillé d'encre, y fit, en se collant au feuillet, une tache indélébile*, etc. Cela vaudrait mieux qu'une apologie dans les journaux. J'en reviens toujours à vous dire qu'il ne faut jamais se prendre de bec avec la canaille ; mais si vous voulez à toute force faire à ces gredins l'honneur de leur répondre, attendez du moins ma demi-feuille de Naples, qui vous donnera beau jeu. Et sur ce je prie Dieu qu'il vous ait en sa sainte garde.

LETTRE DE M. BOISSONDE

Paris, le 9 avril 1810.

Monsieur, j'ai reçu votre précieux cadeau[1], et je ne puis assez vous en remercier. J'ai tout de suite cherché la lacune, et j'ai été ravi en lisant cet agréable supplément dont la littérature vous doit la découverte, et que vous avez traduit d'un style si élégant. Jugez de l'impatience avec laquelle j'attends le texte ; le ferez-vous aussi imprimer en Italie ? Faites cet honneur à Paris, et donnez votre **Longus** à M. Stone, qui a votre Xénophon. Je vous applaudis bien de votre bonheur, et en vérité je ne reviens pas de ma surprise que M. del Furia, qui a eu si longtemps le manuscrit entre les mains pour son *Ésope*, n'ait pas songé à jeter les yeux sur **Longus**. Avez-vous aussi collationné Chariton ? J'ai quelque idée que ces lacunes

---

1. La traduction de *Daphnis et Chloé* imprimée à Florence*.

fréquentes du commencement pourraient être en grande partie remplies : des yeux exercés sauraient bien, j'en suis sûr, lire la plupart des passages qui sont aujourd'hui indiqués dans les éditions par des points. Je vous recommande le *Longus* de M. Schœffer, et l'édition d'Amyot, donnée en 1731 par Falconnet ; vous savez sans doute qu'il y a une édition du texte par Coraï, et que M. Clavier a soigné une fort jolie réimpression d'Amyot, faite il y a quelques années par M. Renouard...

A M. BOISSONADE

A Paris.

Tivoli, le 25 mai 1810.

Ne vous trompez-vous point, monsieur ? est-ce bien M. Cora qui a donné un Longus ? ou plutôt ne me nommez-vous point Coraï pour Visconti, qui en effet a soigné l'édition grecque de Didot ? Marquez-moi, je vous prie, ce que j'en dois croire, et ce que c'est que ce Longus de Coraï, s'il existe.

Je sais bien que la préface du petit stéréotype donné par Renouard est de M. Clavier, mais je ne puis croire qu'il ait eu aucune part à l'édition, qui, en vérité, ne vaut rien. Ce n'est point là le texte d'Amyot ; du moins n'est-ce pas celui que cite souvent Villoison, qui sans doute avait sous les yeux l'édition originale.

Comment voulez-vous que je connaisse celle de M. Falconnet ? Hélas ! je ne songeai de ma vie à jeter un regard sur Longus, jusqu'à ce que ce manuscrit de Florence, me tombant sous la main, me donnât l'envie et le moyen de compléter la version d'Amyot. Je n'avais donc nulle provision, et, sans M. Renouard, qui me procura Schœffer et Villoison, j'aurais tout fait sur la seule édition de Dutems que je portais avec moi.

Vous avez bien raison de louer M. Schœffer ; c'est un fort habile homme. Aussi l'ai-je suivi en beaucoup d'endroits où j'ai rapetassé Amyot. Au reste, vous voyez, monsieur, ce que ce pouvait être qu'un pareil travail fait absolument sans livres, et combien il doit y avoir à limer et rebattre avant de le livrer tout à fait au public. J'y songerai quelque jour, si Dieu me prête vie, et c'est alors qu'il faudra tout de bon m'aider de vos lumières.

Je crois que vous-même ne pourriez lire les endroits de

Chariton effacés dans le manuscrit. Il y a bien aussi quelques mots par-ci par-là qui ont disparu dans le supplément de Longus. Mais partout le sens s'aperçoit, et les savants n'auront nulle peine à deviner ce qui manque. Pour moi, je le donne tel qu'il est sans le moindre changement ; car je tiens que les éditions doivent en tout représenter fidèlement les manuscrits. Cela s'imprimera à Paris, s'il plaît à Dieu et à Didot.

Cette lettre critique de M. Bast à vous est toute pleine d'excellentes choses. Je l'ai trouvée ici par hasard et lue avec grand plaisir. Quelqu'un le pourra blâmer d'avoir écrit en français sur de telles matières. Moi, je goûte fort cette méthode, qui facilite la lecture, et je voudrais qu'il continuât à vous faire ainsi part de ses observations.

Il me semble après tout que vous êtes content de *ma petite drôlerie* ou au moins du supplément, car vous ne dites rien du reste.

Je ne reconnais point, pour moi, quand on se moque[1],

et je prends au pied de la lettre tout ce que vous me dites d'obligeant ; vous êtes juge en ces matières. Je m'en tiens à votre opinion sans vouloir examiner s'il n'y entre point un peu de complaisance ou de prévention pour quelqu'un dont vous connaissez depuis longtemps l'estime et l'attachement.

Sur le temps où je pourrai être de retour à Paris, je ne sais en vérité que vous dire. Ce qui me retient ici, c'est un printemps dont on n'a, où vous êtes, nulle idée ; vous croyez bonnement avoir de la verdure et quelque air de belle campagne aux environs de Paris ; vos bois de Boulogne, vos jardins, vos eaux de Saint-Cloud me font rire quand j'y pense ; c'est ici qu'il y a des bosquets et des eaux ! Mon dessein est d'y rester

Ἔστ' ἄν ὕδωρ τε ῥέῃ, καὶ δένδρεα μακρὰ τεθήλῃ[2],

c'est-à-dire jusqu'aux grandes chaleurs, car alors tout sera sec, verdure et ruisseaux, et alors je partirai, et m'en irai droit à Paris si je ne m'arrête en Suisse, comme je fis l'an passé pour fuir la rage de la canicule ; ainsi faites état de me voir arriver au départ des hirondelles. Je resterai le moins que je pourrai dans vos boues de Paris ; et si vous étiez rai-

---

1. Molière, *Ecole des femmes**, II, v. — 2. Tant que l'eau coulera et que les grands arbres seront verdoyants (Epigramme homérique, III, 2).

sonnable, vous me suivriez à mon retour en Italie ; nous passerions fort bien ici le printemps prochain sans nous ennuyer ; je vous en réponds. Les meilleures maisons du pays sont celles de Mécénas et d'Horace, où vous ne serez point étranger.

LETTRE DE M. CLAVIER

Paris, le 7 mai 1810.

... J'ai reçu votre Longus pour moi et pour M. Coraï ; nous attendons tous les deux avec impatience le texte grec, et nous espérons que votre séjour à Rome nous procurera quelque autre découverte. A propos de Longus, écrivez-moi donc précisément ce qui s'est passé au sujet du manuscrit qu'on prétend avoir été taché d'encre. Les Italiens qui abondent ici, et qui sont en général assez jaloux, ont fait beaucoup de bruit de cela, et ont prétendu que c'était une malice de votre part ; j'ai pris votre défense très chaudement, et j'ai dit que je vous connaissais bien capable d'une étourderie, mais non d'une méchanceté. Renouard, à qui j'en ai parlé, m'a dit que cette tache était peu de chose ; mais comme ces criailleries propagées par la jalousie ont fait un certain bruit, il n'est pas mauvais qu'on y réponde. Je crois donc que vous ferez bien d'envoyer un exemplaire de votre Longus à Chardon de La Rochette, et un à Millin, si vous ne l'avez déjà fait. Chardon fera pour le *Magasin encyclopédique* un article où il rétablira la vérité des faits telle que vous me l'aurez fait connaître. Dites-moi donc aussi ce que vous voulez faire pour votre Xénophon, suspendu par vos ordres.

A M. ET MADAME CLAVIER
A Paris.

Tivoli, le 4 avril 1810.

Monsieur, c'est à présent que, si j'avais votre histoire de la Grèce, je la lirais à mon aise et avec plaisir. Jamais je ne fus en lieu ni mieux en humeur de goûter une bonne lecture ; celle-ci m'arrivera au milieu de la poussière ou des boues de quelque grande ville. Mais quoi ! rien ne vient à point dans cette misérable vie. Je songe comment vous pourrez m'envoyer cela sans me ruiner, et voici ce que j'imagine. Il y a ici, c'est-à-dire à Rome, M. de Gérando, qui me connaît un peu et vous connaît beaucoup. Il est du gouvernement provisoire de ce pays-ci, et en relation, comme tous ses collègues, avec les ministres ; ils s'envoient les uns aux autres de furieux paquets ; la poste ne va que pour eux. Je ne lui ai point fait de visite, parce qu'il m'eût fallu pour cela une culotte et un chapeau d'une certaine façon ; mais vous, ayant quelque ami chez la gent ministérielle, vous pourriez lui faire parvenir, à lui de Gérando, sous le contreseing, votre ouvrage et celui de M. Coraï, qui valent bien assurément les dépêches de ces Excellences. C'est ainsi qu'on m'a déjà adressé quelques volumes sous le couvert du général Miollis. Ce datif pluriel-là est aussi décemvir, et je ne le vois pas plus que le gérondif ; tous ces noms de rudiment ne plaisent guère à ceux qui sont sous la férule [1].

Le bruit de cette tache d'encre a donc été jusqu'à Paris ? Je ne reçois lettre qui n'en parle. Comment diable ? des envieux, des détracteurs, des calomnies ! Tout beau, mon cœur, soyons modeste ; mais, en vérité, voilà des honneurs que personne avant moi n'avait obtenus en traduisant cinq à six pages.

Renouard a tout vu ; il vous contera le fait, qui se réduit à une vingtaine de mots effacés dans autant de phrases ; en sorte que, si j'eusse trouvé le manuscrit tel qu'il est, j'aurais aisément deviné ce qui ne peut se lire aujourd'hui. Un papier me servait à marquer dans le volume l'endroit du supplément ; ce papier posé quelque part s'est barbouillé d'encre au-dessous, et remis dans le volume, vous voyez ce qui est arrivé. Eh bien ! voilà toute l'affaire. Mais le bibliothécaire est un certain Furia qui ne me peut pardonner d'avoir fait cette trouvaille dans un manuscrit que lui-même a eu longtemps entre les mains, et dont il a publié différents extraits ; et voilà la rage. Tous les cuistres, ses camarades, comme vous pouvez croire, font chorus, et toute la canaille littéraire d'Italie en haine du nom français. On appelle *letterati*, en Italie, tous ceux qui savent lire *la lettre moulée*, classe peu nombreuse et fort méprisée.

Au reste, les gens de la bibliothèque, gardes, conservateurs,

---

[1]. Le général Miollis était alors gouverneur de Rome et des Etats Romains, et le baron de Gérando était un des cinq membres de la Consulte chargée d'organiser les Etats romains. En latin, le datif pluriel des deux premières déclinaisons est en *is* et le gérondif de la première conjugaison en *ando*.

scribes et pharisiens, jusqu'aux balayeurs, furent présents ; trois d'entre eux que j'ai bien payés, y compris le bibliothécaire, m'ont constamment aidé à déchiffrer, copier et revoir plusieurs fois tout le Longus, et ils ne m'ont pas quitté. Les sottises des journaux italiens à ce sujet ne méritent point de réponse. A dire vrai, quelques coups de bâton seraient peut-être bien placés dans cette occasion ; mais c'est à Renouard d'y penser, car il est plus piqué que moi. Pour un petit écu, ces gens-là se rosseront les uns les autres.

La calomnie, comme le mal de Naples, est infuse dans les Italiens. Entre eux, elle est sans conséquence. Un homme vous accuse d'avoir tué père et mère : on sait ce que cela veut dire. C'est qu'il ne vous aime pas, et cela ne vous fait nul tort, tous vos parents d'ailleurs vivant.

Dieu seul est juge des intentions, et Dieu voit mon cœur, qui n'est pas capable de cette noirceur ; car certes *le trait serait noir*, comme dit Mme de Pimbêche[1]. Jugez, monsieur, vous qui êtes juge, par la règle de Cassius, *cui bono* ?[2] Je ne pouvais craindre qu'on m'ôtât l'honneur de la découverte, puisque Renouard l'avait déjà fait annoncer dans les journaux. Le profit ? on ne s'avise guère de spéculer sur du grec. J'imprime ici le texte, il ne s'en vendra point. Je le donnerai à tous ceux qui sont en état de le lire.

Ah ! madame, que la gloire est à charge !

Les envieux mourront, mais non jamais l'envie[3].

Je mérite l'envie, et plus même qu'on ne croit, non pas pour les six pages traduites, mais c'est qu'en effet je suis heureux. N'en dites rien au moins. On crierait bien plus fort. Il est vrai que je m'en moque un peu. Il y avait une fois un homme qu'on soupçonnait d'être content de son sort, et chacun, comme de raison, travaillait à le faire enrager ; il fit crier à son de trompe par tous les carrefours : *On fait à savoir à tous, etc., qu'un tel n'est pas heureux.* Cette invention lui réussit. On le laissa en repos. Moi, j'use d'une autre recette que j'ai apprise dans mes livres. Je dis, mais tout bas, à part moi : *Messieurs, ne vous gênez point ; criez, aboyez tant qu'il vous plaira. Si la fièvre ne s'en mêle, vous ne m'empêcherez pas d'être heureux.*

---

1. Racine, *les Plaideurs*, I, vii. — 2. Dans quel intérêt ? — 3. Molière, *Tartufe*, V, iii.

Le Longus vous plaira, je crois ; car outre le manuscrit de Florence, j'en ai un ici qui vaut de l'or. Il est cousin de celui-là, et quand ils sont d'accord, on ne peut les récuser.

Si Stone veut absolument achever mon Xénophon, qu'il l'achève, pourvu que vous ayez la patience de suivre cela de l'œil. Il m'a paru qu'on avait changé la ponctuation, et j'en suis fâché. Il faut bien se garder d'y mettre mon nom, ni rien qui me désigne.

M. Labey me demande : « Qu'est-ce que c'est donc que cette tache ? » Il en a entendu parler, et à qui n'en parle-t-on pas ? on ne tait que la trouvaille. De lui copier ce griffonnage, ce serait pour en mourir ; il servira pour vous deux. Tâchez de le lui faire tenir. Il demeure... attendez... c'est une rue qui donne dans celle des Cordeliers, vis-à-vis une autre rue qui mène dans la rue de La Harpe. Cela n'est-il pas clair ? Faites mieux, prenez l'« Almanach royal ». M. Labey est professeur de mathématiques au Panthéon.

A M. LE GÉNÉRAL GASSENDI
A Paris.

Tivoli, le 5 septembre 1810.

On m'assure, mon général, que vous, ou le ministre, demandez de mes nouvelles, et que vous voulez savoir ce que je suis devenu depuis que j'ai quitté le service.

Ma démission acceptée par Sa Majesté, je vins de Milan à Paris, où, après avoir mis quelque ordre à mes affaires, me trouvant avec des officiers de mes anciens amis qui passaient de l'armée d'Espagne à celle du Danube, je me décidai bientôt à reprendre du service. J'allai à Vienne avec une lettre du ministre de la guerre qui autorisait le général Lariboissière à m'employer provisoirement. Cette lettre fut confirmée par une autre du major général de l'armée, portant promesse d'un brevet, et on me plaça dans le quatrième corps, toujours provisoirement.

Quelque argent que j'attendais m'ayant manqué pour me monter, j'eus recours au général Lariboissière, dont j'étais connu depuis longtemps. Il eut la bonté de me dire que je pouvais compter sur lui pour tout ce dont j'aurais besoin ; et, comptant effectivement sur cette promesse, j'achetai au prix qu'on voulut l'unique cheval qui se trouvât à vendre dans toute l'armée. Mais quand pour le payer je pensais profiter des dispositions favorables du général Lariboissière, elles étaient changées. Je gardai pourtant ce cheval, et m'en servis pendant quinze jours, attendant toujours de Paris l'argent qui me devait venir. Mais enfin mon vendeur, officier bavarois, me déclara nettement qu'il voulait être payé ou reprendre sa monture. C'était le 4 juillet, environ midi, quand tout se préparait pour l'action qui commença le soir. Personne ne voulut me prêter soixante louis, quoiqu'il y eût là des gens à qui j'avais rendu autrefois de ces services. Je me trouvai donc à pied quelques heures avant l'action. J'étais outre cela fort malade. L'air marécageux de ces îles m'avait donné la fièvre ainsi qu'à beaucoup d'autres ; et, n'ayant mangé de plusieurs jours, ma faiblesse était extrême. Je me traînai cependant aux batteries de l'île Alexandre, où je restai tant qu'elles firent feu. Les généraux me virent et me donnèrent des ordres, et l'empereur me parla. Je passai le Danube en bateau avec les premières troupes. Quelques soldats, voyant que je ne me soutenais plus, me portèrent dans une baraque où vint se coucher près de moi le général Bertrand. Le matin, l'ennemi se retirait, et, loin de suivre à pied l'état-major, je n'étais pas même en état de me tenir debout. Le froid et la pluie affreuse de cette nuit avaient achevé de m'abattre. Sur les trois heures après midi, des gens qui me parurent être les domestiques d'un général, me portèrent au village prochain, d'où l'on me conduisit à Vienne.

Je me rétablis en peu de jours, et, faisant réflexion qu'après avoir manqué une aussi belle affaire, je ne rentrerais plus au service de la manière que je l'avais souhaité, brouillé d'ailleurs avec le chef sous lequel j'avais voulu servir, je crus que, n'ayant reçu ni solde ni brevet, je n'étais point assez engagé pour ne me pouvoir dédire, et je revins à Strasbourg un mois environ après en être parti. J'écrivis de là au général Lariboissière pour le prier de me rayer de tous les états où l'on m'aurait pu porter ; j'écrivis dans le même sens au général Aubry, qui m'avait toujours témoigné beaucoup d'amitié ; et, quoique je n'aie reçu de réponse ni de l'un ni de l'autre, je n'ai jamais douté qu'ils n'eussent arrangé les choses de manière que ma rentrée momentanée dans le corps de l'artillerie fût regardée comme non avenue.

Depuis ce temps, mon général, je parcours la Suisse et l'Italie.

Maintenant je suis sur le point de passer à Corfou, pour me rendre de là, si rien ne s'y oppose, aux îles de l'Archipel ; et, après avoir vu l'Égypte et la Syrie, retourner à Paris par Constantinople et Vienne.

[Pendant que Courier s'occupait à Rome à faire imprimer le texte de Longus, le ministre de l'intérieur, sur le rapport du directeur général de la librairie, faisait saisir à Florence les vingt-sept exemplaires qui restaient de la traduction imprimée chez Piatti. Averti par ses amis de Paris qu'on se proposait de sévir contre lui-même, il sentit enfin la nécessité de se défendre, et composa pour cela dans le courant de septembre un pamphlet en forme de lettre, adressé à M. Renouard, comme à l'occasion de la notice que celui-ci avait publiée au mois de juillet sur l'accident de la tache d'encre. Il faut lire tous les détails de cette affaire dans l'avertissement que Paul-Louis a mis en tête de l'édition des *Pastorales* de Longus, qui a paru à Paris en 1821.]

A M.***

OFFICIER D'ARTILLERIE.

Tivoli, le 12 septembre 1810.

Ah ! mon cher ami, mes affaires sont bien plus mauvaises encore qu'on ne vous l'a dit. J'ai deux ministres à mes trousses, dont l'un veut me faire fusiller comme déserteur ; l'autre veut que je sois pendu pour avoir volé du grec. Je réponds au premier : « Monseigneur, je ne suis point soldat, ni par conséquent déserteur. » — Au second : « Monseigneur, je me f... du grec, et je n'en vole point. » Mais ils me répliquent, l'un : « Vous êtes soldat ; car il y a un an vous vous enivrâtes dans l'île de Lobau, avec L... et tels garnements qui vous appelaient camarade ; vous suiviez l'empereur à cheval ; ainsi vous serez fusillé. » — L'autre : « Vous serez pendu ; car vous avez sali une page de grec, pour faire pièce à quelques pédants qui ne savent ni le grec ni aucune langue. » — Là-dessus je me lamente et je dis : « Serais-je donc fusillé pour avoir bu un coup à la santé de l'empereur ? Faudra-t-il que je sois pendu pour un pâté d'encre ? »

Ce qu'on vous a conté de mes querelles avec cette pédantaille n'est pas loin de la vérité. Le ministre a pris parti pour eux ; c'est, je crois, celui de l'Intérieur[1] ; et, dans les bureaux de Son Excellence, on me fait mon procès sans m'entendre : on m'expédiera sans me dire pourquoi, et le tout officiellement.

---

1. Montalivet.

L'autre Excellence de la Guerre, c'est-à-dire Gassendi, a écrit ici à Sorbier, voulant savoir, dit-il, si c'est moi qui fais ce grec dont parle la gazette ; que je suis à lui, et qu'il se propose de me faire arrêter par la gendarmerie. J'ai su cela de Vauxmoret[1], car je n'ai point vu Sorbier, et j'ignore ce qu'il a répondu. Au vrai, je ne m'en soucie guère; je me crois en toute manière hors de la portée de ces messieurs, quitte de leur protection et de leur persécution.

Je ne me repens point d'avoir été à Vienne, quoique ce fût une folie ; mais cette folie m'a bien tourné. J'ai vu de près l'oripeau et les *mamamouchis ;* cela en valait la peine, et je ne les ai vus que le temps qu'il fallait pour m'en divertir et savoir ce que c'est.

Vous avez raison de me croire heureux ; mais vous avez tort de vous croire à plaindre. Vous êtes esclave ; eh ! qui ne l'est pas ? Votre ami Voltaire a dit qu'*heureux sont les esclaves inconnus à leur maître.* Ce bonheur-là vous est *hoc*[2], et c'est là peut-être de quoi vous enragez. Allez, vous êtes fou de porter envie à qui que ce soit, à l'âge où vous êtes, fort et bien portant ; vous ne méritez pas les bontés que la nature a eues pour vous.

Adieu ; vous m'avez fait grand plaisir de m'écrire, et j'en aurai toujours beaucoup à recevoir de vos nouvelles.

A M. BOISSONADE

A Paris

Tivoli, le 15 septembre 1810.

Il faut que vous croyiez mon affaire bien mauvaise pour me chercher des protecteurs. Quant à moi, je ne sais ce qui en arrivera ; mais je ne ferai assurément aucune réclamation ; j'ai peur, si je redemandais mon livre saisi, qu'on ne me saisît moi-même.

Pour votre ami, qui est si bon de s'intéresser à moi, je suis bien fâché de ne pouvoir vous envoyer un exemplaire. On m'en a pris vingt-sept, j'en avais distribué trente, il m'en reste donc trois ; car, comme vous savez, il n'y en avait que

---

1. Colonel d'artillerie*. — 2. Vous est assuré. Cf. La Fontaine, *le Cheval et le Loup*, V, viii; et Molière, *les Femmes savantes*, V, iii.

soixante ; et ces trois-là sont condamnés à toutes les ratures et biffures que j'y pourrai faire, si l'on réimprime quelque jour cette bagatelle corrigée. Au reste je ne veux point en donner du tout à Son Excellence, que je n'ai pas l'honneur de connaître. Remerciez, je vous prie, ce bon monsieur de sa bonne volonté ; mais qu'il se garde de me nommer, ni de dire jamais en tels lieux un mot qui ait trait à moi. Je n'aime point que ces gens-là sachent que je suis au monde, parce qu'ils peuvent me faire du mal, et ne me sauraient faire du bien.

Quoi qu'il en soit, je vous admire d'avoir été songer à cela, et surtout d'avoir pu trouver quelqu'un qui voulût dire un mot en ma faveur, comme s'il n'était pas tout visible que jamais je ne serai bon à rien pour personne.

Adieu ; souvenez-vous de moi ; et gardez-moi toujours cette précieuse amitié.

A M. DE TOURNON
PRÉFET, A ROME.

Rome, le 18 septembre 1810.

Monsieur, voici ma réponse aux demandes de M. le directeur de la librairie[1].

J'ai trouvé dans un manuscrit à Florence un morceau inédit de Longus, et, en le copiant, j'ai fait à l'original une tache d'encre qui couvre environ une vingtaine de mots. J'ai donné au public d'abord ce fragment en trois langues, ensuite tout le texte de Longus revu sur les manuscrits de Florence. On ne peut arrêter la vente de ce livre, parce qu'il ne se vend point. J'en ai fait tirer cinquante exemplaires, c'est-à-dire quatre fois plus qu'il n'y a de gens en état de le lire. Je le donne aux savants et aux bibliothèques publiques. Je n'en ai point envoyé à la *Laurenziana* de Florence parce que cette bibliothèque ne contient que des manuscrits.

Au reste, je ne prétends, sur ce fragment trouvé par moi, ni sur aucun livre, aucun droit de propriété ; chacun peut le réimprimer. Il me reste vingt exemplaires de mon édition

---

1. Le comte Portalis.

grecque qu'on peut saisir comme on a fait de ma traduction à Florence ; je n'y aurai nul regret et n'en ferai aucune réclamation.

M. le directeur peut apprendre des libraires et des savants de Paris que je m'occupe de ces études uniquement pour mon plaisir ; que je n'y attache aucune importance, et n'en tire jamais le moindre profit. Ma coutume est de donner mes griffonnages aux libraires, qui les impriment à leurs périls et fortune[1] ; et tout ce que j'exige d'eux, c'est de n'y pas mettre mon nom. Mais cette fois j'ai cru devoir faire moi-même les frais de l'impression, ayant appris que quelques gens, assez méprisables d'ailleurs, m'accusaient de spéculation dans l'affaire de la tache d'encre ; et je pensais qu'on pourrait bien se moquer de moi d'employer ainsi mon loisir et mon argent, mais non pas en faire un sujet de persécution.

A M. BOISSONADE
A Paris.

Rome, le 7 octobre 1810.

Monsieur, je viens de lire votre article dans le *Journal de l'Empire*, où vous parlez beaucoup trop honorablement de moi et de ma trouvaille. Vous me traitez en ami, et je pense qu'ayant eu quelques nouvelles de la petite persécution qu'on m'a suscitée à cette occasion, vous avez voulu prévenir le public en ma faveur, action d'autant plus méritoire que probablement je ne serai jamais en état de vous en témoigner ma reconnaissance, si ce n'est par des paroles. J'avais souhaité, comme vous savez, qu'il ne fût point question de moi dans les journaux. Mais aujourd'hui qu'on me fait des chicanes qui, sans m'affliger beaucoup, ne laissent pas de m'importuner, je suis fort aise de me voir loué par un homme comme vous, à qui le public doit s'en rapporter sur ces sortes de choses. Cela pourra engager les satrapes de la littérature à me laisser en paix, et c'est tout ce que je désire.

---

1. A leurs risques et périls (tournure vieillie).

A M. CLAVIER
A Paris.

Rome, le 13 octobre 1810.

Monsieur, j'envoyai à Paris longtemps y a, comme dit Amyot, dix-huit exemplaires d'un beau Longus grec, dix-huit des cinquante-deux en tout que j'en ai fait tirer. C'est trop, me direz-vous. Où trouver autant de gens à qui faire ce cadeau ? Vous avez raison ; mais enfin il y en a, de ces dix-huit, un pour vous, et celui-là du moins sera bien placé ; un pour M. Bosquillon, un pour le docteur[1] Coraï; ceux-là encore sont en bonnes mains. J'ai adressé le tout à Mme Marchand, ma cousine, dont vous savez la demeure, et qui doit en être la distributrice. Voilà qui va bien jusque-là ; mais le mal est que je n'ai de nouvelles ni de ma cousine ni de Longus. J'ai adressé directement à vous et à quelques personnes le morceau inédit imprimé à part. Mais je vois par votre lettre du 28 septembre, et par l'article de Boissonade dans le *Journal de l'Empire*, que rien n'est parvenu à Paris ou n'a été remis à sa destination. Il faut assurément que les Italiens zélés pour la littérature aient tout fait saisir à la poste, comme ils ont fait saisir ma pauvre traduction par un ordre d'en haut. Pareil ordre est venu ici de confisquer tout de même le grec, c'est-à-dire vingt exemplaires environ qui m'en étaient demeurés. Il y en a heureusement huit ou dix dans différentes mains, et voilà Mme de Humboldt qui en emporte un en Allemagne, où il sera réimprimé. Ainsi la rage italienne, secondée de toute l'iniquité des satrapes de l'intérieur, de la police et autre engeance malfaisante, n'y saurait mordre à présent. Un de ces derniers, se disant directeur de la librairie, a écrit ici au préfet une lettre fort mystérieuse, qui ne m'a été communiquée qu'en partie. J'ai répondu succinctement à ce qu'il demande; et pour conclusion je le prie de se contenter de mon livre que je lui abandonne volontiers, trop heureux si je sauve ma personne *de ses mains redoutables*[2]. Je l'assure que je ne ferai jamais aucune réclamation de mes griffonnages saisis par lui, convaincu qu'il aurait pu me saisir moi-même et me faire pendre avec autant de justice. Je loue autant sa clémence, et suis avec grand respect son très humble serviteur.

---

1 L'helléniste Coraï était docteur en médecine. — 2. Racine, *Athalie*, II, v.

J'attends impatiemment votre *Archéologie*. Cela me viendra fort à propos. Bonne provision pour cet hiver que je compte passer encore ici.

Gail me paraît trop sot pour être ridicule ; en le montrant au doigt vous lui ferez trop d'honneur, et à vous peu ; et puis la belle matière à remuer pour vous que son dégobillage ! Fi ! laissez-le là. *Jam fœtet*[1].

Si j'avais su que quelqu'un songeât à répondre aux Italiens sur la grande affaire de la tache d'encre, je n'aurais pas pris la peine d'écrire et d'imprimer une longue diatribe[2] que je vous ai envoyée, mais que probablement vous ne recevrez point, vu l'embargo mis à la poste sur tout ce qui vient de moi. Je suis tenté de croire, comme Rousseau, que tout le genre humain conspire contre moi. J'en rirais, si j'étais sûr qu'on ne touchât qu'à mon grec. Boissonade m'a trop bien traité dans son journal. Je l'avais prié de ne dire mot de moi ni de mes œuvres ; mais sans doute il aura voulu secourir un opprimé et me défendre un peu, voyant que je ne me défendais pas moi-même.

Je passe ici mon temps assez bien avec quelques amis et quelques livres. Je les prends comme je les trouve, car si on était difficile, on ne lirait jamais, et on ne verrait personne. Il y a plaisir avec les livres, quand on n'en fait point, et avec des amis, tant qu'on n'a que faire d'eux. J'ai renoncé aux manuscrits. C'est une étude trop périlleuse. Ceux du Vatican s'en vont tout doucement en Allemagne et en Angleterre. Le pillage en fut commencé par le révérend père Altieri, bibliothécaire. Il les vendait cher, *cent dix sous le cent*, comme Sganarelle ses fagots[3]. Je crois qu'on les a maintenant à meilleur marché. Mais notez ceci, je vous en prie. Altieri vend les manuscrits dont il a la garde ; il est pris sur le fait ; on trouve cela fort bon ; personne n'en dit mot ; on lui donne un meilleur emploi. Moi, je fais un pâté d'encre, tout le monde crie haro ! J'ai beau dépenser mon argent, traduire, imprimer à mes frais un texte nouveau, je n'en suis pas moins pendable, *et rien que la mort n'est capable*[4], etc. Je vous embrasse. Mille respects à Mme Clavier.

---

1. « Il sent déjà mauvais, » paroles de Marthe au Christ sur son frère Lazare, enseveli depuis quatre jours (*Jean*, XI, 39). — 2. La Lettre à M. Renouard* (voir pages 91 et suiv. du volume *Daphnis et Chloé, Pamphlets*). — 3. Molière, *le Médecin malgré lui*, I, v. — 4. La Fontaine, *les Animaux malades de la peste*, VII, 1.

LETTRE DE M. BOISSONADE

Paris, le 5 octobre 1810.

Monsieur, votre beau, votre rare, votre excellent volume m'est arrivé il y a peu de jours ; je ne sais combien de remerciements il faut vous faire pour ce cadeau inestimable; je vous en envoie un million, et encore ce n'est guère. Je n'ai lu encore que la préface très élégante et les premières pages, et j'aurais attendu à vous en parler que je fusse plus avancé, s'il n'était de la plus haute importance que je vous instruise avant tout de ce que j'ai appris hier.

La *Gazette de France* ayant annoncé votre découverte il y a bien deux ou trois mois, M. Renouard ayant distribué une brochure que vous connaissez sans doute, M. Petit-Radel ayant traduit en vers latins votre fragment, j'ai cru ne pouvoir me dispenser, en rendant compte du Longus de ce médecin, de parler de votre traduction, et d'en citer quelques passages. Hier j'ai été moi-même chercher à son bureau un des chefs de la direction de la librairie, qui s'était plusieurs fois présenté chez moi sans me trouver ; il m'a demandé de qui je tenais l'exemplaire de votre Longus ; je lui ai dit que c'était de vous. — Par quelle voie ? — Que je n'en savais rien. Et cela est vrai. Comme cet employé est un fort galant homme que je connais un peu, nous avons causé assez longtemps de ce qui vous concerne. Il m'a dit que Renouard d'après sa brochure, et M. Petit-Radel d'après sa traduction, avaient été questionnés comme moi d'après mon article ; que vingt-sept exemplaires avaient été arrêtés à Florence ; que des ordres avaient été envoyés à Rome pour saisir le grec.

Ma lettre arrivera-t-elle à temps ? Vos exemplaires sont-ils en sûreté ? Il me tarde d'avoir de vos nouvelles.

A M. BOISSONADE
A Paris.

Rome, le 22 octobre 1810.

Grand merci, monsieur, de vos bons avis. Je suis enchanté que mon petit cadeau vous agrée. Je n'ai point eu d'autre dessein que de plaire aux gens comme vous. Il est sûr que les manuscrits m'ont fourni des choses très précieuses ; mais, à dire vrai, mon travail n'est rien. J'aurais fait quelque chose à Paris avec des livres et du temps ; car il faut vous imaginer qu'on ne soupçonne pas en Italie qu'il ait rien paru depuis les Aldes en matière de grec ou de critique. M. Furia, bibliothécaire, n'aurait jamais su sans moi qu'il y eût d'autres éditions de Longus que celle de Jungermann ; c'est ce que vous pouvez voir dans la préface de son Ésope. Voilà dans quelle misère il m'a fallu travailler ; logé à l'auberge, notez encore ce point, et dans les transes d'un homme qui voit des archers à ses trousses, car je savais à merveille ce qui se tramait contre moi. Pensez à tout cela, et puis querellez-moi sur les fautes d'impression ; je vous répondrai comme Brunet : *Tu veux de l'orthographe avec une méchante plume d'auberge !*

Le vizir de la librairie a, en effet, donné un ordre de saisir tout mon grec, mais cet ordre n'a pas été exécuté. Je ne sais bonnement pourquoi. Le fait est qu'on s'est contenté de prendre quelques informations, auxquelles j'ai répondu d'assez mauvaise humeur ; ma lettre a dû être envoyée à cette Excellence. Toutes ces chicanes m'ont déterminé à faire imprimer une complainte, diatribe ou invective, comme il vous plaira l'appeler, en forme de lettre à M. Renouard. On trouve que dans cette brochure je ne parle pas assez civilement des gens qui veulent me faire pendre. Je vous l'ai envoyée ; mais il se pourrait qu'on eût arrêté le paquet à la poste.

Si vous revoyez ce bon monsieur de la direction de la librairie, assurez-le bien, je vous prie, que je n'ai point la rage de me faire imprimer ; que le hasard,

> Et je pense,
> Quelque diable aussi me poussant[1],

m'a fait traduire ce fragment ;

> Que cent fois j'ai maudit cette innocente envie[2] ;

que je fais un vœu bien sincère et un ferme propos de ne jamais rien écrire en quelque langue que ce soit pour le public ; qu'enfin lui et son directeur, si j'échappe *de leurs mains redoutables*, peuvent compter qu'ils n'entendront jamais parler de moi.

---

1. *Les Animaux malades de la peste.* — 2. Molière : *les Fâcheux*, I, 1.

A MADAME LA PRINCESSE DE SALM-DYCK

Tivoli, 12 juin et 1ᵉʳ octobre 1810.

Madame, vous deviez partir pour vos terres dans deux mois, lorsque vous me fîtes ces lignes très aimables. Or votre lettre est du 6 mai ; la poste sera bien paresseuse, si celle-ci ne vous trouve encore à Paris.

Il y a quelques mots dans votre lettre qui pourraient faire croire que vous ne vous êtes pas toujours bien portée depuis la dernière fois que j'eus l'honneur de vous voir. Vous étiez alors fraîche et belle, si je m'y connais, et vous ne paraissiez pas pouvoir être jamais malade. Mais, enfin, je vois bien qu'à l'heure où vous m'écriviez, votre santé était bonne ; elle le serait toujours, s'il y avait quelque justice aux arrangements de ce monde.

Assurément j'irai vous voir dans votre château[1], et plus tôt que plus tard, et voici comment. D'ici à Paris, quand je m'y rendrai, je passe à Strasbourg, je trouve de là le Rhin :

> Doutez-vous que le Rhin ne me porte en deux jours
> Aux lieux où la Roër y voit finir son cours[2] ?

J'ai depuis longtemps, madame, votre château dans la tête, mais d'une construction toute romanesque. Il serait plaisant qu'il n'y eût à ce château ni tourelles, ni donjon, ni pont-levis, et que ce fût une maison comme aux environs de Paris. J'en serais fort déconcerté ; car je veux absolument que vous soyez logée comme la princesse de Clèves[3] ou la Dame des Belles Cousines[4], et je tiens à cette fantaisie. Sur vos environs, je crains moins d'être démenti par le fait ; je vois vos prairies, vos bois, votre Rhin, votre Roer, qui ne se fâcheront pas si je les compare au Tibre et à l'Anio, à moins qu'ils ne soient fiers de couler à vos pieds ; mais, en bonne foi, rien ne se peut comparer à ce pays-ci, où partout de grands souvenirs se joignent aux beautés naturelles. C'est tout ensemble ce qu'il y a de mieux dans le rêve et la réalité. Votre idée de laisser

---

1. Château de Dyck, près de Viel-Salm (Belgique). — 2. Racine, *Mithridate*, III, 1
   Doutez-vous que l'Euxin ne me porte en deux jours
   Aux lieux où le Danube y vient finir son cours.
3. — *La Princesse de Clèves*, roman de Mᵐᵉ de La Fayette. — 4. *Histoire du petit Jehan de Saintré et de la Dame des Belles Cousines*, roman d'Antoine de La Salle (xvᵉ s.).

là Paris tout cet hiver, si c'était pour venir ici, aurait quelque chose de raisonnable ; mais là-bas, dans vos frimas, bon Dieu ! J'ai passé un hiver sur les bords du Rhin ; j'y pensai geler à vingt ans ; je ne fus jamais si près d'une cristallisation complète.

Que vous manderai-je d'ici ? Les rossignols ne chantent plus depuis quelques jours, dont bien me fâche. Si les nouvelles de cette espèce vous peuvent intéresser, je vous en ferai une gazette. Ma vie se passe à présent toute entre Rome et Tivoli ; mais j'aime mieux Tivoli. C'est un assez vilain village à six lieues de Rome dans la montagne. Pour la description du pays, on en a fait vingt volumes, et tout n'est pas dit. Si vous en voulez avoir une idée, il y faut venir, madame ; vous ne sauriez faire, de votre vie, un plus joli pèlerinage. Tout ce que j'ai d'éloquence sera employé quelque jour à vous prêcher sur ce texte.

Vous avez l'air de parler froidement de mon Longus, comme si j'y avais fait quelque petit ravaudage ; mais, madame, songez que je l'ai ressuscité. Cet auteur était en pièces depuis quinze cents ans. On n'en trouvait plus que des lambeaux. J'arrive, je ramasse tous ces pauvres membres, je les remets à leur place, et puis je le frotte de mon baume, et l'envoie *jouer à la fossette*[1]. Que vous semble de cette cure ? La Grèce me doit des autels.

Je ne sais si dans votre château vous aurez plus qu'à Paris le temps de penser à moi, et de *m'en bailler par-ci par-là quelque petite signifiance*[2], comme dit le paysan de Molière. Ne seriez-vous point de ces gens qui, moins ils voient de monde, et plus ils sont occupés ? Quoi qu'il en soit, comme on se flatte, et moi surtout plus que personne, je compte bien avoir de vos nouvelles *à tout le moins une fois l'an*[3].

J'ai lu avec très grand plaisir votre éloge de Lalande ; cela donne envie d'être mort, quand on est de vos amis. Je ne saurais prétendre aux honneurs de l'éloge ; mais pour mon épitaphe je me recommande à vous : c'est une chose que vous pouvez faire sans beaucoup y rêver. Il s'agit seulement de mettre en rimes que je m'appelais Paul-Louis, de Saint-Eustache de Paris, et que je fus toute ma vie, madame, votre très humble, etc.

---

1. Molière, *Médecin malgré lui*, I, IV. — 2. Molière, *Don Juan*, II, I. — 3. Le 3ᵉ des commandements de l'Eglise.

P. S. — Ayant trouvé dans mes papiers ce griffonnage, que je croyais parti depuis six mois, je devine enfin, madame, pourquoi vous n'y répondez pas ; je vous l'envoie, tout vieux qu'il est. Mon étourderie vous fera rire, et cela vaudra mieux que tout ce que je pourrais vous mander à présent.

Je vous ai adressé dernièrement, par la poste, quelques exemplaires d'une brochure, espèce de factum pédantesque qu'il m'a fallu faire imprimer pour répondre à d'autres sottises imprimées contre mon Longus. Tout cela est misérable, et je n'ai garde de penser que vous en puissiez lire deux lignes sans mourir ; mais quelqu'un de vos Grecs le lira et vous dira ce que c'est. Je doute, d'ailleurs, que ce paquet vous parvienne, car depuis quelque temps les ministres s'amusent à saisir tout ce que j'envoie à Paris ; c'est pour eux une pauvre prise : le grec ne se vend pas comme du sucre. Les bureaux en doivent être pleins, je veux dire de grec pris sur moi, et les dépêches vont s'en sentir pendant plus de huit jours.

A M. SYLVESTRE DE SACY
A Paris.

Rome, e 3 octobre 1810.

Monsieur, puisque mes lettres vous parviennent, j'espère qu'enfin vous recevrez l'espèce de factum littéraire, dont je vous adresse de nouveau trois exemplaires. Vous trouverez cela misérable ; et si vous n'en riez, vous aurez pitié d'une telle querelle. Peut-être encore penserez-vous qu'il fallait se taire ou parler plus civilement. Mais songez, s'il vous plaît, qu'on tâchait à me faire pendre. Que voulez-vous, monsieur ? j'ai eu peur, non des cuistres, mais des satrapes de la littérature. Voyant à mes trousses chiens et gens, j'ai fait le moulinet avec mon bâton, sans trop regarder où je frappais.

Vous avez bien de la bonté de penser à mon Xénophon. Son malheur est d'être sorti de vos mains. Je ne sais bonnement où il est, ni ce qu'il deviendra. Un M. Stone l'avait imprimé à moitié, assez mal. Voilà tout ce que je puis vous en dire. Je serais fâché seulement que le manuscrit se perdît, car c'est un travail que ni moi ni autre ne saurait refaire, et qui, à vrai dire, ne se pouvait faire que dans les casernes et les écuries où je vivais alors.

Oui, monsieur, j'ai enfin quitté mon vilain métier, un peu tard, c'est mon regret. Je n'y ai pas pourtant perdu tout mon temps. J'ai vu des choses dont les livres parlent à tort et à travers. Plutarque à présent me fait crever de rire. Je ne crois plus aux grands hommes.

Sur ce que vous me demandez si je reste en Italie, je puis bien vous dire, monsieur, ce que je projette en ce moment ; mais ce qui en sera, Dieu le sait. Car, outre l'incertitude ordinaire de l'avenir, j'ai peu d'idées fixes, et je trouve même une espèce de servitude à dépendre trop de ses résolutions. Je veux maintenant aller à Naples, et de là, si je puis, à Corfou. Or, venu jusqu'à Corfou, ne suis-je pas aux portes d'Athènes ? Peut-être au reste n'irai-je ni à Naples, ni à Corfou, ni à Athènes, mais à Paris, où je me promets le plaisir de vous voir. Peut-être aussi ne bougerai-je d'ici ; voilà comme ma volonté tourne à tous les points du compas. J'ai cependant un désir inné de visiter la Grèce. C'est pour moi, comme vous pouvez croire, le pèlerinage de la Mecque.

Si on ne vous a point remis une feuille servant de supplément à mes notes sur Longus, ayez la bonté de l'envoyer prendre chez M^m Marchand. Sans cela votre exemplaire serait incomplet.

A M. BOSQUILLON
A Paris.

Rome, le 10 novembre 1810.

Je ne saurais vous dire, monsieur, combien vous me rendez aise par l'approbation que vous donnez à mon apologie[1]. Il vous semble donc que j'ai dit à peu près ce qu'il fallait ? Tout le monde n'en a pas jugé de même. M. Clavier pense comme vous, et m'assure que j'ai bien fait d'appeler un chat un chat ; mais M. de Sacy ne peut me le pardonner, et je vois bien, quoi qu'il en dise, que ma justification n'est à ses yeux qu'un crime de plus. Ici, en général, on est de cet avis ; et tous ceux ui me condamnaient auparavant sur mon silence, depuis que 'ai ouvert la bouche, me veulent écorcher vif. Je vous parle

---

[1]. La lettre à Renouard du 20 septembre*.

de gens que je vois tous les jours, de connaissances de vingt ans ; pensez ce que disent les autres. Les plus modérés trouvent que je puis avoir au fond quelque espèce de raison, qu'à la rigueur je n'étais point tenu de me laisser opprimer par humilité chrétienne, sans faire entendre aucune plainte. Mais, selon eux, au lieu de dire, *vous mentez*, à mes calomniateurs, je devais dire : Messieurs, j'ose vous supplier de vouloir bien considérer que ce que disent Vos Seigneuries dans le dessein de me faire pendre paraît s'écarter tant soit peu de la vérité. Voilà comme il fallait parler pour ne point choquer les honnêtes gens. Car on est sévère aujourd'hui sur les bienséances, et notez ceci, je vous prie. Deux articles paraissent contre moi et Renouard dans la *Gazette de Milan*, remplis d'injures et d'impostures. Qui que ce soit n'y trouve à redire. M. Furia imprime que je lui ai *volé*, ce sont ses propres termes, ses papiers et sa découverte, *action atroce*, ajoute-t-il, *qui a fait frémir d'horreur toute la ville de Florence*. Ce petit mensonge, exprimé avec tant de délicatesse, ne scandalise personne. Moi, je dis qu'il ne sait pas le grec ; ah ! cela est trop fort. Je m'amuse à le peindre au naturel, et il se trouve que c'est un sot. Ah ! de tels emportements ne se peuvent excuser. Le seigneur Puzzini[1], que je ne connais point, se met dans la tête de me faire un mauvais parti. Il ameute sa clique, me dénonce au ministre, arme l'autorité pour me persécuter, parce que je suis Français, et qu'il me croit sans appui ; cela est tout simple. J'insinue doucement qu'un petit chambellan qui vit de ses bassesses dans une petite cour, haïssant les Français, qu'il flatte pour avoir du pain, n'est pas un personnage à respecter beaucoup hors de son antichambre ; voilà qui crie vengeance.

Pour moi ces choses-là ne m'apprennent plus rien ; ce n'est pas d'aujourd'hui que j'ai lieu d'admirer la haute impertinence des jugements humains. Ma philosophie là-dessus est toute d'expérience. Il y a peu de gens, mais bien peu, dont je recherche le suffrage ; encore m'en passerais-je au besoin.

La suite prouvera si j'ai bien ou mal fait. Qu'on me laisse en repos, c'est tout ce que je désire ; et, si *la cour me blâme*, je prendrai patience, comme le cocher de fiacre. Gardez-vous bien de croire que j'aie voulu répondre aux sottises des gazettes. Je les ai laissées dix mois entier me huer, m'aboyer, sans seule-

---

1. Le chambellan Tommaso Puccini, directeur de la Laurentienne, dont Courier dénature le nom (Cf. Lettre à M. Renouard).

ment y faire attention ; j'ai laissé confisquer, sans souffler, sans mot dire, les bagatelles que j'imprimais pour quelques savants. Mais quand j'ai vu qu'après mes livres on allait saisir ma personne, que le maire de Florence avait ordre d'instruire mon procès, qu'il fallait une victime à la haine nationale, et qu'on me livrait aux Italiens, me voyant enfin la corde au cou, j'ai dit comme j'ai pu ce que j'avais à dire pour qu'on me laissât aller.

L'ouvrage de M. Clavier nous est parvenu ici. Je ne l'ai point lu encore ; mais d'autres l'ont lu, qui connaissent mieux que moi ces matières. On le trouve fort savant. Quant à moi, ôtez-vous de l'esprit que je songe à faire jamais rien. Je crois, pour vous dire ma pensée, que ni moi ni autre aujourd'hui ne saurait faire œuvre qui dure. Non qu'il n'y ait d'excellents esprits, mais les grands sujets qui pourraient intéresser le public et animer un écrivain lui sont interdits. Il n'est pas même sûr que le public s'intéresse à rien. Au vrai, je vois que la grande affaire de ce siècle-ci, c'est le débotté et le petit coucher. L'éloquence vit de passions ; et quelles passions voulez-vous qu'il y ait chez un peuple de courtisans, dont la devise est nécessairement : *Sans humeur et sans honneur ?* Contentons-nous, monsieur, de lire et d'admirer les anciens du bon temps. Essayons au plus quelquefois d'en tracer de faibles copies. Si ce n'est rien pour la gloire, c'est assez pour l'amusement. On ne se fait pas un nom par là, mais on passe doucement la vie ; prions Dieu seulement que ces études, si nécessaires à tous ceux qui en ont une fois goûté, ne fassent nul ombrage à la police.

A MADAME MARCHAND

A Paris.

Rome, le 12 novembre 1811.

Mais point du tout ; je n'ai point refusé la dédicace[1], et on ne me l'a point demandée. Voilà comme de bouche en bouche tout se dénature, et par malice ; car soyez sûre que ceux qui sèment ces propos ne me veulent aucun bien.

Voici le fait. A table, chez le préfet de Florence[2] (c'était

---

1. Du Longus imprimé à Florence chez Piatti*. — 2. Le baron Fauchet.

dans le temps que je venais de trouver ce morceau de grec), on parlait de ce roman que j'allais traduire et que Renouard devait imprimer, lequel Renouard était là à table avec nous ; le préfet me dit : « Il faut dédier cela à la princesse[1] ; elle acceptera votre dédicace. » Ce furent ses propres mots ; vous savez que j'ai bonne mémoire. Je répondis : « Cela ne se peut, à une femme ! il y a dans ce livre des choses trop libres. — Mais, dit Renouard, ces choses-là se réduisent à quelques lignes qu'on pourrait adoucir de manière à rendre l'ouvrage présentable. » Je ne répondis rien, et il n'en fut plus question.

Contez la chose comme cela, car c'est le vrai, et montrez, s'il le faut, ma lettre à M. d'Al... et à d'autres, si besoin est.

Je meurs de peur que mes pauvres livres ne soient gâtés par les vers et par la poussière. Faites-les, je vous prie, non seulement épousseter, mais ouvrir et feuilleter tous les deux ou trois mois.

A M. ET MADAME CLAVIER
A Paris.

Rome, le 28 janvier 1811.

Monsieur, je n'ai pu répondre plus tôt à votre lettre du 10 novembre, ni vous envoyer le chiffon que demandait ce directeur de la librairie, ni vous remercier comme j'aurais voulu de vos bons offices auprès de Son Excellence : tout cela parce que j'ai eu mal au doigt ; mais un mal qui me privait de mon bras, et qui a duré deux mois ; et pendant que j'attendais ma guérison pour vous écrire, il a écrit, lui directeur, ici au préfet, disant, comme il a dit à vous, qu'il voulait avoir cette copie du *Supplément de Longus*, et qu'il lâcherait aussitôt mon livre bleu[2] qu'il a saisi. J'ai vite donné toutes les copies dont je me suis pu aviser, non pas pour ravoir ma brochure, car, à vous dire vrai, je ne m'en soucie guère, mais pour me tirer, moi, de la gueule du loup ; et je pense que voilà qui est fait.

Ne croyez pas pourtant, madame, que je me sois fort tourmenté des disgrâces de ma Chloé. Je n'en ai pas perdu un coup de dent ni une partie de volant quand j'ai trouvé des joueuses comme mesdemoiselles vos filles. Cela est rare malheureuse-

---

1. Elisa Bonaparte, grande-duchesse de Toscane. — 2. La traduction imprimée à Florence et couverte en papier bleu*.

ment, et surtout ici. Les demoiselles, en Italie, ne jouent guère au volant ; elles ont des pensées plus sérieuses, et *l'amour n'attend pas le nombre des années, aux filles bien nées* [1], s'entend, comme elles sont toutes en ce pays-ci.

Vraiment il y avait du bon dans nos commentaires sur Racine, et je suis ravi, madame, que vous vous en souveniez. Je ne l'entends bien, pour moi, que quand je le lis avec vous, je veux dire quand c'est vous qui me le lisez. Nul autre ne devrait s'en mêler. Je ne pense pas toutefois que vous l'ayez beaucoup étudié ; mais c'est qu'il a écrit pour vous et vos pareilles. Vous avez le sentiment inné de ses divines beautés, et cela vaut mieux que le feuilleton [2].

J'ai furieusement dans la tête le pèlerinage d'Athènes, et, si cette dévotion me dure, je pourrais bien partir au printemps. Le fait est que je veux, avant de mourir, voir la lanterne de Démosthène, et boire de l'eau d'Ilissus, s'il y en a encore. Voilà ce que je rêve à présent ; ce qu'il en sera est écrit aux tablettes de Jupiter.

Piranesi est venu, et ne m'a point apporté votre ouvrage. J'ai fort cherché celui que vous m'avez demandé, *Symbolæ litterariæ*, cela ne se trouve plus ici. Le fonds de Pagliaris est passé à Naples.

A MADAME PIGALLE

A Lille.

Rome, le 30 janvier 1811.

Ah ! la bonne lettre, cousine, que je reçois de vous, et que vous employez bien cette fois votre jolie écriture ! De tout mon cœur assurément je vous accuse la réception et vous remercie, non tant à cause des 1.200 francs ; j'en avais besoin, à vrai dire, mais ce n'est pas par là que vous m'obligez le plus. Vous vous souvenez du pauvre cousin, et vous le défendez contre la médisance, quoique d'ailleurs vous n'en ayez pas trop bonne opinion : c'est cela, voyez-vous, qui me touche le cœur. Je ne vous en saurais aucun gré, si vous eussiez pris ma défense dans la pensée qu'on me faisait tort ; j'aime bien mieux des preuves de votre amitié que de votre équité. Pour

---

1. Corneille, *le Cid*, II, II. — 2. Feuilleton du *Journal de l'Empire*, rédigé par Geoffroy*.

vous rendre la pareille, je voudrais trouver quelqu'un qui dît du mal de vous. Cela se pourra rencontrer ; vous avez aussi des parents. *Messieurs et mesdames*, leur dirai-je, *je demeure d'accord avec vous que notre cousine... sans doute... tout ce qu'il vous plaira...* Car il ne me viendra jamais à l'esprit que ces bons parents puissent ne pas vous rendre une justice exacte, en disant de vous pis que pendre. *Mais, comme je l'aime*, ajouterai-je, *je soutiens qu'elle n'a point tant de torts.* N'est-ce pas comme cela, cousine, que vous plaidez ma cause aux assemblées de ma famille ?

Ce que vous dites pour justifier vos éternelles grossesses prouve seulement que vous en avez honte. Si ce sont là toutes vos raisons, franchement elles ne valent rien ; car enfin, qui diantre vous pousse... ? et puis ne pourriez-vous pas... ? Allons, cousine, n'en parlons plus ; ce qui est fait est fait. Je vous pardonne vos cinq enfants ; mais pour Dieu ! tenez-vous-en là, et soyez d'une taille raisonnable quand nous nous verrons à Paris. Vous me décidez à y aller, et ce projet, entre une douzaine d'autres, est maintenant mon rêve favori. Je me trouvais bien ici ; on m'appelait à Venise ; j'ai quelque affaire à Naples ; mais je vais à Paris, puisque vous y serez dans la saison des violettes. Voilà de mon langage pastoral. Que voulez-vous ? je suis monté sur ce ton-là ; il ne me manque qu'un flageolet et des rubans à mon chapeau.

C'était à quinze ans qu'il fallait lire *Daphnis et Chloé*. Que ne vous connaissais-je alors ! mes lumières se joignant à votre pénétration naturelle, ce livre aurait eu, je crois, peu d'endroits obscurs pour vous ; mais, après cinq enfants faits, que peut vous apprendre un pareil ouvrage ? aussi l'exemplaire que je vous destine, c'est pour l'éducation de vos filles. En vérité il n'y a point de meilleure lecture pour les jeunes demoiselles qui ne veulent pas être, en se mariant, de grandes ignorantes ; et je m'attends qu'on en fera quelque jolie édition à l'usage des élèves de Mme Campan.

Dieu permettra, je l'espère, que je me trouve à Paris quand vous y serez, cousine ; mais, s'il en allait autrement, sachez que parmi mes projets il y en a un, et ce n'est pas celui auquel je tiens le moins, de me rendre à Leyde, cette année, en passant par Lille. Je vous reverrai alors avec tous vos marmots ; ils doivent être grands, ne vous déplaise, non pas tous, mais enfin le *général Braillard* (vous souvient-il de cette folie ?) doit avoir bien près de dix ans : ce serait quelque chose si c'était une fille ;

vous avez fini justement par où il fallait commencer. Quand je dis fini, c'est que je suis loin et ne sais guère de vos nouvelles ; car peut-être, en lisant ce mot, aurez-vous sujet d'en rire : grosse ou non, je vous embrasse, vous et eux, j'entends la marmaille et M. Pigalle.

A M. ET MADAME CLAVIER
A Paris.

Albano, le 29 avril 1811.

Monsieur, pour avoir votre ouvrage, je vois bien qu'il faudra que je l'aille chercher ; et cependant vous êtes cause qu'on se moque de moi. Je reçois avis l'autre jour qu'un monsieur venant de Paris m'apportait un paquet de la part de M. Clavier. Je cours où l'on m'indiquait : ce n'était pas à, c'était à l'autre bout de la ville ; j'y vais, on se met à rire, et on me dit : *Poisson d'avril*. Or, imaginez que la veille j'expliquais à ces bonnes gens, à ceux mêmes qui m'ont joué ce tour-là, ce que c'est chez nous que *poisson d'avril* ; et ils ne comprenaient pas qu'on y pût être attrapé, sachant d'avance le jour. *Il faut*, disaient-ils, *que vos Français soient bien étourdis*. Vous pouvez croire qu'on n'en doute plus après cette épreuve.

J'ai enfin quitté Rome. J'y vins pour quinze jours, il y a un an ou plus. Me voici en chemin pour Naples ; je n'y veux être qu'un mois si je puis, mais c'est un pays où je prends aisément racine. J'y trouve quelque chose de cette ancienne Antioche de Daphné[1], dont je m'accommode fort en dépit de Julien et de sa secte.

Donnez-moi, je vous prie, de vos nouvelles. Avez-vous répondu à Gail, comme vous le projetiez ? Où en est le Plutarque de M. Coraï ? votre Pausanias ? M. de La Rochette nous donnera-t-il enfin cette anthologie ?

J'ai écrit à Mme de Salm, mais je ne sais si je sais son adresse : j'ai mis rue du Bac ; est-ce cela ? En tout cas je vous prie, monsieur, de lui présenter mon respect, comme aussi à Mme Clavier, qui ne va plus, j'espère, en Bretagne.

Si vous n'avez point reçu un supplément de notes à joindre au Longus grec, envoyez-le prendre chez Mme Marchand,

---

1. Daphné, près d'Antioche de Syrie, lieu célèbre par son temple d'Apollon, que l'empereur Julien (Cf. le *Misopogon*) se plaignit de trouver abandonné.

rue des Bourdonnais, maison Combe ; sans quoi votre exemplaire ne sera pas complet.

J'ai passé ce dernier mois presque tout à la campagne, mais quelle campagne, madame ! Si vous saviez ce que c'est, vous m'envieriez. Comme je vous plains d'être confinée à Paris, ville de boue et de poussière ! Ne me parlez point de vos environs ; voulez-vous comparer Albano et Gonesse, Tivoli et Saint-Ouen ? La différence est à la vue comme dans les noms. Au vrai, c'est ici le paradis. Je vais pourtant trouver mieux. Dans le pays où je vais[1] est le véritable Éden. Mais que dites-vous de ma vie ? Toujours de bien en mieux. C'est vivre que cela.

FRAGMENT[2]

A Rome, avril 1812.

... Ce matin, de grand matin, j'allais chez M. Dagincourt, et comme je montais les degrés de la Trinité-du-Mont, je le rencontrai qui descendait, et il me dit : « Vous veniez me voir ? — Il est vrai, lui dis-je ; mais puisque vous voilà sorti... — Non, reprit-il, entrez chez moi, je suis à vous dans un moment. » Je fus chez lui, et je l'attendis ; et, comme il tardait un peu, je descendis dans son jardin, et je m'amusai à regarder les plantes et les fleurs qui sont fort belles et nombreuses, et pour la plupart étrangères, à ce qu'il me parut, et aussi rangées d'une façon particulière et pittoresque. Car il y a beaucoup d'arbustes, dont les uns, plantés fort épais, font comme une espèce de pépinière coupée par de jolies allées ; les autres tapissent les murs, et du pied de la maison montent en rampant jusqu'au faîte. La maison est dans un des angles du jardin ; de grands arbres grêles, qui sont, je crois, des acacias, s'élèvent à la hauteur du toit, et parent les rayons du soleil sans nuire à la vue ; tellement qu'on voit de là tout Rome au bas du Pincio, et les collines opposées de Saint-Pierre *in Montorio* et du Vatican. Au fond du jardin, aux deux angles, il y a deux fontaines qui tombent dans des sarcophages, et dont l'eau coule par des canaux le long du mur et des allées. En me promenant, j'aperçus parmi des touffes de plantes fort hautes une tombe antique de marbre avec une inscription. Je m'approchais pour la lire, écartant ces plantes, cherchant à poser

---

1. Naples. — 2. Ce morceau ne paraît pas être tiré d'une lettre*.

le pied sans rien fouler, quand M. Dagincourt, que je n'avais pas vu : « C'est ici, me dit-il, l'Arcadie du Poussin, hors qu'il n'y a ni danses ni bergers ; mais lisez, lisez l'inscription. » Je lus ; elle était en latin, et il y avait dans la première ligne : *Aux dieux mânes ;* un peu au-dessous : *Fauna vécut quatorze ans trois mois et six jours,* et plus bas, en petites lettres : *Que la terre te soit légère, fille pieuse et bien-aimée !...*

A MADAME DE SALM

A Paris.

Albano, le 29 avril 1811.

Madame, voici tantôt mille ans que vous n'avez ouï parler de moi. J'ai eu d'abord, trois mois durant, un mal diabolique à la main ; et depuis, d'autres incidents ayant tout dérangé mon système de vie, je ne sais, à vrai dire, combien de temps s'est écoulé pendant lequel je n'ai écrit à personne, pas même à vous, de qui j'eusse surtout voulu avoir des nouvelles. Selon ce que vous m'écriviez, longtemps y a, de votre château de Dyck, s'il vous en souvient, vous devriez être maintenant à Paris occupée de deux choses fort intéressantes : l'édition de vos ouvrages, et le mariage de mademoiselle votre fille[1]. Voilà de grandes affaires pour vous, et comme mère et comme auteur. J'espère que vous me croirez digne, quand vous saurez que je suis au monde, d'être, en temps et lieu, informé du résultat de vos soins. Mais quand même vous n'auriez point de ces grands événements à me marquer, ne laissez pas de m'apprendre au moins comment vous vous portez. Sur cet article, votre lettre ne me rassure point assez, quoique vous vous disiez rétablie de votre dernière grosse maladie. C'est la seconde, à ma connaissance, depuis à peine deux ans que je vous ai quittée, sans parler d'une autre un peu plus ancienne dont je me souviens très bien. Se peut-il que vous soyez si souvent malade ? vous êtes forte, et la nature vous a donné ce qu'il fallait pour être exempte de tous maux. Ne seriez-vous point un peu livrée à la médecine ? Donnez-vous-en de garde, et tenez pour sûr que cet art est un fléau de l'humanité. Molière s'en est moqué ; mais rien n'est moins plaisant. Enfin, que vous dirai-je ? cette idée

---

1. Avec le baron de Francq.

m'est venue ; ne sachant à qui m'en prendre des variations de votre santé, c'est eux que j'en accuse, je veux dire les médecins. Je n'ai pas peur de leur attribuer plus de mal qu'ils n'en font ; mais pourvu qu'ils vous respectent, je leur pardonne tout le reste.

J'ai passé, contre mon dessein, cet hiver à Rome, fort doucement, je vous assure, sans feu, sans froid, sans ennui (j'étais à mille lieues de m'ennuyer), et Dieu merci sans amis. Oui, madame, j'ai pris en grippe l'amitié comme la médecine, et le tout par expérience. Je n'en suis ni plus chagrin ni plus misanthrope pour cela ; au contraire, je veux vivre avec tout le monde ; mais point d'amitié, s'il vous plaît ; messieurs, point d'amis ; je ne suis plus dupe. J'ai donc eu cet hiver à Rome six mois des meilleurs de ma vie, certes les meilleurs que je puisse avoir au point où me voilà. Maintenant je m'en vais à Naples, d'où je compte revenir à Paris.

Ce que je pourrai vous dire de mes voyages sera peu de chose, n'ayant ni remarques curieuses ni aventures à vous conter. Je vais lentement, non pour observer, car je n'ai nul dessein de vendre ma relation avec un atlas ; mais pour jouir un peu des délices du climat et de la saison. Je m'arrête vraiment à tout bout de champ. Ici, j'y suis depuis huit jours, et ne sais encore quand j'en partirai. Ce qui m'y retient, c'est un printemps dont, ma foi, vous ne vous doutez pas ; ce sont des bois, des eaux, un lac, des vues qu'on ne voit point ailleurs. Vous décrire tout cela, j'en aurais bien envie, et croyez qu'il y a de quoi se faire honneur dans le genre descriptif ; mais vous, poète, vous goûtez peu la prose poétique, et puis vous n'êtes point *femme des champs*, moins encore des bois ; mes ombrages frais, mes ruisseaux limpides vous feraient dormir debout ; vous pensez qu'on ne vit qu'à Paris.

Paris, dans le fait, peut bien avoir aussi son mérite, surtout quand vous y êtes ; et c'est pour cela que j'y veux arriver avant votre départ pour Dyck, où je vous vois en train d'aller passer vos étés ; mais, pour vous trouver encore à Paris, pensez que je hâterai ma marche. Je m'en vais *musant et baguenaudant*, comme disait Rabelais, jusqu'à Naples ; et de là, ayant fait ce que j'ai à faire, vu ce que j'ai à voir (c'est l'affaire de peu de jours), je repars ventre à terre à bride abattue jusqu'à Paris, jusqu'à vous, madame ; je veux vous apparaître dans mon équipage de pèlerin. C'est une vision qui, je crois, vous divertira, étant prévenue de n'avoir pas peur.

Quand je dis point d'amitié, vous entendez très bien ce que cela veut dire. Je parle au genre humain, de qui j'ai à me plaindre; je parle à mon bonnet, comme le valet de Molière[1]. Un ancien disait : *Mes amis, il n'y a plus d'amis*[2]. Se trompait-il ? ou si la race en a reparu depuis ? C'est à vous, madame, à nous éclaircir ce point. Car s'il y en a, des amis, ce doit être pour vous.

Puisqu'il me reste du papier, je veux vous tancer sur un mot de votre dernière lettre. Qu'est-ce, je vous prie, que ces portraits qui semblent vous dire : *Que fais-tu là ?* rappelez-vous cette folie, folie s'il y en eut jamais. Mettez-vous donc dans l'esprit que, s'il y a quelque endroit où vous soyez déplacée, c'est tant pis pour cet endroit-là.

[Courier partit enfin le 15 mai pour Naples ; il y demeura un mois. Il revint ensuite près de Rome, et s'établit à Albano, puis à Frascati et à Rocca di Papa ; il allait de temps en temps voir ses amis à la ville, où il rentra tout à fait à la fin d'octobre.
Au milieu du mois de février 1812, il se rendit de nouveau à Naples, en compagnie de M. Millingen et de la comtesse d'Albany. Ce fut à cette époque qu'il eut avec la comtesse et avec le peintre Fabre, sur le mérite des artistes comparé à celui des guerriers ou des princes, une conversation, ou plutôt une discussion piquante, qu'il nous a laissée arrangée à sa façon.
Le 9 mars il était de retour à Frascati, et trois mois après il quitta Rome pour la dernière fois, passa deux jours seulement à Florence, et arriva à Paris le 5 juillet.]

À M. BOISSONADE

A Paris

Frascati, le 23 mars 1812.

J'ai reçu, monsieur, votre lettre que m'a remise M. Fauris de Saint-Vincent ; c'est un homme de mérite, et je vous remercie de m'avoir voulu procurer une si belle connaissance. Mais malheureusement je ne suis plus du monde. Je fuis un peu le genre humain, et je le donnerais, ma foi, de bon cœur à tous les diables, n'étaient quelques gens comme vous en faveur desquels je fais grâce à tout le reste. Il me charge, M. Fauris, de recommander à votre souvenir un sien ouvrage de *l'Art de traduire* ; apparemment vous êtes au fait, et vous saurez ce que cela veut dire.

---

1. Molière, *l'Avare*, I, III. — 2. Voir plus haut, page 207.

Je lis toujours avec plaisir vos Ω¹, quand cette feuille me tombe sous la main. Vous êtes riche en citations de vos auteurs ; Dieu me pardonne, votre sac est plein. Vous avez quelque projet. On ne fait pas pour rien de telles provisions. Courage, monsieur, venez au secours de notre pauvre langue, qui reçoit tous les jours tant d'outrages. Mais je vous trouve trop circonspect ; fiez-vous à votre propre sens ; ne feignez point de dire en un besoin que tel bon écrivain a dit une sottise. Surtout gardez-vous bien de croire que quelqu'un ait écrit en français depuis le règne de Louis XIV ; la moindre femmelette de ce temps-là vaut mieux pour le langage que les Jean-Jacques, Diderot, d'Alembert, contemporains et postérieurs ; ceux-ci sont tous ânes bâtés, *sous le rapport* de la langue, pour user d'une de leurs phrases ; vous ne devez pas seulement savoir qu'ils aient existé. Voilà qui est plaisant, je fais le docteur avec vous. Je vous tiendrais trop, à vous dire tout ce que j'ai rêvé là-dessus.

Ce n'est donc pas vous qui succédez à M. Ameilhon, ni Coraï non plus, et il y a en France quelqu'un plus habile que vous deux ? On me dit que c'est un commis de la trésorerie. Croyez-vous qu'il eût été reçu, si le caissier se fût présenté ?

Nous avons ici, vous le savez, le célèbre M. Millin ; mais vous serez bien surpris quand vous apprendrez qu'il arrive n'ayant que trois habits habillés. Il est clair qu'il a cru que Rome n'en méritait pas davantage. Il reconnaît sa faute, et, pour la réparer, il écrit à Paris qu'on lui envoie ventre à terre, par une estafette, ses autres habits habillés, et le plus habillé de tous, son habit de membre de l'Institut. Rome verra sa broderie, son claque et sa dentelle. C'était le moins qu'il dût aux Césars et à l'impératrice Faustine, qui ne reçut jamais de membre d'aucun corps que dans l'état convenable. Il faut que cette science de l'étiquette et du savoir-vivre ait fait à Paris de grands progrès, car il nous en vient de temps en temps des modèles accomplis. M. de Gérando était ici naguère. Chaque fois qu'il parlait en public, il ne manquait point de saluer le Capitole, et les Sept Collines, et le Tibre, et la colonne Trajane. Il avait toujours quelque chose d'obligeant à dire aux Scipions et aux Antonins. Sa civilité s'étendait à toute la nature et à tous les siècles. M. Millin projette d'aller jusqu'en Calabre,

---

1. Boissonade signait Ω ses articles du *Journal des Débats*.

pays où l'on n'a jamais vu d'habits habillés ; à peine y habille-t-on les hommes.

Ne me parlez point des *papyri*[1], c'est le sujet de mes pleurs. Ils étaient bien mieux sous terre que dans les mains barbares où le sort les a mis. Il y a là force scribes et académiciens payés pour les dérouler, déchiffrer, copier, publier. Ce sont autant de dragons qui en défendent l'approche à tout homme sachant lire, et qui n'en font, eux, nul usage. Monsignor Rosini[2] s'en occupa jadis ; mais depuis qu'il est prélat de cour, il n'a plus dans la tête que le *baciamano*[3] et le petit coucher. Si vous y allez jamais, on vous les montrera, mais de loin, comme la sainte ampoule ou l'épée de Charlemagne. Je n'ai pu seulement obtenir qu'on en copiât un alphabet de la plus belle écriture.

La mort de M. Bast m'a vraiment affligé, quoique je ne le connusse point ; mais j'espérais le connaître un jour, et tous ceux qui cultivent comme lui ces études me sont un peu parents : mais c'est vous, monsieur, que je plains. Je ne vous dirai point que de telles pertes se puissent réparer : rien n'est si rare qu'un ami, et en trouver deux en sa vie, ce serait gagner deux fois le quine.

Je compte être bientôt à Paris, où je me promets le plaisir de causer avec vous.

NOTE

ÉCRITE EN TÊTE DU RECUEIL DES CENT LETTRES QUI PRÉCÈDENT.

(1804-1812)

Rome, le 19 mars 1812.

Si quelqu'un voit ceci, on s'étonnera que j'aie voulu conserver de pareilles misères. Mais le fait est que ces chiffons, qui ne signifient rien pour tout autre, me rappellent à moi mille souvenirs ; et qu'ayant déjà passé la meilleure et la plus belle moitié de ma vie, je me plais désormais à regarder en arrière. J'ai regret seulement que cette idée me soit venue si tard ; et plût à Dieu que j'eusse de semblables mémoires de mes premières années !

---

1. Les manuscrits antiques trouvés à Herculanum*. — 2. Nommé évêque de Pouzzoles en 1797, il avait dû délaisser la paléographie. — 3. Baise-mains.

TABLE

Notice biographique.................... 5
Bibliographie...................... 42
Notice sur les Lettres de France et d'Italie 47
Texte des Lettres..................... 53

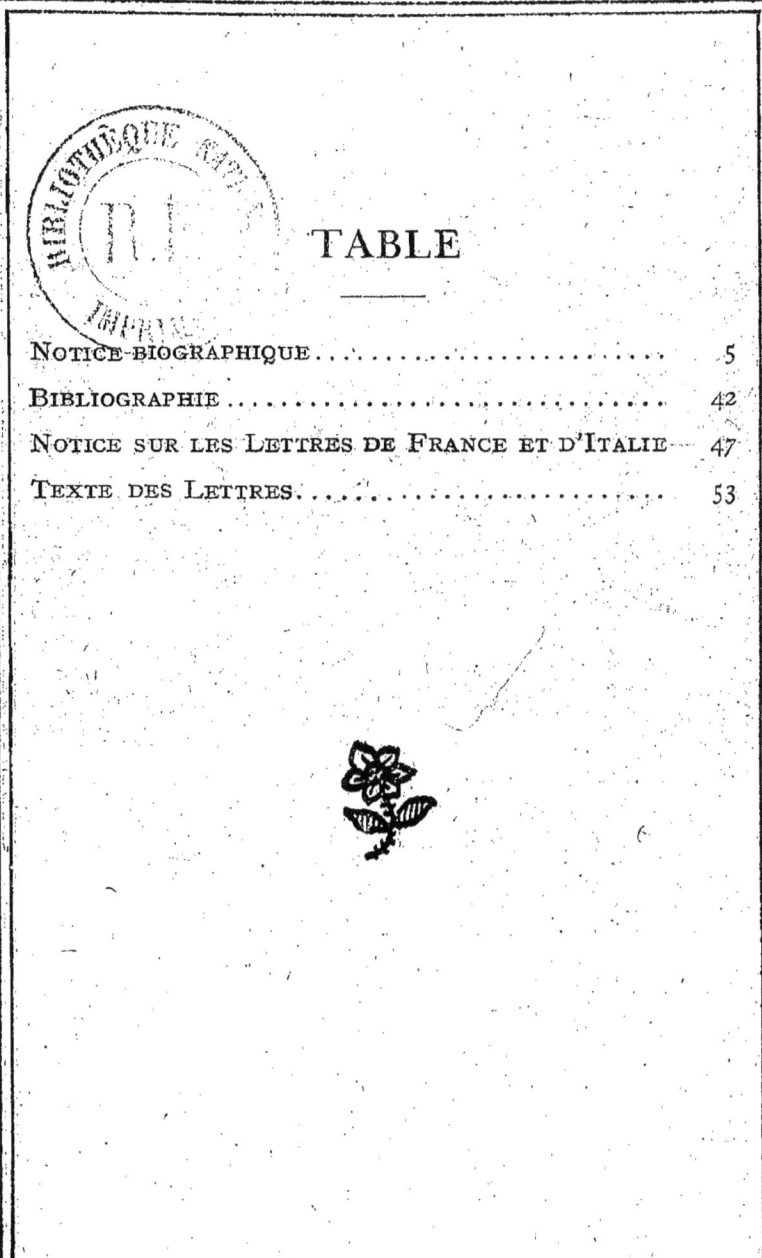

Paris. — Imp. Larousse, 17, rue Montparnasse (S.).

www.ingramcontent.com/pod-product-compliance
Lightning Source LLC
Chambersburg PA
CBHW050338170426
43200CB00009BA/1650